国家级特色专业农林经济管理专项资助
北京市属高等学校高层次人才引进与培养计划项目
北京市农业经济管理重点建设学科系列学术著作

京郊乡村调查

——特色农经行动计划（2013）

何忠伟　陈　娆　主编

中国农业出版社

图书在版编目（CIP）数据

京郊乡村调查：特色农经行动计划．2013/何忠伟，陈娆主编．—北京：中国农业出版社，2014.5
ISBN 978-7-109-19172-3

Ⅰ．①京… Ⅱ．①何… ②陈… Ⅲ．①乡村－社会调查－北京市－2013 Ⅳ．①D668

中国版本图书馆CIP数据核字（2014）第102612号

中国农业出版社出版
（北京市朝阳区麦子店街18号）
（邮政编码 100125）
责任编辑 李文宾 冀 刚

北京中兴印刷有限公司印刷 新华书店北京发行所发行
2014年6月第1版 2014年6月北京第1次印刷

开本：700mm×1000mm 1/16 印张：13.25
字数：260千字
定价：30.00元

本书编委会

主　编　何忠伟　陈　娆

副主编　赵海燕　郭爱云　田淑敏

成　员　李　华　曹　暕　黄　雷　唐　衡

前言

北京农学院经济管理学院农林经济管理专业作为国家级特色建设专业，具有30多年的办学历史。紧密结合北京都市型现代农业的发展实际和学校定位，深入研究和系统探索都市型农林经济管理专业学生能力培养的新途径，经济管理学院形成以都市型高等农业教育为特色，以学生综合素质提升为目标，以实践教学为突破，以优化课程体系为重点，以系列课程建设为基础，创建并系统实践“一个创新行动（特色农经行动计划）、两个建设机制（激励资助机制、多方共建机制）”，以“知识传授、能力培养、素质提升”为基本着力点的卓越农林经济管理专业人才培养模式，实现新时期卓越农林经济管理人才培养的全面创新。经济管理学院累计为北京市各条战线输送了4 100名毕业生，得到了社会各界广泛认可，产生了显著的人才培养成效和较好的社会效益。

为了进一步深化农林经济管理专业建设，我们更为重视和加强农林经济管理专业教学工作，形成专、兼职业教育教研和科研人员相结合的专业改革研究团队，着重培养卓越农林经济管理人才——农业CEO，以特色农经行动计划和毕业论文为抓手，集中力量组织开展各项工作。本书汇集了2013年特色农经行动计划调研报告和2013届农林经济管理专业优秀毕业论文，集中反映了2013年农林经济管理专业师生共同取得的成绩。

在调研过程中，我们得到了北京市郊区县、北京农学院教务处、北京农学院学生处、北京农学院团委、北京农学院经济管理学院等部门的大力支持，写作过程中参考了专家们的文献资料，在此一并感谢。由于水平有限，难免有不妥之处，恳请大家批评指正！

编　　者

2014年4月

目 录

第一部分

2013年特色农经行动计划调研报告

创意方便面生产销售市场调研报告

指导教师： 何忠伟
小组成员： 屈智伟　张爱琦　王欣然　蒋　一　邢　进
邢　星　田　放

前　　言

为了深入了解目前国内方便面生产销售情况、消费者消费水平和市场情况，对创意方便面的市场前景建立初步的认识，北京农学院经济管理学院创意方便面生产销售市场调研小组以屈智伟为组长，一行7人，利用暑期时间，在何忠伟老师的指导下前往北京周边各大方便面生产销售点进行了有关创意方便面生产销售市场的调研活动。期间，我们针对目前市场上方便面的品牌、种类及消费者的购买倾向进行了一系列的调查，并围绕创意方便面这一主旨，对其市场前景展开了深入的探讨。

一、调查目的

随着人们生活节奏的加快，方便面产业以其独到的方便、快捷等特点在人们饮食中占据的比例日益增加，但其缺乏营养、口感较差等特点同时也制约着这一产业的进一步发展。因此，开发并生产出与传统方便面相区别的方便快捷、营养健康且口感较好的创意方便面，便成为促进方便面行业发展进步的重大突破点。在这次调研中，我们以自己在学校学到的相关专业知识为理论指导，将方便面的生产销售作为调研的立足点，通过访谈、问卷调查等方式对方便面生产商的负责人、相关工作人员以及大量的消费者进行了调查与采访，围绕着当下方便面的生产销售模式、消费者的购买倾向以及方便面产业发展的突破点等问题展开调研，并着重围绕着创意方便面这一主旨开展了深入的调查，力求全面地获取消费者对于方便面这一食品的需求与消费情况，同时针对创意方便面这一新型产品的市场前景进行展望，并希望通过综合的分析对创意方便面的生产销售提出一些建议。通过这次调研活动，我们加深了对相关专业知识的认知，提高了团队协作的能力，为今后进一步研究创意方便面的发展及进入工作岗位打下了坚实的基础。

二、调查方法

1. 负责人采访 在调研过程中，我们针对不同品牌的方便面生产商及各大方便面销售商负责人进行了如电话采访、面谈等多种形式的采访，取得了不同品牌方便面及各大销售商的相关资料。针对当前方便面的生产销售情况进行了咨询，并就目前方便面行业的发展前景进行了探讨。

2. 观察记录 在调研过程中，我们到各大方便面销售点，如各大超市、卖场，针对目前市场上的方便面品牌、种类和价格进行了详细的记录。同时，我们还对网络销售的方便面产品进行了观察与记录，力求在整个过程中做到详尽、准确。

3. 问卷调查 针对广大的消费者，我们精心设计了相关问卷，针对其消费倾向与需求特点进行了大范围的问卷调查活动，涵盖了不同年龄段、不同职业的人群。之后，针对问卷的相关数据进行了统计与预测。

三、具体调查情况

（一）当前方便面的相关情况

针对目前市场上方便面的生产销售，我们从方便面的品牌、种类、价格以及消费者的需求等方面进行了调查，从而获得了较为准确的方便面市场信息，为创意方便面的生产销售以及未来市场进行充分的前期调查。

1. 当前方便面的主要品牌 当前，国内销售方便面的主要品牌有康师傅、统一、今麦郎、五谷道场、白象、日清等，这些品牌有的专职生产销售方便面，有的兼有生产其他产品。但总的来说，它们是中国国内最主要的几家方便面生产销售厂商。

2. 当前市场上方便面的种类、价格

（1）在当前国内市场上，方便面的种类按照食用方法不同可以分为泡面、湿面和干拌面3种，按照制作工艺不同可分为油炸型和非油炸型两类。若将不同种类的方便面按照口味进行细分，又可分为红烧牛肉面、香辣牛肉面、麻辣牛肉面、香菇炖鸡面、酸菜牛肉面、西红柿打卤面、酸菜鸡仔面、香熏腊肉面、老坛酸菜牛肉面、鲜虾鱼板面、老坛泡椒牛肉面和红椒牛肉面等众多口味。

（2）针对市场上众多的方便面，其价格也有很大的悬殊，每包价格从不到1元到数十元不等。按照其包装方法不同，方便面的价格多分为两类：一类为袋装面，食用起来需要自备制作容器，价格普遍较低，根据调查价格多为1～3元；另一类为桶装面，食用起来较为方便，不需要自备制作容器和食用餐具，价格相对较高，根据调查多为4～10元。

（二）当前消费者对方便面的消费情况

针对当前方便面的品牌价格等因素，我们发放了200份问卷，对各类消费者进行了方便面消费的调查与研究，从而获得消费者对于方便面的消费情况。在调查的人群里，男性为110人，占55%；女性为90人，占45%；男女比例见图1。调查人群的年龄构成见图2。

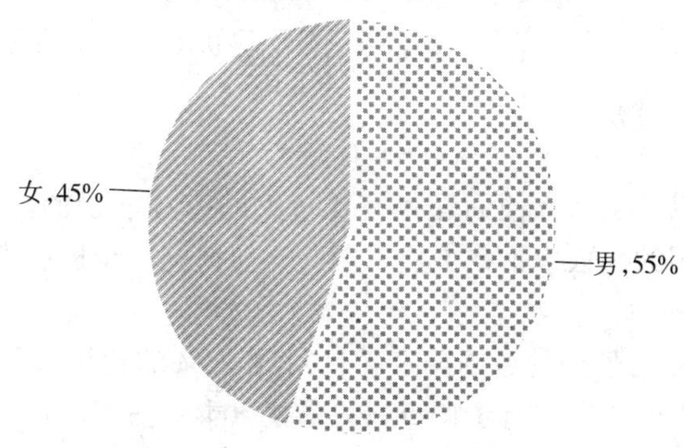

图1　调查人群男女比例

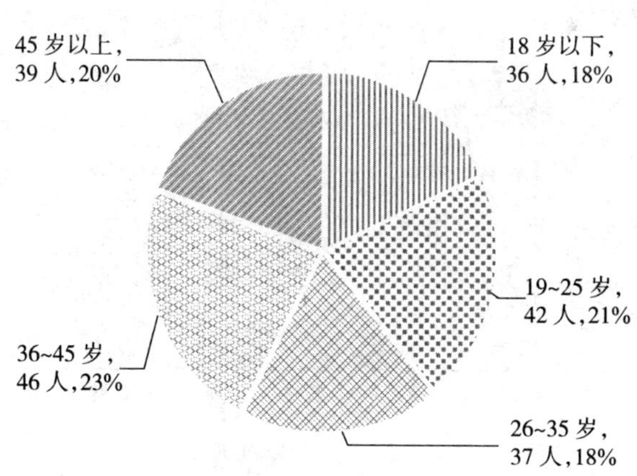

图2　调查人群年龄构成

1. 消费者每月食用方便面次数的调查　通过收集问卷数据，我们对200名消费者每月消费方便面的次数有了一个具体的了解，其具体情况见图3。

从图3可以看出，在接受调查的人群中，86人每月食用方便面1～5次，占总人数的43%，所占比例最多；其次为每月食用6～10次的人群，占总人数的26%；有17人每月食用方便面超过15次，另有10人表示从未食用过方便面。

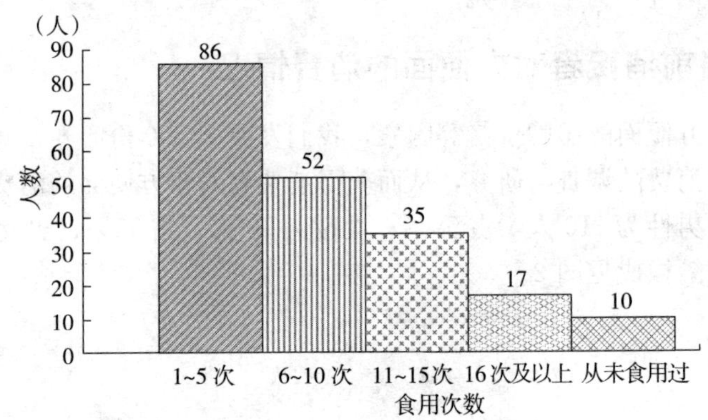

图3　消费者每月食用方便面次数

从以上的数据可以看出，方便面还是有比较大的市场前景的，有95%的人食用方便面，而且食用的次数也不在少数。因此，如何进一步扩展市场，促进产业发展成为重要的问题。

2. 消费者食用方便面的原因调查　针对这95%的食用方便面的消费者，我们对其食用方便面的原因进行了调查，力求找出影响消费者食用方便面的主要因素，其结果如图4所示。

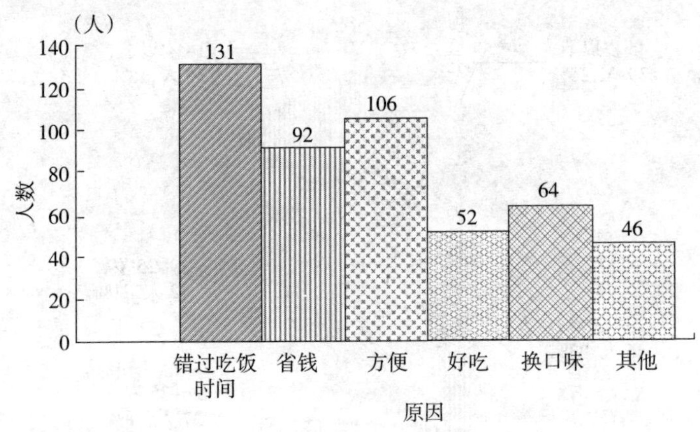

图4　消费者食用方便面的原因

从图4可以看出，消费者食用方便面的主要原因是错过吃饭时间、方便和省钱等因素，而因为好吃、换口味等原因选择食用方便面的消费者相对占少数。由此可以看出，通过提升口感等方式来吸引消费食用方便面仍具有很大的可行空间。

3. 消费者购买方便面价位的调查　针对市场上众多的方便面产品，我们对消费者购买方便面的价位进行了调查，调查结果如图5所示。

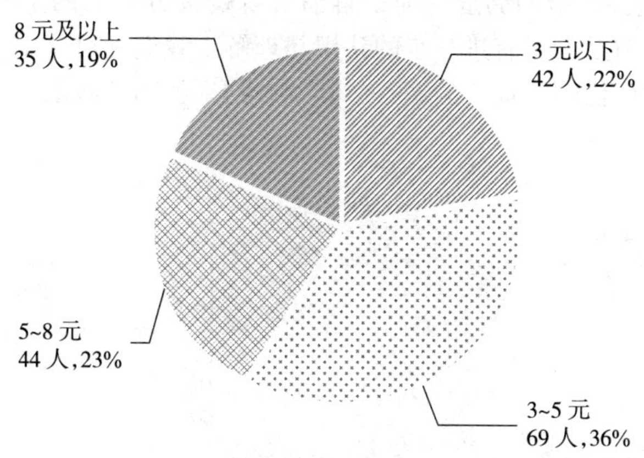

图 5　消费者购买方便面的价位

从图 5 可以看出，消费 3～5 元方便面产品的人群略多于其他人群。但总体来说，不同价位的方便面其消费人群的人数相差不大。由此可以看出，不同价位的产品都有其相应的市场定位。在生产销售方便面过程中，没有必要盲目地降低产品价格以获得更大的消费群体，而应当认清产品定位，针对适应的人群采取适当的营销策略，由此获得的收益会更大。

4. 消费者购买方便面品牌的调查　目前，市场上存在着许多品牌的方便面产品。因此，我们针对消费者购买方便面的品牌进行了一个调查。根据调查结果显示，在 190 个调查对象中，主要消费品牌排名分别为康师傅、统一、今麦郎、五谷道场、白象、日清及其他，其消费人数见图 6。

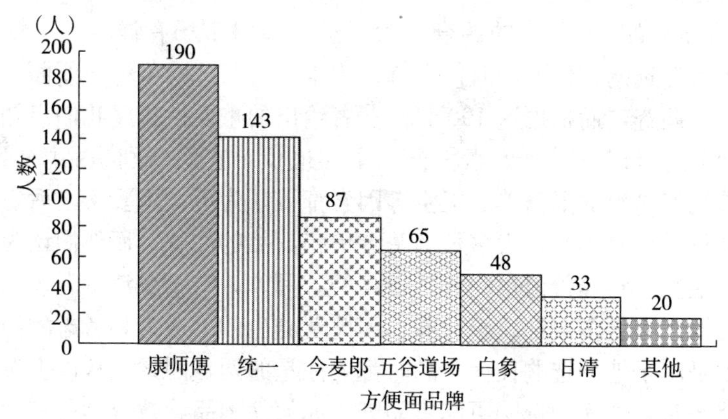

图 6　不同品牌方便面销售情况

从图 6 可以看出，在国内几大主要的方便面生产商中，康师傅品牌占据的市场份额最大，其次是统一、今麦郎、五谷道场等品牌。针对以上调查结果，我们将会就品牌购买情况及其影响因素进行进一步的调查研究。

5. 方便面购买场所的调查 为了解消费者购买方便面的主要渠道，从而对方便面的销售渠道及方法有进一步的认识与理解，我们针对这 190 名消费方便面的人群进行了方便面购买场所的调查，其调查结果如图 7 所示。

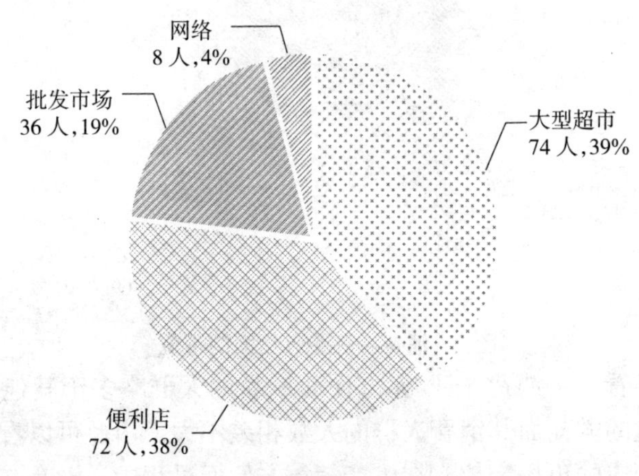

图 7 购买方便面场所的情况

图 7 显示，大多数消费者选择在大型超市或者便利店购买方便面，有 4%的消费者选择了网络购买，只有 19%的消费者选择了批发市场购买。以上结果在一定程度上一方面反映了方便面销售的主要渠道，也从另一方面揭示了方便面营销乃至于促销的主体位置主要应为大型超市及便利店。随着数据信息化的发展，网络销售日益普遍，因此利用网络销售渠道促进产业发展也成为方便面企业发展壮大的发展方向。

6. 影响方便面购买因素的调查 为了进一步对市场有详尽的了解，我们需要知晓消费者在选购方便面的时候有哪些因素促使其选购某种方便面。因此，我们进行了该项调查，而根据这 190 名消费者给出的重要性排序我们得知，在消费者选购方便面时有以下三个因素占据了主导地位，它们分别是品牌、价格和口味，而另外我们给出的如营养、卫生等因素都被认为不太重要。之后，我们对部分消费者进行采访时得知，大多数消费者信赖商品的品牌，而他们认为一个大品牌的商品的卫生、营养价值也一定是较高的。另外，有不少消费者表示，市场上存在的方便面产品大多数都缺乏营养，因此营养也就不成为其考虑的因素。而价格与口味则是属于他们选购任何食品时都要注重的两点因素。从以上调查中可以看出，消费者对方便面的选购更侧重品牌，如何做到品牌效应是所有生产商必须要考虑的问题。

7. 消费者了解方便面渠道的调查 为了做好品牌效应，则必须进行商业宣传。因此，对消费者了解方便面的渠道进行调查则成为商业宣传乃至了解市场所必须要调研的内容之一，其调查结果如图 8 所示。

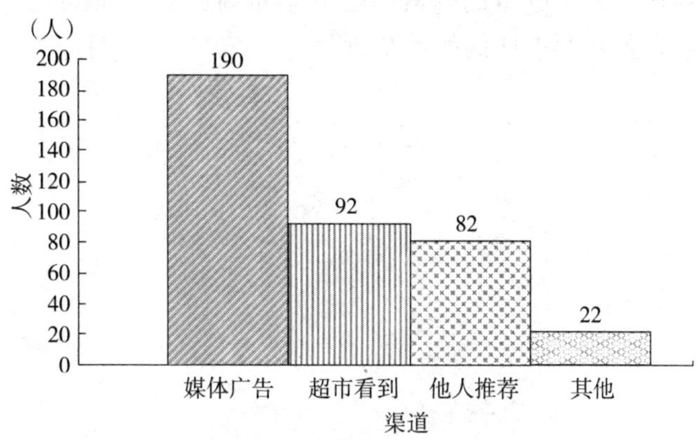

图8　消费者了解方便面的渠道

从图8可以看出，190个调查对象中所有人都曾通过媒体广告了解过方便面及其相关信息，因此在媒体上做适当的广告宣传必不可少。但从100%的渠道了解率中我们还应该考虑到，媒体广告因此而具有的高竞争性，这也导致其效果不会立竿见影。因此，注重多渠道宣传也是方便面生产商必须要考虑的。

8. 当前方便面产品不足的调查　通过调查，我们得出的影响方便面产品的因素排名见表1。

表1　影响方便面产品的因素

原因	得票	百分比（%）
营养不好	182	95.8
不够好吃	120	63.2
产品单一	95	50
分量不够	52	27.4
价格太贵	44	23.2
其他	21	11.1

从表1可以看出，营养不好、不够好吃和产品单一等因素高居前三位，从而可以看出高营养、口感好的创意方便面存在巨大的潜在市场。

（三）针对创意方便面的调查

1. 消费者对于方便面健康程度认知的调查　拓展方便面行业就必须要知道行业发展的短板，方便面历来被称之为垃圾食品。因此，对消费者进行方便面健康程度认知的调查就是全面了解行业发展短板的重要途径，在对填写问卷的200名消费者的调查中，我们得出其中142人认为方便面存在不利于健康的因素，40

人认为方便面存在不利于健康的因素但是并不重要，18 人认为方便面不存在不利于健康的因素，各自所占比例如图 9 所示。

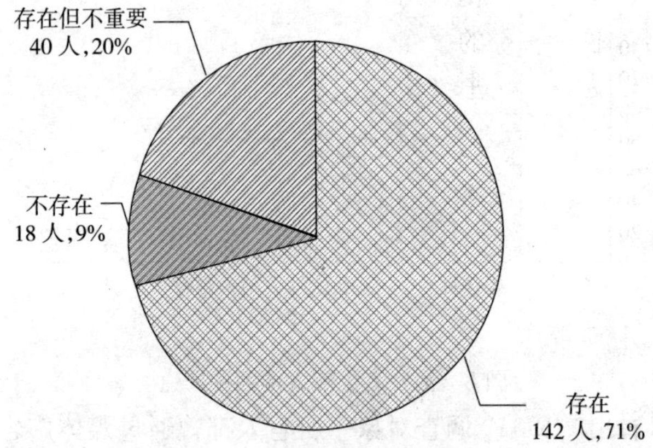

图 9　消费者认为方便面是否存在不利于健康的因素

图 9 显示，认为方便面存在不利于健康因素的人数占大多数。因此很明显，这就是方便面行业的短板，而产业的进一步发展则亟须解决这一问题。

2. 消费者对创意方便面的主观意见调查　针对创意方便面这一营养更健康、口味更好、品种更丰富的产品，我们对消费者进行了调查。在问到消费者如果存在这类创意方便面是否愿意购买时，包括从未食用过方便面的 10 人在内的共 200 名消费者都表示愿意购买这类产品。

当提及这类产品的价格可能高于现在市场上普通方便面时，消费者的购买倾向如图 10 所示。

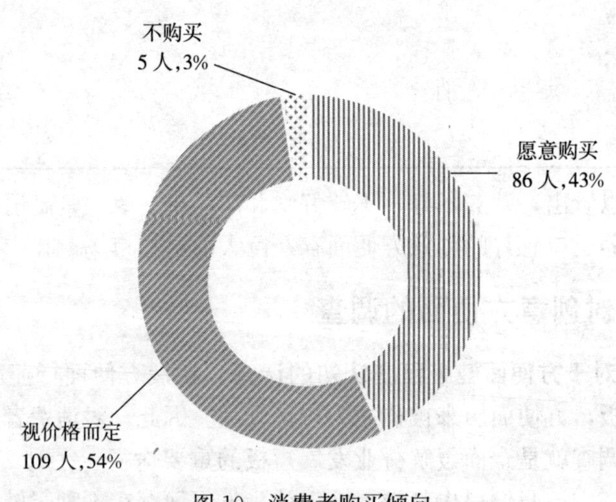

图 10　消费者购买倾向

从图10可以看出，有43%的消费者表示即使创意方便面的价格高于普通方便面也愿意购买，而更多人选择视价格而定，只有极少数人选择不购买。由此可以看出，创意方便面的巨大市场前景。

3. 关于创意方便面价格的调查　针对创意方便面这一市场前景巨大的产品，我们就消费者能接受的价格进行了一项调研，其结果如图11所示。

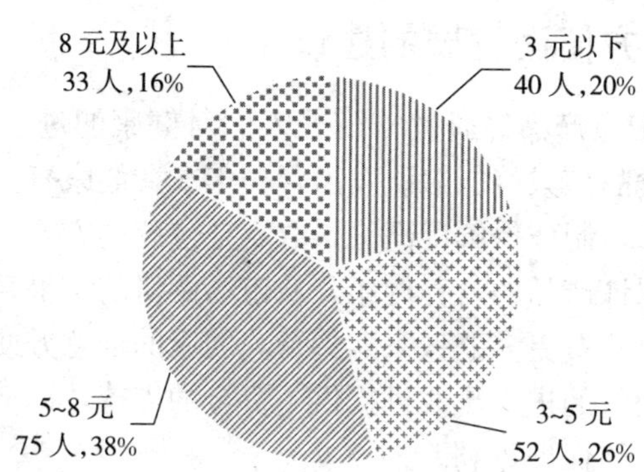

图11　消费者能接受的创意方便面的价格

由图11和图5的对比可以看出，大多数人都选择多掏些钱来购买更营养健康、口味更好的创意方便面。

4. 消费者心目中理想方便面的调查　为了进一步了解创意方便面在生产销售过程中更应当注意的方面，从而更大限度地满足众多消费者的要求，我们针对消费者心目中理想的方便面进行了调查。在给出的众多特征中，请消费者选择并按照其重要性进行排序，最终得出了如下的特征：营养丰富、口味更好、种类更多。这反映出了不论是之前消费过方便面的消费者还是从未购买过方便面的人群，营养、口感、种类这三个因素是决定方便面成功与否的关键因素。因此，创意方便面必须从质量上把关，在生产销售过程中秉承营养健康、口感更好、种类丰富的特征，全面满足广大消费者的要求，从而扩大销售，促进产业发展。

四、当前方便面行业存在的问题及发展创意方便面的建议

（一）当前方便面行业存在的问题

1. 产品缺乏营养　方便面这一产品具有方便、快捷等特点，无论是用作时间紧急时候的正餐，还是茶余饭后的零食都是不错的选择。这些特点也促使了方便面行业突飞猛进的发展，在国内曾经一度出现过众多的方便面品牌。而随着人们健康意识的增加，方便面这一食品所存在的问题也日益凸显。由于方便面中所含的营养成分单一，长期食用会导致营养不良，而且其中存在的食品添加剂在人

们长期大量的食用过程中也会对人体产生许多负面作用，因此许多人都称方便面为垃圾食品，尽量减少食用。

2. 产品品种单一，口味差 目前，国内市场上存在的方便面多为冲泡类型，包装简单，制作流程较少，方便面的制作工艺少有改进。只是在方便面的调味剂方面增加种类，导致产品品种单一且口味较差，不能满足人们较高的食品要求。

（二）对创意方便面发展的建议

1. 注重对营养健康产品的研发 随着人们对健康的进一步关注，越来越多的人选择远离垃圾食品。只有能够研发出营养丰富、健康有益的方便面产品才能带动行业发展。例如，制作保鲜湿面、采取真空包装等方式，在满足人们方便快捷地进食的同时，保证产品的营养健康。从市场调研的结果来看，相比于传统的方便面，人们更愿意花费更多的钱来购买营养健康的创意方便面。这也为创意方便面从生产包装到销售的进一步改进提供了资金的支持，即使生产成本提高，但巨大的消费市场也能够保证盈利。

2. 改进产品口感，增加产品种类 通过生产工艺的改进，进一步改善方便面的口味。同时，在产品中融入文化等元素，增加产品的种类，以满足不同消费人群的需求。从方便面的制作上有所区分，而不再是单一的改变调味料的种类。

3. 注意宣传方式，发挥品牌效应 方便面产品的品牌效应不容忽视，在创意方便面的销售过程中，应当充分了解市场上对于健康营养、口感好的方便面产品的重大需求，从这方面着手进行宣传活动。同时，在注重传统媒体广告宣传的同时，利用网络等新型媒体，并且注意在大型卖场举办促销宣传等活动，将创意方便面所具有的不同于传统方便面的特点完整清晰透彻地传达给广大的消费人群，促进商品销售。

五、意　　义

这次特色农经行动计划让我们感受颇多。大学生在学校学习科学文化知识的同时，更不能忘了社会实践的重要性。尤其是农林经济管理专业的学生，更要坚持学习书本知识与投身社会实践相统一，走理论与实践相结合的道路。只有这样，我们才能对所学的知识真正有所了解，才能在今后的学习中有更深的理解与体会，在今后的实践中有更好的行动与发挥。

创意方便面作为方便面行业发展的突破点具有十分重要的研究意义，而从市场角度进一步了解其生产销售以及未来的发展前景也更是十分重要。我们通过提炼市场调研主题、设计调研问卷、制订调查方案、实施市场调研到整理、分析市场调查信息到最后撰写调查报告等一系列的调研过程，从理论和实践两方面对于方便面产业和创意方便面产品有了更进一步的认识与了解，对于产业的前进与发展有了更加深刻的认识。

这次调研给了我们一个在实践层面上锻炼自己能力、检验自己知识的机会，同时也为我们创建了一个挑战自己、开拓创新的平台，让我们能够在实践中检验知识，在实践中收获知识，展现出北京市当代本科生科研行动的风采。

主要参考文献

雷克鸿．2013. 中国方便面市场增长放缓　产品创新是开拓市场的关键［N］．中国食品报，07-01-05.

李书国，陈辉，李雪梅，等．2010. 我国方便面工业发展现状、存在问题及前景［J］．粮食与油脂（12）：1-4.

李辉尚，李志强，陈明海，等．2008. 我国方便面产业发展现状分析及对策措施［J］．全国商情（经济理论研究）(15)：3-5.

连和．2012. 方便面将由“垃圾食品”变身“健康食品”［N］．粮油市场报，09-25-04.

田贞德．2005. 方便面的营养价值［J］．农产品加工（11）：31-32.

王薇．2013．“消费者至上”为方便面行业发展提供动力［N］．中国食品报，09-20-02.

新华．2010. 全行业进入“从产量到质量竞争”“方便面”艰难转型［J］．福建轻纺（10）：14.

北京市儿童农庄发展分析

——以北京市超级小蚂蚁儿童农庄为例

指导教师：郭爱云

小组成员：冯若楠　马丽丽　郁　娇　吕昂阳　王　鑫
朱思瑾　张雪君

前　言

都市型现代农业是现代农业发展的高级阶段。在建设世界城市和“人文北京、科技北京、绿色北京”的大背景下，对北京现代农业的发展提出了更高的要求。通过总结北京都市型现代农业的发展成就，分析目前北京都市型现代农业发展面临的挑战，提出新时期北京都市型现代农业的发展思路和重点工作。2003年，北京正式提出发展都市型现代农业的战略任务。

近年来，随着北京经济的飞速发展，北京市城镇居民的人均可支配收入逐年增加。截至2013年，北京市城镇居民人均可支配收入达33 208元，再加上截至2012年年底，北京市常住人口达到2 069.3万，这就为农业企业提供了庞大的消费市场。根据马斯洛的需求层次理论，当人们满足了生理需求、安全需求、社交需求以及尊重需求之后就会寻求更高一级的需求即自我需求，进而达到自我实现、发挥潜能等。所以，当市民身体康健、生活富裕、家庭和睦以后，他们就会为满足自我需求而消费，也就为儿童农庄提供了庞大的消费市场。而且，北京是典型的北温带半湿润大陆性季风气候，降雨集中在夏季，为农业发展提供了良好的自然条件。同时，由于当代儿童缺少对农业知识的认知和与人沟通的能力，为了丰富孩子的课余生活，让孩子们在淳朴的自然环境中体验农事生活，提高自我动手能力以及创造能力，更让孩子们在与家长的协作下，加强合作意识，感受亲情，体验到大自然的乐趣，体验到亲近自然的快乐，涌现出一个属于都市型现代农业形式的新兴项目——儿童农庄。

从宏观层面考虑，儿童农庄的发展有利于生产方式的变革。在社会主义新农村建设过程中，将自给自足、生产率低的传统农业生产方式转化为高收益、产业化、可持续的现代农业发展方式。与此同时，可持续发展的农业发展形势，符合人类可持续发展规律，适应当下农业改造的要求。同时，科学技术水平以及劳动生产率的提高，抓住了北京市当下提供的便利条件，大幅提高儿童农庄的生产效率。

从微观层面考虑，儿童农庄的发展可以让城镇的孩子了解农业，热爱农业，并增加孩子和父母之间的交流合作，提高他们的团队合作意识，培养孩子们的责任心及爱心。

对于农民来说，发展儿童农庄，是把“农旅”结合作为农业的重要发展战略，是一种以农业为载体，集休闲娱乐、旅游购物、绿色消费等功能于一体的新型生态旅游。农民不再是“靠天吃饭”的低收入群体，在提高农民收入水平的同时，这一群体的社会地位也得到了社会认可。

因此，我们调查了北京的儿童农庄，既为消费者提供畅所欲言的机会，也为企业提供更有效可靠的消费者意见，有助于北京儿童农庄企业的大力发展，促进创意农业在北京的发展，最终达到推动北京农村经济的发展、促进农民增收的目的。

一、儿童农庄的功能作用

儿童农庄是一个专门为城市5～12岁儿童设计的场所，在农庄的特定环境中，通过种植、采摘、动物喂养、昆虫标本搜集和自然科学实验等活动，让儿童在大自然清新的空气中自由地劳动、游戏、奔跑、挖沙……利用各种自然环境中的实物进行手工制作等，帮助城市孩子体验和回归自然，了解自然生态保护知识，从而塑造健康的人性、强健的体魄，并建立起对大自然的爱。

（一）儿童农庄的功能作用

1. 帮助孩子回归自然，了解自然生态保护知识　儿童农庄通过种植、采摘、动物喂养、昆虫标本搜集和自然科学实验等活动，让儿童在大自然清新的空气中自由地劳动、游戏、奔跑等，利用各种自然环境中的实物进行手工制作等，帮助孩子体验和回归自然，了解自然生态保护知识，从而塑造健康的人性、强健的体魄，并建立起对大自然的爱。

2. 增加沟通，交流感情　儿童农庄提供的一些亲子游戏，非常适合周末父母和孩子一起来活动。孩子们可以通过和父母一起种植、采摘和游戏等活动增加沟通、交流感情，避免由于长时间的工作与孩子疏远。在活动期间，父母不仅可以让孩子领略自然风光，了解农作知识，还可以通过有趣的活动教给孩子一些人生道理，避免枯燥无聊。

3. 培养孩子的团结合作意识　大多数孩子属于独生子女，在儿童农庄里会有很多孩子一起嬉戏玩耍，不同于学校及辅导班的是，这里没有竞争、没有攀比、没有压力，有的只是欢愉和轻松。在一个放松的环境下，可以培养孩子的团结合作性，而不仅只有竞争意识。孩子们聚在一起，可以锻炼孩子的语言能力，加强沟通意识，学会彼此关怀，教会孩子感恩，而不是自己闷在家里面对电子竞技游戏和书本知识。

4. 增强孩子的责任心和爱心 儿童农庄内的一些小动物的养殖活动也可以激发孩子们的爱心及责任心，并培养孩子的耐心。儿童农庄这个自然轻松的环境让孩子们在放松娱乐的同时，锻炼思维活跃性，增强人际沟通能力，学到更多书本上不能了解的知识。

5. 为不同父母间的交流提供平台 这里有足够新奇的关于农业的活动，不仅可以让孩子接触城市中不能接触到的农业知识，也可以让家长们得到放松。在孩子们嬉耍的同时，家长们也可以聚在一起，打高尔夫、烧烤和聊天等，拓展交际圈，交流教育心得。

（二）北京发展儿童农庄的意义

1. 有利于变革生产方式 在社会主义新农村建设中，其根本点就是要把传统农业改造成现代农业。儿童农庄作为农业生态系统的市场主体之一，正通过经济体制的创新、思维观念的提升、市场运作的突破，并以绿色生态为理念、产业化经营为目标、因地制宜为原则、有效管理为手段、科学技术为支撑、优质服务为后盾来发展现代农业。

2. 适应社会对农业改造的需要，并抓住了有利条件，提高生产力 国家从2005年起，将农业发展与可持续发展联系起来。这种理念不仅符合环境保护的要求，而且也符合人类可持续发展的规律。2005年，北京市农村工作委员会《关于加快发展都市型现代农业的指导意见》正式提出都市型现代农业的概念，即北京市依托都市的辐射，按照都市的要求，运用现代化手段，建设融生产性、生活性、生态性于一体的现代化大农业系统。而儿童农庄作为发展都市型现代农业形式当中的一种类型，也依托了北京市的都市辐射，抓住了北京市的有利条件（如庞大的消费群体——诸多的中高层收入者，利好的经济环境，北京市发展都市型现代农业的政策支持等），将传统的耕种模式变为耕种、旅游相结合的模式，使土地增值。

3. 有利于改变传统农业的观念 观念改变出路。在传统农业中，农民由于劳动量大、收入又低，被看成就业的下下之选，农民也被其他行业人看不起。现在，休闲生态农庄的兴起，把农业休闲旅游作为开发出路。一种以农业为载体，集休闲娱乐、旅游购物、绿色消费等功能于一体的新型生态旅游，是将生产、生活及生态结合于一体的旅游方式，是一种新兴产业。农业旅游的发展能将城市人吸引到农村消费，给农村带来了就业机会、卫生习惯、科技知识和先进观念等，有利于缩小城乡差距。不仅给城市一族以绿色生态的享受，而且也让农民开开心心地赚到了钱。

4. 在原有的生态农庄上进行了创新，成为更有特色、更有竞争力的产业项目　生态农庄在这几年迅速兴起，儿童农庄在生态农庄的基础上更抓住了消费者的消费偏好和需求，走出更有特色的一条道路，有别于普通生态农庄的娱乐项目，为消费者打造更为适合、更为丰富多彩的娱乐活动。

二、调查的基本情况

（一）调查的时间地点

为深入了解儿童农庄发展现状以及消费者的消费等基本情况，2013 年 10 月 6 日，冯若楠组长带领小组成员一行 7 人，来到北京市朝阳区蓝调庄园超级小蚂蚁儿童拓展俱乐部，进行实地调研。

超级小蚂蚁儿童拓展俱乐部于 2004 年成立了自己的农庄，农庄位于朝阳区东坝地区，坐落于蓝调薰衣草庄园内，是全国少年儿童科普教育基地。体验项目包括儿童大灶台、儿童手工作坊、神秘淘宝河和龙虾垂钓池等。周边还有很多适合孩子们游玩的景区，例如，蟹岛度假村、东坝郊野公园、朝阳公园和高尔夫训练场等。因此，吸引了大批消费者参与体验，其中多为儿童以及家长。在超级小蚂蚁儿童拓展俱乐部中，小朋友不仅可以参与到多姿多彩的娱乐项目中，也可以实地进行农事体验活动。与此同时，俱乐部提供了多种亲子活动，在保证娱乐效果的同时，促进家长与孩子之间的亲密互动。

进入超级小蚂蚁儿童拓展俱乐部后，组员免费参观了儿童手工坊、神秘淘宝河、农庄养殖场、龙虾垂钓池等多个娱乐项目体验活动基地，并随机向儿童农庄内游玩的消费者发放调查问卷，以便于深入了解儿童农庄现状以及消费者的消费心理和理念。

（二）调查对象的概况

本次受访对象为儿童家长。在儿童手工坊中，聚集了大批参与娱乐活动的孩子和家长，也是小组成员展开问卷调查的主要场地。孩子在家长的陪同以及工作人员的指导下，进行各项实践体验项目，组内成员也纷纷加入其中，在发放问卷的间隙进行随机提问。在问卷发放的过程中我们发现，陪伴儿童前来游玩体验的多为母亲，父亲陪同的情况为少数。

本次调研共发放问卷 30 份，回收有效问卷 30 份，有效问卷比例占问卷总数的 100%。受访对象为儿童家长，年龄分布在 25～40 岁，女性占受访总数的 90%。由于多数消费者家庭人均月收入在 5 000～15 000 元，所以大部分受访对象为普通工薪阶层。在问卷填写过程中，进行随机提问。当被问及对于儿童俱乐部的看法时，受访者大多持积极态度，认为这是一个不错的娱乐基地。

俱乐部的建立，不仅丰富了孩子的课余生活，让孩子们在自然环境中体验农事生活，提高自我动手能力，而且让孩子们在与家长的协作下，感受到大自然的魅力，体验到亲近自然的快乐。

三、影响消费者在儿童农庄消费的因素分析

(一) 家庭收入

收入越高的家庭越有经济条件来儿童农庄进行体验消费。从调查结果来看，90%的家庭属于工薪阶层，月收入在 5 000～15 000 元，约 6%的家庭收入在 30 000元以上（图 1）。因为工薪阶层有经济条件和精力利用休息时间带孩子外出游玩。收入偏低（本文指家庭人均月收入低于 5 000 元）的家庭对于享受消费过低，甚至是没有多余的钱拿来进行享受消费，而且他们的工作时间比较长、休息时间较少。针对收入和消费的关系，我们也对被调查者的心理预期消费进行了调查。结果显示，普遍预期消费在 300 元以下，其中不包括食宿，只包含娱乐项目、道具租用及纪念品购买。一方面，很多被调查者表示虽然儿童农庄的娱乐项目相对于其他的游乐园来说更新颖一些，更容易引起孩子的兴趣，开阔孩子的视野，了解更多关于自然的知识，但是如果消费大大超过心理预期，也会使消费者减少；另一方面，被调查者也认为如果费用过高，也会影响孩子及大人的游玩热情，会因为高消费而不能尽情享受美好时光。

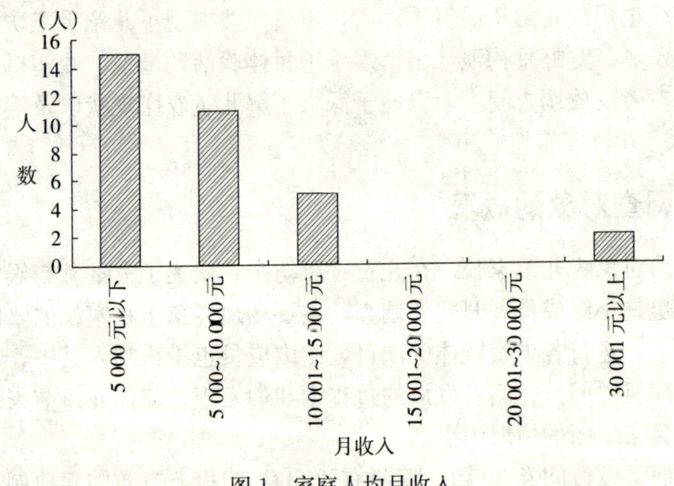

图 1　家庭人均月收入

(二) 消费方向

从图 2 可以看出，来儿童农庄消费的人主要希望进行亲子体验活动以及购买

农庄自产的蔬菜水果等，对于手工艺品及特色食品的需求不多。具体来看，40％的消费者以亲子体验活动为主要目的，即种植业以及小动物养殖等。原因有两个方面：一方面，因为很多来到儿童农庄消费的人群居住在城市，家里没有条件提供种植农作物或养殖小动物的环境；另一方面，生活在城市中的孩子对农业方面的活动更加感兴趣，家长也认为让孩子们接触农业可以丰富生活经验，小动物养殖可以培养独生子女的耐心及爱心。既然儿童农庄是为儿童专门设立的休闲农庄，因此很多娱乐项目都应该以儿童和农业为核心，即按照儿童的身高、体重设置娱乐项目。例如，将高头大马设为小矮马，消费者们普遍认为在保障安全的同时，也可以让孩子体验到骑乘的乐趣；矮小的果树采摘，可以让儿童不必登高冒险去采摘果子等。

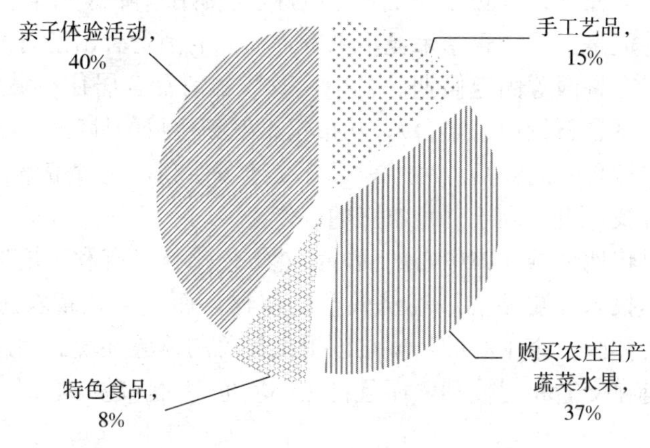

图2　体验活动消费项目意愿

农业活动体现在农庄自产蔬菜水果的种植以及销售。37％的消费者的主要活动为购买农产品蔬菜水果。由于农庄内部蔬果质量安全得到保证，因此，农庄为消费者提供了另一条蔬果购买的渠道。

剩余23％的消费者，消费方向为农庄内部特色产品和手工艺品。由于特色产品售价高于当地种植园内蔬果，售价成为影响消费者购买力的主要因素。而手工艺品实用性较差，大幅减少了消费者的购买欲望。

（三）消费价格

合理的消费价格可以吸引大量的消费者。经调查，80％的消费者将人均花费定在了100～300元。通过图1可以看出，90％的被调查者的家庭人均月收入集中在5 000～15 000元，属中等收入家庭。因此，如果儿童农庄的门票价格、商品价格和体验项目消费价格等一系列项目花销过大（中等收入家庭不能支付）就会直接减少消费者的数量。但是，如果价格定得过低，就会吸引大量低收入家庭前来购物和游玩，也会减少中高收入家庭的消费者数量，不能体现其家庭的优越性，并且无形之中扩大了农庄的目标市场，导向性不够。所以，消费者最看重的则是消费价格。

（四）地理位置和交通

地理位置和交通是决定消费者数量多与少的因素之一。此次调查中，被调查者对于儿童农庄选址问题的答案高度统一。结果表明，高达87％的被调查者选择了近郊，只有13％的消费者选择了远郊及市中心（图3）。

产品或项目收益值为总收入值减去成本投入，产品收益情况与收入呈正相关、与成本投入呈反相关。

将儿童农庄建在远郊，可以节省很多的租地费用，降低儿童农庄运营的成本，增加收益。但是，从调查结果显示来看，80％的消费者出游时间定于周六周日、法定假日和寒暑假等固定假期。其中，81％的消费者居住在城六区（海淀、朝阳、西城、东城、石景山、丰台），从市里出发到达目的地需要花费1～2.5小时，这样就会使游玩时间缩短。另外，远郊交通不便利，比较偏僻，不便于消费者驾车出游及寻找，更不利于儿童农庄的宣传。

但是，如果将地址选在市中心的话，虽然方便出行且有利于增加知名度，但大幅提高了成本投入，更不利于经济效益的取得。而且，儿童农庄主打的是绿色、自然、生态体验，市中心的环境难以提供优美的体验环境。因此，很多消费者的理想选址是在交通相对便利，而且自然环境也相对优越的近郊。

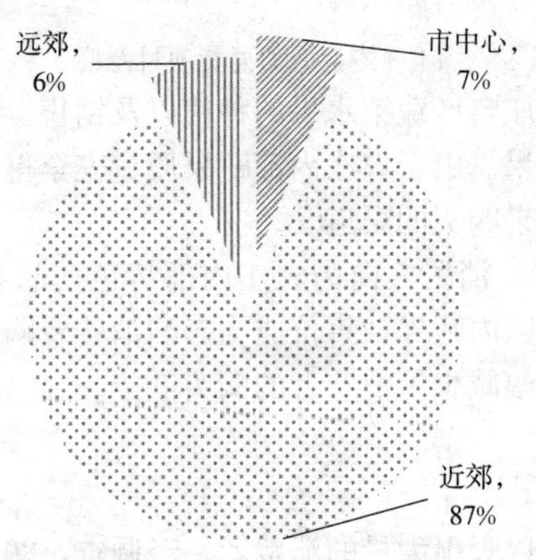

图3　消费者所期望的儿童农庄的地理位置

（五）活动时间

活动时间的正确与否会直接影响消费者数量。根据调查显示，95％的父母都选择在节假日或寒暑假带孩子外出游玩。首先，由于儿童农庄以孩子作为消费的主体，这个庞大的消费群体有一定的特殊性。活动时间受到上课时间的限制。其次，经济大权掌握在父母手中，孩子无法自主决定出游时间。最后，出于安全因素考虑，需要家长陪同，而家长的闲暇时间也是限制孩子外出游玩的主要因素。

（六）基础设施建设

儿童农庄的基础设施是否完备，直接影响了消费者的消费意向。由图 1 可以看出，90%的消费者的家庭平均月收入集中在 5 000～15 000 元。又因为在问卷中大部分父母选择开私家车外出游玩，所以儿童农庄内停车、餐饮、住宿、休息、购物等一系列基础设施就成为消费者关注的焦点之一。

在被调查的儿童农庄中，沿路提供大量路边停车带，并随门票配置大量免费停车位。内设集餐饮、住宿以及消费功能于一体的大型服务场所。调查数据显示，90%的消费者对于农庄的基础设施建设持满意态度。

四、北京市儿童农庄的发展问题

（一）作为新兴的农业产业项目，知名度不高

从调查结果来看，约 57%的父母都是第一次来儿童农庄。其中，33%的消费者是来薰衣草庄园游玩时才知道里面有儿童农庄，来之前并不知晓。可见，儿童农庄除了有一定的宣传力度之外，更多的是依靠其他旅游项目来提升认知度的。同时，儿童农庄的宣传力度也较小。同类似的休闲农业不同，儿童农庄的消费对象不只局限于儿童，其特色就在于可以提供亲子游戏的环境，但很多儿童农庄并没有根据自己的特色进行宣传，造成知名度低、收益低、运营成本高，从而使得很多企业没有把更多的心思花在宣传上而造成死循环。

（二）儿童农庄运营模式受限制

从我们的走访调查来看，儿童农庄在北京的发展并不成熟。我们在北京市朝阳区蓝调庄园的调查中了解到，蓝调庄园的主打品牌是薰衣草庄园，以大片的薰衣草庄园为特色，承办各种婚礼以收取场地、道具和餐饮等费用来赚取利益。而其中的小蚂蚁儿童农庄相当于附属衍生产品，并不是主打产业。更多的人并不是专门来儿童农庄的，而是参加婚礼顺路带小孩来体验一下。但是，正因为不是主打品牌，很多设施年久失修并未对外开放，运营模式并不专业，导致收益较低。可玩性相对较低，不能吸引大批的消费者。

根据图 2 不难看出，消费者大部分愿意消费农庄自产蔬菜水果和亲子体验活动；还有一少部分人愿意消费手工艺品和特色食品。但从我们调查的结果当中

看，很多农庄没有这些消费者愿意消费的亲子活动，而且活动内容相对单一。总体来讲，儿童农庄的现状发展并不成熟，缺乏自身特色。

（三）环境资源的限制

儿童农庄通常位于郊区，具有良好的植被基础，具有山谷、溪流、树木和湿地等原生态的郊野环境，园区内有高含量的负氧离子，具备了供人们亲近自然和户外休闲的条件。环境是其本底资源，最与众不同的地方在于其可以让儿童在游乐体验的同时，充分地享受自然的野趣和乐趣。以良好的生态郊野环境为依托，结合露营、户外拓展、垂钓、郊野漫步、郊野游乐、绿韵生态农庄、跑马场、马术体验和休闲露营等郊野休闲项目。但是，不是所有的农庄都在这优越的自然地理环境之中，可能有缺水、绿色植被覆盖不多的地方，甚至是没有成片的农田可以供消费者进行农业体验。这样的农庄本身就背离了休闲农业的主线，也失去了吸引消费者最有力的环境因素。

（四）农庄内服务设施不完善

农庄内餐饮、住宿、娱乐和停车场等基础设施数量少，只设置大量路边停车带和一个大型服务场所。当农庄范围扩大时，无法提供足够的基础设施。

然而，消费者在农庄内消费不仅是参加亲子活动、购买农产品以及观光旅游，他们还需要非常全面的消费服务。很多儿童农庄都设立在郊区，对于市区的消费者而言，乡村的夜晚与城市的夜晚也是十分不同的。而且，更多的游客也很想体验自己下农田采摘蔬菜并及时进行烹饪，尝到新鲜的时令蔬菜，体验自给自足的满足感。很多农庄主打一天的游玩，并没有设立住宿区和专业的餐饮区为游客提供专业的休息就餐场所。另外，车位相对较少，且离活动区域较远；路标指示不明确，指示牌年久失修，指示不清；户外休息所用的长椅等设施数量有限，不能满足消费者的需求。

五、北京市儿童农庄的未来发展建议

（一）开发新的宣传模式，提高知名度

儿童农庄应当依靠自身的优势，大力进行宣传。因为儿童农庄这个概念相对于国内是个比较新鲜的概念，同行业竞争较小，如果好好利用现代的宣传手段，可以大幅度地提升农庄的知名度，从而增加收益。并且，可以采取各种降价措施和因季节举办的活动稀缺性来吸引消费者。例如，节假日打折优惠活动、活动项目的增加或减少等。另外，家里有条件的消费者可以从网上或电视上看到相关信息；而家里没有条件的，或者比较忙碌的人没有时间上网或看电视的话，就不能

够及时地接收到信息。所以，在宣传方面，在保留原始宣传方式（比如报纸、杂志、广播等）的同时，利用多种新型宣传途径，如地铁海报、手机 APP、二维码等。这样消费者就可以随时随地，并且多方面地了解儿童农庄的相关信息。

(二) 健全运行机制

农庄需要聘请具有相关专业知识的管理人员，运用其专业知识，为儿童农庄发展提供良好的运行机制。儿童农庄的健康发展，离不开良好的运行机制。要采用现代化企业管理制度，具有健全的财务管理制度以及理事会、监事会等组织，同时农庄的机构设置、财务管理和利益分配等都较为合理从而使得农庄的运行良好。并结合当地自然条件合理的定位，打造观光旅游、休闲度假和娱乐餐饮为一体的农业产业项目。让孩子在活动中既能亲近自然、感受大自然的美好，也能学习掌握一些简单的农业技能及生活常识。还可以拓展孩子们的思维，培养兴趣，增强团队合作意识，促进孩子的全面发展。但是，在不断利用自然资源开发新项目的同时还要注意环境保护，走可持续发展的道路。

(三) 积极进行环境改造

儿童农庄之所以区别于其他的游乐园，就在于它能更好地让儿童亲近自然、了解自然。但很多农庄并没有这样的条件，因此就需要企业找准位置或者是建立完备的环境保护机制，为消费者营造一个合理的、优美的生态环境，供消费者享用。例如，可以减少现代建筑物，而采用更原始的木屋来代替，既节省空间，又符合原生态的要求；减少现代科技游乐设施，多增加可以让儿童亲身参与到田间活动的空地，如开辟池塘钓鱼、砌灶生活和围场跑马等。虽然土地资源有限，但是要充分利用场地，尽可能地突出休闲农业的特点，突出儿童农庄自然的优势。

(四) 进一步完善农庄的服务设施

在增加自然元素的同时，农庄还应该加强基础设施的建设。虽然消费者来到这里是为了亲近自然，但是很多消费者在城市居住久了，并不能直接适应农村模式的居住环境。因此，更多的基础设施设计应该更人性化，比如洗手间里有马桶、餐厅有自来水龙头和干净的桌椅等。很多消费者表示更希望体验一下抛开城市喧嚣的静谧的夜晚，因为郊区相对于市区的明显优势就是天空更明朗。农庄可以依水搭建平台，供游客看星星，在河边捕捉萤火虫等活动。根据调查，大部分家庭都是自驾车旅游，如果没有停车的地方或者交通不够便利就会直接影响消费者的消费心理。另外，活动之余最重要的就是休息。所以，农庄要为消费者提供一个良好的休息平台，如长椅、亭子、咖啡馆、茶馆和饭店等可以休息的场所。

主要参考文献

北京市十二五时期都市型现代农业发展规划［OL］．首都之窗——北京市政务门户网站，2012-06.

北京市统计局，国家统计局北京调查总队．2013. 北京市主营业务收入累计值［R］．11-18.

戴娜．2008. 北京景观园林设计［J］．林业建设（2）．

耿闻．2013. 亲子游方兴未艾［N］．中国旅游报，02-20.

郭红芳．2008．循环经济型休闲农庄建设研究［D］．长沙：湖南师范大学．

郭探微．2013. 亲子游是给孩子最好的礼物［N］．中国旅游报·第一旅游网，04-08.

果雅静．2007. 都市型现代农业发展研究——以北京为例［D］．北京：中国农业大学．

刘宏曼．2009. 创意农业——北京都市型现代农业新亮点［J］．当代经济（14）．

马俊哲．2006. 对北京发展都市型现代农业若干问题的思考［J］．北京农业职业学院学报（5）．

王爱玲，秦向阳．2007. 都市型现代农业的内涵、特征与发展趋势［J］．中国农学通报（10）．

王爱玲．2011. 新时期北京都市型现代农业发展的战略思考［J］．中国农学通报，27（2）．

夏尊知．2011．生态农庄规划设计的研究［D］．合肥：安徽农业大学．

小蚂蚁儿童农庄简介［OL］．同程网，2007-05-30.

北京籽种农业产学研现状的调研报告

——以北京金色农华种业科技股份有限公司为例

指导教师：赵海燕

小组成员：李　硕　　杨　洋　　王笑颜　　刘　佳　　常文杰　　付　腾　　杨　文

前　言

种业作为战略性资源和战略性产业，对于推进北京都市型现代农业的发展，促进北京建设世界城市具有重要意义。我国种业在长期发展过程中却呈现出研发、生产、销售分割的状态。因此，在《北京种业发展规划（2010—2015年）》中提出，在继续坚持市场运作、企业主体、多元化产权基础上，积极探索市场化育种模式，逐步从科研机构育种向科研机构与企业育种相结合转变，努力形成以企业商业化育种为主的育种体系。中共十八届三中全会指出，"要深化科技体制改革，建立健全鼓励原始创新、集成创新、引进消化吸收再创新的体制机制，健全技术创新市场导向机制，发挥市场对技术研发方向、路线选择、要素价格、各类创新要素配置的导向作用。建立产学研协同创新机制，强化企业在技术创新中的主体地位，发挥大型企业创新骨干作用，激发中小企业创新活力，推进应用型技术研发机构市场化、企业化改革，建设国家创新体系。"

围绕北京市籽种农业产学研发展现状这一主题，特色农经行动计划小组以赵海燕为指导老师，李硕为组长，杨洋、王笑颜、刘佳、常文杰、付腾和杨文为组员，一行7人深入实践进行调研。首先，通过案头调研的方式，我们对北京种业产学研发展的重要意义进行了总结和概括；其次，我们小组选择了北京市综合实力名列前茅的种业公司——金色农华种业科技有限公司，通过访问该公司相关人员的方式，对其产学研发展模式进行深入的了解，进行案例分析，以此为代表了解北京市种业公司产学研发展现状，深刻剖析产学研的运行机制；再次，通过阅读大量国外优秀种业公司籽种研发的资料，我们分析总结其优秀发展经验；最后，通过对北京市产学研模式的分析与国外种业发展的比较，我们发现了北京市种业发展的不足，在此基础上提出相应的发展建议。

一、籽种农业产学研模式发展背景

（一）“世界城市”的发展目标

北京市“十二五”规划明确提出全市发展的主要目标是：紧紧围绕人文北京、科技北京、绿色北京战略和建设中国特色世界城市的目标，按照在推动科学发展、加快转变经济发展方式中当好标杆和火炬手，走在全国最前面的要求，率先形成创新驱动的发展格局，率先形成城乡经济社会一体化发展新格局，努力把北京建设成为更加繁荣、文明、和谐、宜居的首善之区。世界城市是国际大都市的高端形态，对全球经济、政治和文化等方面有重要影响力。借鉴目前公认的世界城市如纽约、伦敦等经验：世界城市建设，离不开郊区发展；富裕起来的城市，更加需要融生产、生活、生态为一体的都市型现代农业。早在1997年，北京就提出把发展设施、籽种、精品、加工、创汇和观光农业六种农业作为农业结构调整的切入点和推进农业现代化建设的重要途径。种业作为战略性资源和战略性产业，对于提高北京的全球影响力，促进世界城市建设具有重要意义。

（二）都市型现代农业的高端形态

2003年，北京市朝阳区“十一五”规划中正式提出发展北京都市型现代农业的战略任务。2005年，北京市农村工作委员会在《关于加快发展都市型现代农业的指导地位》将都市型现代农业定义为：“在我市依托都市的辐射，按照都市的需求，运用现代化的手段，融生产性、生活性、生态性于一体的现代化大农业系统。”并提出了籽种农业、休闲农业、循环农业、会展农业、节水农业和设施农业六种农业形态。2011年，北京市农村工作会议指出：“推进农业现代化，必须坚持走都市型现代农业发展道路，把首都农业作为世界城市的特色产业、首都生态宜居的重要基础、城市高端农产品供应和应急安全的基本保障，打造成为一二三产相互融合的、充分体现人文、科技、绿色特征的低碳产业。”籽种农业是都市型现代农业高端形态，良种是农业科技的载体；是农作物产量和质量的根本内因；是农产品实现高产、稳产、优质的重要保证。发展籽种农业是推动北京都市型现代农业的必然要求。

（三）“种业之都”的全面打造

《北京种业发展规划（2010—2015年）》提出了打造北京“种业之都”的

核心目标；2012年，北京市首次召开全市种业工作会，明确了北京建设“种业之都”的目标；2012年2月，北京市出台《关于促进现代种业发展的意见》，提出了提升北京种业的科技创新能力、企业竞争能力和市场监管能力，构建以产业为主导、企业为主体、产学研相结合、“育繁推一体化”的现代种业体系，全面提升北京种业水平，努力打造“种业之都”的总体要求。建设“种业之都”是要将北京市打造为中国种业科技创新中心和世界种业交易交流服务中心。建设“种业之都”要求北京市提高种业科技能力，引导北京种业采取产学研的发展方式，提高种业企业的研发能力，逐渐形成“育繁推”一体化的种业体系。

二、籽种农业实现产学研的重要意义

（一）实现产学研有利于提高北京地区农业产量

优良的籽种提高了单位土地的产量，从而提高了北京地区农业的总产量。以粮食产量为例，相关数据如表1、图1和图2所示。

表1　2006—2012年北京市小麦、玉米产量情况

年份	小麦		玉米	
	单产（千克/公顷）	总产量（吨）	单产（千克/公顷）	总产量（吨）
2006	4 758	300 076	5 367.4	729 076
2007	4 931.1	203 850	5 507.1	765 447
2008	5 124.16	327 392	6 017.4	879 667
2009	5 120.25	309 545.1	5 953.8	897 597.7
2010	4 610.25	283 835.3	5 620.5	841 674
2011	4 882.65	283 702.8	6 429.6	903 402.1
2012	5 258.1	274 383.4	6 330.9	835 814.3
7年总增长率(%)	10.51	−8.56	17.95	14.64

资料来源：《北京统计年鉴》。

由表1、图1和图2可以得知，2006—2012年，小麦与玉米的单产分别增长了10.51%和17.95%，而小麦与玉米总产量在一定范围内波动，呈现稳定中增长的特点。大批籽种企业借助于产学研模式提供了优良的籽种，使得小麦和玉米的单产大幅增长，从而使北京市的粮食总产量得到了保证，一定程度上缓解土地的压力。

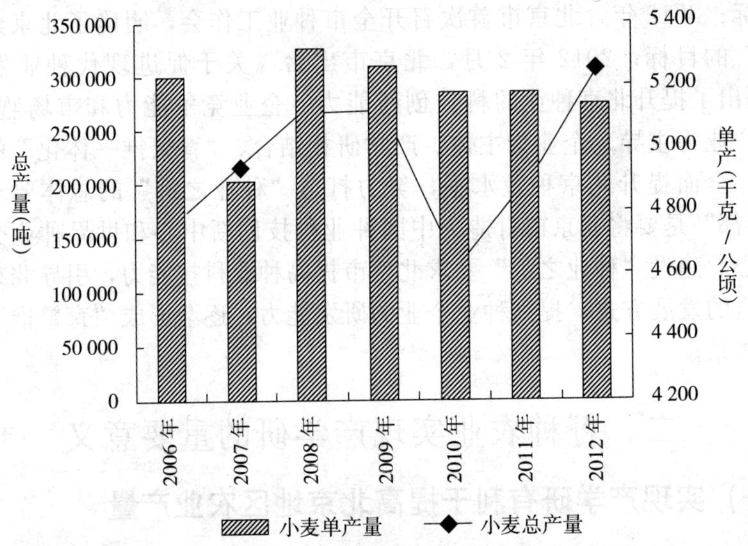

图1　2006—2012年北京市小麦产量

资料来源：《北京统计年鉴》。

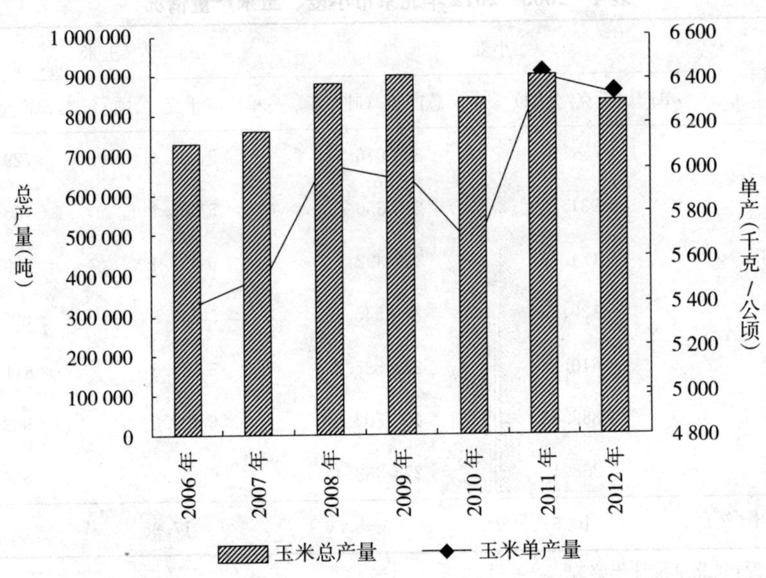

图2　2006—2012年北京市玉米产量

资料来源：《北京统计年鉴》。

（二）实现产学研有利于促进京郊农民增收

许多种业公司借助于产学研生产了一大批优良籽种，增加了抗病虫害能力和对环境的适应能力，有效地提高了农产品的单位产量，促进了北京地区农民增收。

由表 2 可知，2006—2012 年，小麦种子、玉米种子以及蔬菜种子所带来的收入在总体上呈增加趋势，尤其是蔬菜种子所带来的收益，在 2011 年突破了 9 000万元。2006—2012 年北京地区小麦、玉米和蔬菜种子年产量如图 3 所示。

表 2　2006—2012 年北京地区小麦、玉米和蔬菜种子年收入

单位：万元

年份	小麦	玉米	蔬菜
2006	476.5	358.2	252.2
2007	873	678.6	3 871.3
2008	862.4	431.6	4 102.0
2009	880.1	427.9	6 249.6
2010	901.7	466.8	3 384.9
2011	1 100.1	592.9	9 002.2
2012	1 210.9	606.6	2 403.2

资料来源：《北京统计年鉴》。

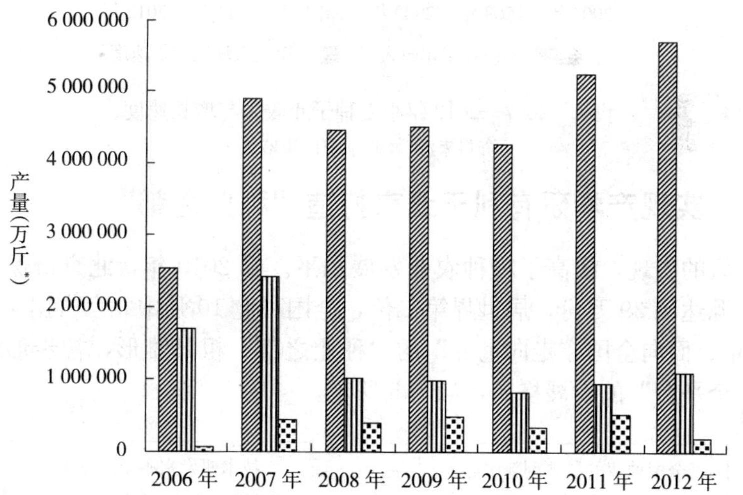

图 3　2006—2012 年北京地区小麦、玉米和蔬菜种子年产量

资料来源：《北京统计年鉴》。

* 斤为非法定计量单位。1 斤＝500 克。

以小麦种子为例，具体分析小麦种子的年收入及其增长情况。由图4可知，小麦种子的收入呈现出稳定中增长的特点。除了2007年相较2006年环比增长较快，2008—2012年环比增长速度基本在0%～20%的区间内波动。总体上说，2007—2012年，小麦种子的收入以5.60%的年平均增长速度增加，这个数值相比较而言还是较大的，说明小麦种子有力地推动农民收入的增加。

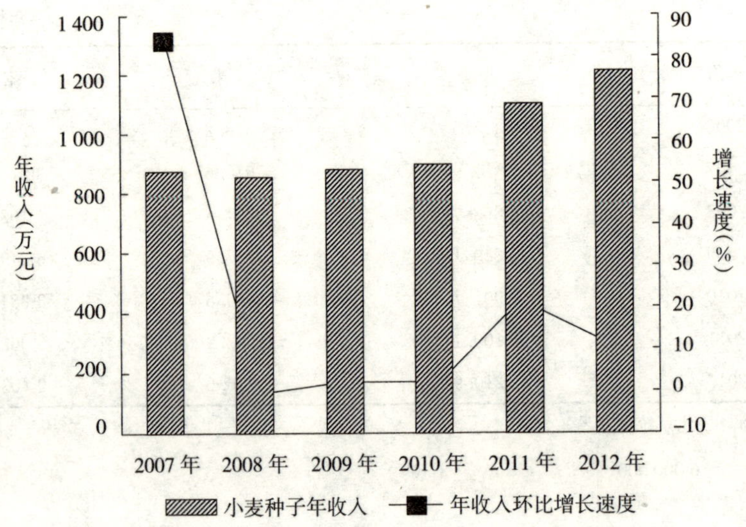

图4　2007—2012年小麦种子年收入与增长速度

资料来源：《北京统计年鉴》。

(三) 实现产学研有利于北京打造“种业之都”

产学研的实现，提高了籽种农业发展水平。到2010年，北京市保存的国家级种质资源达到39万份，居世界第二位，全国种业10强中北京占据4家。一个“立足北京、面向全国、走向世界”的“种业之都”粗具雏形，初步形成了“三个中心一个平台”的发展格局，如图5所示。

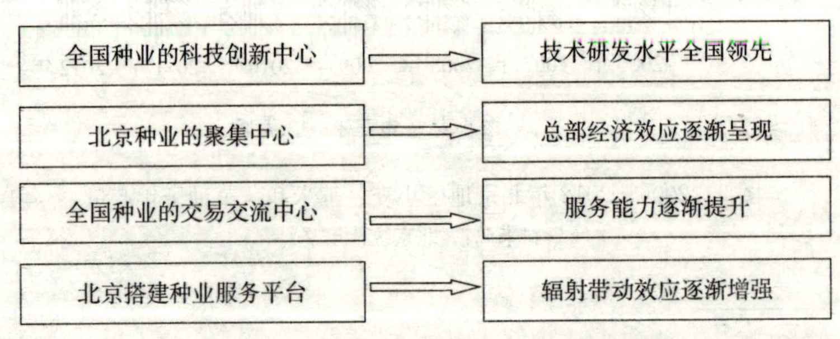

图5　“三个中心一个平台”的发展格局

北京市种业水平的提高，带动了国内外在北京的籽种交易，促进了北京对外的交流，籽种农业为世界认识北京增加了一个窗口；籽种农业是都市型现代农业的高端形态，北京市籽种农业的提高，在整体上推进了北京市都市型现代农业的发展，带动了北京郊区的发展，促进了北京市城乡统筹发展，使得北京市更加靠近“世界城市”的发展目标。

三、典型案例分析

截至2011年年底，北京市有效持证种子企业共有347家。其中，按发证机关分，农业部发证的种子企业29家、市级发证的种子企业74家、区县发证的种子企业244家；按企业所有权属分，国有企业8家、外资企业11家、个体私营等其他企业328家；按经营范围分，从事粮食作物种子经营的企业65家、从事蔬菜种子经营的有273家、从事花卉及草坪草类种子（种苗）经营的有6家、从事转基因棉花种子经营有3家。这些企业在不同程度上与高校及科研院所合作开发籽种。

我们小组以北京金色农华种业科技股份有限公司为例，分析其产学研的发展。

（一）金色农华种业科技股份有限公司概况

北京金色农华种业科技股份有限公司（以下简称金色农华）是由农业产业化国家重点龙头企业大北农集团于2001年10月出资成立的集科研、繁育、生产、加工和推广为一体的全国性种业企业，是农业部颁证育繁推一体化种子企业，主营杂交玉米种子、杂交水稻种子。金色农华是农业产业化国家重点龙头企业、国家发展和改革委员会国家地方联合工程实验室、北京市高新技术企业、北京市企业技术中心、作物生物育种北京市工程实验室和北京市专利示范单位。2013年9月2日，金色农华被认定为“中国种业信用明星企业”、“中国种业信用骨干企业”。在发展过程中，金色农华探索了几条行之有效的产学研发展模式，在北京市种业企业发展中具有比较典型的意义。

（二）金色农华产学研主要模式

1. 合作开发模式　合作开发模式是企业通过与高校、科研机构合作与开发、联合攻关，充分利用高校、科研机构的人力资源和实验设施，攻克技术难关的产学研联合模式。

中单808是金色农华与中国农业科学院通过合作开发模式选育而成的。金色农华与中国农业科学院签订协议，确立共同研发玉米籽种项目，金色农华提供资金支持，中国农业科学院黄长玲研究员选育出中单 808。经过双方协商，中单 808 种子的专利权由金色农华与中国农业科学院双方共同享有，金色农华批量生产中单 808，并进行市场开发。种子销售利润以金色农华通过一次性买断或销售提成的方式进行分配（图 6）。

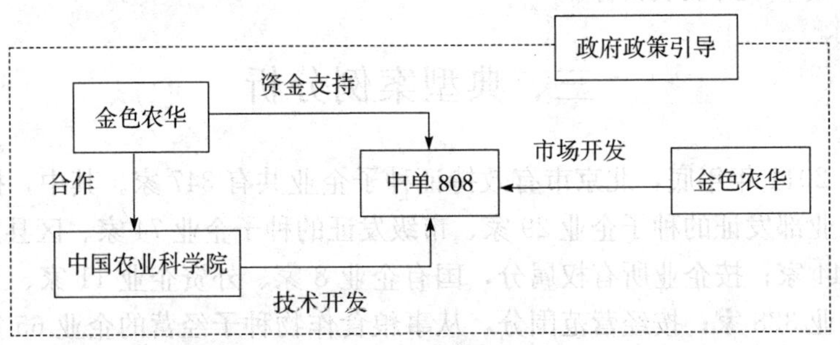

图 6　合作开发模式

2. 委托合资育种模式　委托合资育种模式是由企业提出需求，确定研发项目，委托相关高校、科研院所进行项目开发，为企业提供研究开发成果的产学研模式。

玉米籽种京玉 16 是借助于委托合资育种模式研发而成的。金色农华通过对玉米品种的了解，以协议的方式委托北京市农林科学院玉米研究中心进行玉米籽种的开发，金色农华提供资金支持，北京市农林科学院玉米研究中心主要负责研发出京玉 16，京玉 16 的专利权由双方协商决定。北京市农林科学院为金色农华提供京玉 16 原种后，金色农华进行批量生产与市场开发，种子利润通过金色农华一次性买断或销售提成的方式进行分配（图 7）。

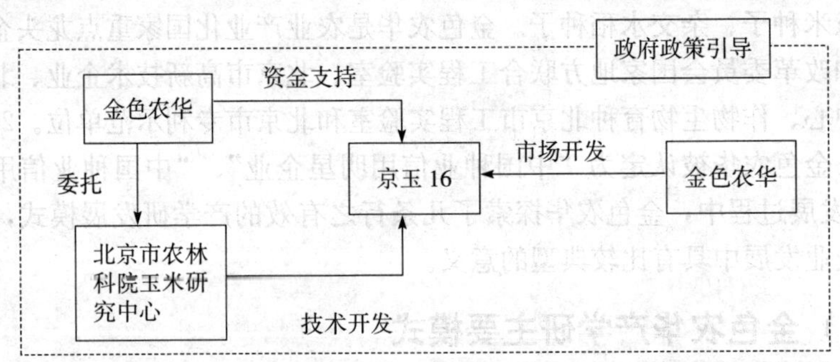

图 7　委托合资育种模式

3. 共建研发机构模式　共建研发机构模式是指，企业选择有技术优势、人才优势和科研条件优势的高校、科研机构联合成立具有独立法人资格或不具有法人资格的研发机构，以此完成公司种业的研发。研发机构以市场为导向，独立运作，具有经营自主权，对研发成果的知识产权归属、利益分配均有明确规定，实行以管委会、理事会或董事会领导下的主任负责制（图8）。

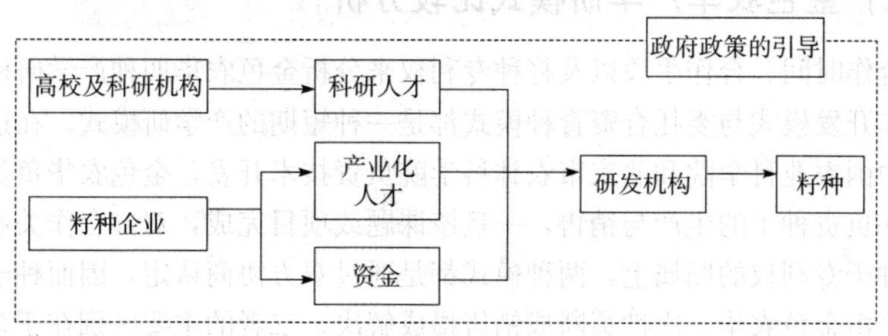

图8　研发机构模式

金色农华共建研发机构模式的具体表现为杂交水稻育种平台。2013年5月3日，隆平高科、神农大丰和金色农华等12家杂交水稻种子企业，在农业部种子管理局的牵头下，成立杂交水稻育种平台。隆平高科占股比43%，为杂交水稻育种平台第一大股。杂交水稻育种平台是一个半公益性技术研发机构，主要整合全球先进的基础研究成果，并通过生物育种相关技术的自主研发，推动生物技术手段广泛应用于我国杂交水稻常规育种技术领域，为全国种业提供技术支撑与服务。

4. 共建产业联盟模式　共建产业联盟模式具体是指同类农业企业与相关高校及科研院所联合起来共同组建产业联盟的合作模式。

2007年2月，大北农集团牵头联合中国农业科学院饲料研究所、北京伟嘉集团、奥瑞金种业等单位发起成立北京中关村农业生物技术产业联盟，联盟目前凝聚了国内实力雄厚的农业企业和一流的科研院所38家，构成了支撑我国农业生物技术产业的基本力量。产业联盟整合了以金色农华为代表的种业企业的资金优势、生产优势和以中国农业科学院为代表的科研院所与高校的技术优势、人才优势，北京市政府也对该联盟推出针对性的优惠政策。因此，中关村农业生物技术产业联盟每年能够研制出具有国际国内先进水平的数千项高科技产品及成果，并能及时投放市场，缩短种子的生产周期，降低成本；同时，该联盟根据种业企业与科研院所及高校的意见，协助政府制定产业政策，起到政府与科研院所及高校沟通桥梁的作用（图9）。

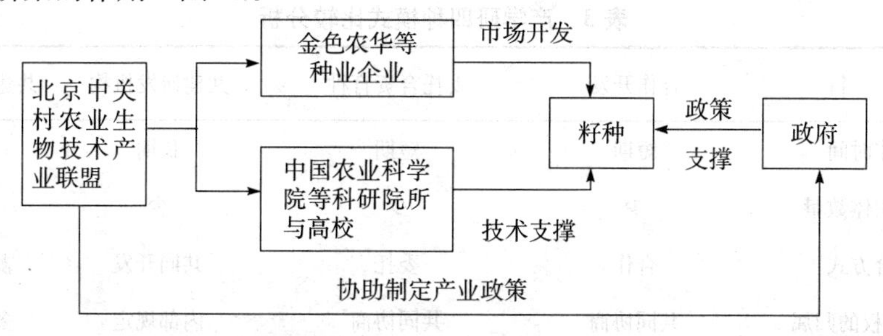

图9　共建产业联盟模式

（三）金色农华产学研模式比较分析

从合作时间、合作手段以及籽种专利权来分析金色农华四种产学研模式。

合作开发模式与委托合资育种模式都是一种短期的产学研模式。在这两种模式中，中国农业科学院和北京市农林科学院负责技术开发，金色农华负责研发经费支持并负责种子的生产与销售，一旦该课题或项目完成，双方合作关系即为终止。在种子专利权的归属上，两种模式都是通过双方协商认定，因而种子利润的分配也是由金色农华一次性买断或销售提成解决。二者的主要区别在于金色农华与科研院所的联合方式不同，尽管都是通过协议的方式，但是在合作开发模式中，金色农华与中国农业科学院是合作关系；而在委托合资育种模式中，金色农华与北京市农林科学院则表现为委托关系。合作开发项目的当事人共同从事研究开发工作，而委托开发项目只需研究开发的一方从事研究开发工作。因此，合作开发项目的当事人都必须具备一定的技术能力、提供一定的科技工作人员以及共同提供一定的技术设备等，而委托开发项目只需研究开发方具备上述能力、人员和条件；在合作关系中，合作双方处于平等的地位，委托关系则是一种授权性质。

共建研发机构模式则是一种长期的产学研模式。在共建研发机构模式中，种业企业与相关高校或科研院所通过提供资金和技术这两个最重要的生产要素建立科研机构并联合开发，面对市场进行运作。研发机构不会因某一籽种研发项目的完成而终止，而是会根据市场需求不断进行籽种开发；在知识产权的归属上，研发机构内部有着明确的规定，因此有着明确的利润分配标准。

共建产业联盟模式也是一种长期的产学研模式，相较于前几种，它的规模更大，囊括了大量的种业企业与科研院所，形成产业集聚。在产业联盟中，种业企业与科研院所的合作是长期的，合作方式也是多方面的。因而，在籽种的产权上根据具体情况也有着不同的处理方式。

四种模式分析比较如表 3 所示。

表 3　产学研四种模式比较分析

项　目	合作开发	委托合资育种	共建研发机构	共建产业联盟
合作时间	短期	短期	长期	长期
合作主体数量	少	少	少	多
联合方式	合作	委托	共同开发	多种方式
知识产权的归属	共同协商	共同协商	内部规定	多种方式

（四）金色农华产学研运行机制分析

以上四种产学研模式都有种业企业（金色农华）、高校及科研院所以及政府这三个主体，这三个主体在实现产学研中发挥了不同的作用，反映了“政府引导＋企业资金支持＋高校及科研机构技术创新”的运行机制。

政府通过制定政策和各种规章制度的导向作用，组织、协调和指导产学研的开展，发挥着整体规划的作用。政府沟通籽种企业和高校及科研院所，促进双方的交流与合作。政府通过促进产学研的紧密合作来推进我国籽种研制水平的不断提高，促进籽种农业的发展，推进农业现代化，保持我国农业的独立自主，保证农业的基础地位不动摇。

企业在产学研模式中处于主体地位，籽种的研发来自于企业发展的需求，种业企业在产学研模式中发挥着供给资金的作用。当前，国内大部分企业缺乏独立的研发力量，不具备与国外籽种企业（如孟山都）相媲美的核心竞争力，但是企业能够提供较为丰厚的资金支持。借助于产学研，企业通过合作、委托、共建产业联盟或经济实体等方式，与农林高校及科研院所合作，目标清晰、责任明确。以金色农华为代表的籽种企业以经费支持的手段，借助农林高校及科研院所强大的人才和科技资源优势，弥补自身研发能力的不足，为企业发展提供充足的动力能源，在激烈的市场竞争中生存发展。企业与农林高校、科研院所合作的同时，其自身的研发能力也在不断提高，从而提高企业核心能力，为企业的发展提供更充足的储备，从而促进企业转型升级。例如，在发展前期，金色农华主要借助高校及科研机构的力量研发籽种，企业自身多承担生产、销售；现在金色农华的科研力量不断加强，正由借助外部力量向内部力量转型。

高校与科研院所在产学研模式中主要提供技术力量的支撑。高校与科研院所拥有科技、人才以及实验基础设施方面的优势，是籽种研发的中坚力量。对于高校与科研院所来说，与籽种企业建立合作关系，既满足了种业企业技术的需要，也满足了自身发展的需要，提高自身应用研究的水平，同时为其深入研发解决了资金问题。对于高校来说，通过与产业企业的合作，能够为其学生提供实习基地，以现实农业情况为教学材料，有利于培养农业发展急需的人才，促进人才的培育和高校教育的改革。

产学研运行机制如图 10 所示。

综上所述，“政府引导＋企业资金支持＋高校与科研院所技术创新”实现了优势互补、互利互惠、共同发展的原则，这种运行机制有效地弥补了北京市籽种研发、生产、销售环节脱节的问题，充分发挥了各主体的优势以及各自的积极性和创造性，寻找出高等教育与科研开发、生产实践相结合的特点，最终促进了籽种农业的发展。

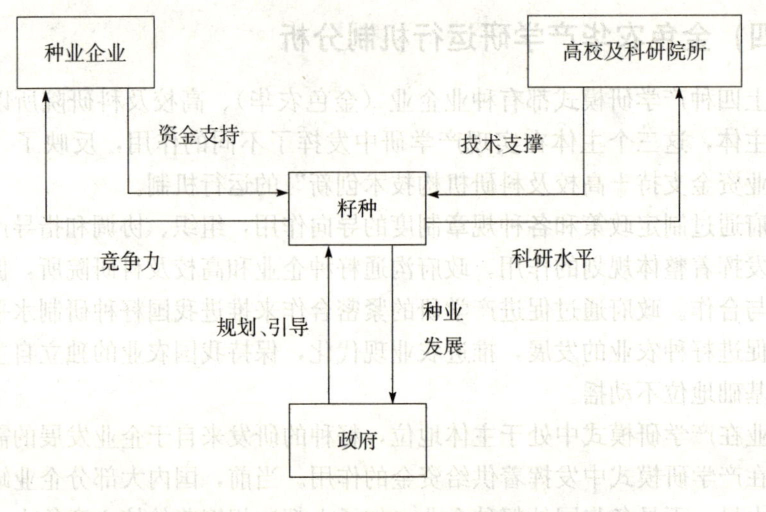

图 10　产学研运行机制

四、国外经验借鉴

与北京市种业企业相比，国外种业企业经过长期发展，已经形成了成熟的商业育种体系，拥有独立育种能力，在籽种研发这一领域有着丰富的经验，其籽种研发的相关措施值得北京市种业企业深思、借鉴。美国是世界第一种业大国，全球前十强的种业企业中，有三家是美国企业，美国政府对于促进种业的发展起到了一定的作用，对于北京市政府推进北京市种业发展有着重要的借鉴意义。因此，我们参考国外优秀种业企业以及政府在推进种业发展当中的做法，总结出以下发展经验。

（一）面向市场的育种理念

大型种业企业以市场需求为标准确立籽种研发目标。跨国公司商业化育种的目标并不单纯的追求丰产性，而是更加注重品种的稳产性以及农艺措施的改进，使育种目标更符合农业生产与市场的需求。如先锋公司的生产和市场人员可自始至终参与品种选育，优先选择具有更好商业化开发前景的品种组合；再如，孟山都公司由一个来自市场、销售、生产、育种和财务方面的人才组成的作物小组，对研发籽种进行讨论、研究，充分论证其市场可行性后进行开发。在这种理念指导生产出来的品种有明确的推广区域和市场定位，针对性和指向性都很强。

（二）雄厚资金、先进技术的育种支持

综观世界种业前十强的种业企业，其研发投入一般占其销售额的10%～

15%。据统计，2010 年孟山都公司总销售收入为 135 亿美元，研发投入平均每天约为 260 万；先正达公司育种研发投入 10 亿美元，先正达育种研发投入 4 亿美元以上；利马格兰集团 2012 年合并销售额为 17.84 亿欧元，2011—2012 年度总研究经费为 1.65 亿欧元，占其专业销售额的 13%。

这些公司也拥有着综合素质很高的育种团队。到 2012 年年底，利马格兰集团拥有 1 550 名研究员。到 2010 年年底，先锋公司在全球拥有 16 000 名正式员工，其中，育种人员约占员工的 1/5，博士占育种人员的 1/3。庞大的资金投入和优秀的人力资源为种业企业的种业创新提供了核心的支持。

（三）完备的知识产权保护制度

世界第一种业大国的美国拥有一套完善的保护籽种知识产权的制度。1939 年美国颁布《联邦种子法》，这是美国种业史上一部重要的综合性法律，1956 年、1960 年分别对该法案进行了修订；同时，在美国各州实行“联邦种子法推荐格式”。1930 年，美国颁布植物专利法案，对无性繁殖的植物品种提供了专利保护；1970 年颁布植物品种保护法案，对植物新品种实行品种权保护。这几部法案为美国种业构建了完备的知识产权保护制度，有效地保证了种业企业的利润收益，提高了种业企业的育种积极性，促进籽种产品的不断创新和发展。

（四）完善的种质资源交流平台

全球种业前列的种业企业十分注重对种质资源的收集、保护和整理，在内部形成一个完善的种质交流平台，实现种质资源的共享，育种家可以使用来自世界各地的种质资源。先锋公司在全球设立 126 个育种试验站，通过这 126 个育种试验站之间积累、共享种质资源，目前拥有全世界 60%以上的具有极大遗传潜力的玉米种质资源；孟山都从一些野生或特质种质中挖掘出许多专利基因；先正达通过大量收购种子企业，迅速扩大种质资源拥有量。这些跨国公司将各地的种质资源集中在统一管理平台上实行分类整理，公司内部实现规范交流与共享。

五、产学研未来发展

（一）产学研联合不够深入，应加强双方长期合作

现在，北京市种业企业与高校及科研院所的联合通常是基于某一项目或课题，种子的研发成功往往意味着合作关系的结束，因此，企业与高校及科研院所的合作只是暂时的、不稳定的，双方的合作比较肤浅，不够深入。因此，要推动种业产业的进一步发展，促进企业与高校及科研院所深度繁荣，势必要深入双方的合作关系，建立全方位、多层次的长期稳定的合作机制，加强双方的合作与交

流，深入种业科技创新，促进共同发展。

（二）种业企业专业育种人才偏少，应当积极引进人才

据统计，北京种业企业平均科研人数仅为45人左右，位于全国种业前十强的北京德农种业有限公司、中国种子集团、北京奥瑞金种业股份有限公司、金色农华种业科技有限公司，仅有金色农华核心育种人员达到100人，其他三家公司核心育种人员仅在50人左右。与国外发达种业公司相比，北京市种业企业核心育种人员偏少，从源头上降低了企业种业创新的能力，因此，种业企业应当积极利用年薪等引进并留住核心育种人才，加强企业自身的凝聚力，提高研发能力。

（三）知识产权保护制度不够完备，政府应当加快建设知识产权保护体系

当前，我国籽种知识产权制度存在缺陷，执法力度不够严格，导致种业市场套牌侵权现象严重，极大地损害了广大中小企业的竞争力以及育种者的积极性，阻碍了种业整体水平的提高。因此，政府应当完善知识产权等法律制度，加大知识产权的保护力度，建立公平、公正、有序的市场环境，进一步优化企业发展的土壤，严格执法力度，严厉打击套牌侵权等违法行为，促进种业市场有序竞争。

（四）种质资源缺乏有序管理，政府应当加快建立种质资源交流平台

当今，我国优秀的种质资源没有得到及时有效的收集，研发出的良种也缺乏有序的分类整理，企业间、高校及科研院所间缺乏种子的交流，导致许多优秀种质被国外抢先占据，我国种质资源体系混乱，籽种研发效率低下。因此，政府应当加快建立种质资源平台，加大对良种的收集与保护，对研发籽种进行分类整理，为籽种研发提供丰富资源，促进企业、高校及科研院所的相互交流，探索和推动种质资源扩增计划的实施，促进种质资源的深度开发利用。

六、总　结

种业是国家的战略性产业，对于促进我国农业现代化，推动北京市都市型现代农业的发展，具有重要的意义。以金色农华种业科技公司为例，我们小组深入分析了北京市籽种农业产学研发展的几种模式，并剖析“政府引导＋企业资金支持＋高校及科研机构技术创新”的运行机制。我们认为，北京市种业的未来发展还存在着极大的空间，我们建议企业应当深入与高校及相关科研院所的合作，多方面、深层次紧密地合作，以此提高合作的效率；同时，与世界一流种业企业相

比，北京市种业企业育种人才偏少，因此，我们建议企业积极引进育种人才；此外，与发达国家种业发展制度相比，北京市种业知识产权的保护不够完善，种质资源缺乏有序的收集与整理，因此，我们建议政府完善种子的知识产权的保护制度，加快建设种质资源交流平台。种业企业能够借助于产学研模式，充分利用北京市信息、资源、技术的优势，提高北京商业化育种水平。同时，政府不断完善相关的种业制度与发展体系，引导企业健康发展，将北京努力打造成我国以及世界的“种业之都”。

主要参考文献

丁海凤.2009. 发展籽种产业提升北京种业高端优势［J］. 中国种业（3）.

韩虎群.2006. 高校产学研结合模式探析——西北农林科技大学产学研结合实践与探索［J］. 西北农林科技大学学报. 社会科学版（6）.

何忠伟，等.2013. 北京会展农业发展研究［M］. 中国农业出版社.

李建生，等.2010. 中外玉米种业技术比较［N］.（13）.

李军民，等.2009. 北京籽种企业市场培育策略研究［J］. 种子世界（3）.

刘文国，等.2010. 先锋公司的育种研发管理经验和对我们的启示［N］. 国家玉米产业技术体系工作简报（13）.

宋维平，等.2010. 北京籽种企业发展现状及建议——基于北京籽种企业的实证研究［J］. 中国种业（4）.

张俊.2001. 高等学校产学研结合模式及发展趋势研究［D］. 武汉：华中农业大学.

张蓉.2007. 农业高校产学研结合模式探讨［D］. 杨凌：西北农林科技大学.

赵冬梅，等.2010. 北京籽种产业科技创新现状调研与发展建议［J］. 中国种业（7）.

赵海燕.2013. 食用菌产业菌农收益研究——以北京菌农调查数据分析为例［J］. 湘潭大学学报. 哲学社会科学版（7）.

郑渝.2010. 北京种业发展的现状——目标定位及主要措施［J］. 蔬菜（11）.

中国种子协会.2012. 关于美国农作物种业的考察报告［J］. 中国种业（2）.

周婧.2012. 高等农业院校推进产学研结合问题研究［D］. 长沙：湖南农业大学.

北京市休闲农业游客满意度调查分析

——以蓝调薰衣草庄园为例

指导教师：黄　雷

小组成员：李美乐　张　君　张立楠　刘　晴　张　琪　潘泽龙

一、调查方法

本次调研以蓝调薰衣草庄园为例研究北京市的休闲农业游客满意度，并依据可持续发展的要义和都市型现代农业“三生性”特点，为蓝调薰衣草庄园提出了相关问题和可行性建议。

调查过程紧随提纲的设计，充分调动网络和期刊搜集到的资料和数据，结合实地调研和访谈，采用定额抽样的方法对不同职业和不同年龄段的园内游客进行了调查，内容涉及年龄、性别、月收入和月消费金额等方面。在后续的调研报告撰写过程中也运用多种技术手段和专业方法对所得结果加以分析和论证。

二、调查目的

随着首都经济的快速发展和人们生活水平的不断提高，城市居民对于观光休闲农业旅游的消费需求日趋强烈。面对这一市场需求，京郊不断整合农业资源，发挥区域优势，开发农业新功能。近年来，京郊观光休闲农业发展势头良好。中共十七届三中全会的召开，将发展观光休闲农业作为发展现代农业的重要产业类型。京郊以此为契机，加快了发展观光休闲农业、建设社会主义新农村的发展步伐。同时，伴随着国家假日政策的调整和旅游者素质的提高，人们对于京郊观光休闲农业旅游的需求也在发生调整。因此，深入研究新背景下京郊观光休闲农业游客满意度，探讨影响游客满意度的因素，感知旅游者的潜在需求，从而找到提高游客满意度的对策及实现途径，对于促进京郊观光休闲农业旅游健康和持续发展具有一定的现实意义。

休闲农业是指在城郊和农村范围内，利用农业和农村自然环境、田园景观、农业生产与经营、农业设施、农耕文化、农家生活等旅游资源，通过科学规划和开发设计，为游客提供观光、休闲、度假、体验、娱乐、健身等多项需求的旅游经营活动。随着近几年北京乡村旅游与休闲农业的蓬勃发展，品质化与高端化的郊野休闲产品已经成为需求趋势，朝阳区蓝调薰衣草庄园就是这种大环境下产生的。它于2009年年底盛大开园，开园后即受到业界和游客的一致好评，并在2010年被北京市确定为休闲农业重点项目和市级示范园区，成功见证了从一般农业到休闲庄园的一次革命。蓝调庄园的定位是：首先要将该休闲庄园与普通的农家乐休闲区分开来。北京的农家乐很多，但大部分档次都很低，产品单一，基本都以农家餐饮接待、观光采摘为主；而蓝调国际庄园将要打造的是一个创新的现代都市型农庄产品，要完全超越一般农家乐的设计手法，将其打造成国际一流的度假庄园。

三、调查情况分析

（一）游客月收入状况

如图1所示，有24人的月收入在5 000元以下，11人的月收入集中在5 000～10 000元，3人的收入集中在10 000～15 000元，由此可以看出月收入在5 000元以下的人占大多数。

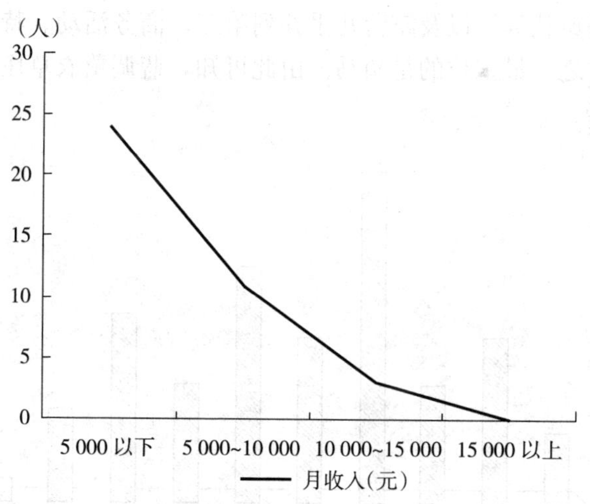

图1　游客月收入状况

资料来源：实地调研。

（二）蓝调薰衣草庄园门票价格满意度

我们还进行了关于游客对蓝调薰衣草庄园门票价格满意度的调查（图2）。通过调查，我们发现34%的人认为满意，37%的人认为一般，29%的人觉得不满意。总体来看，大家对于蓝调薰衣草庄园门票价格还是不满意的。

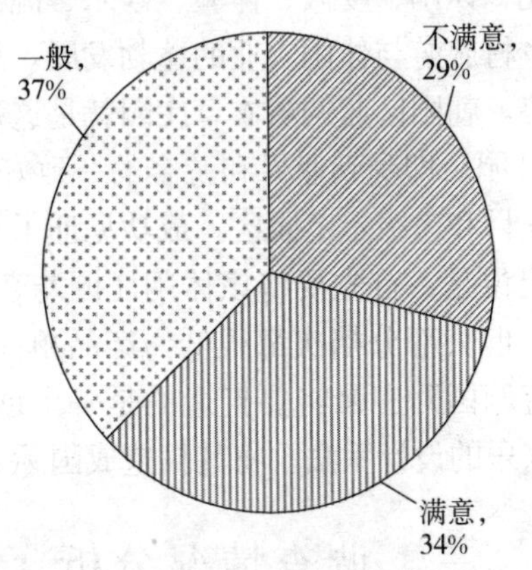

图 2　蓝调薰衣草庄园门票价格满意度

资料来源：实地调研。

(三)游客喜欢的体验项目

通过对游客喜好蓝调薰衣草庄园的体验项目的调查（图 3），我们发现人们最喜欢的项目是温泉，排在第二位的是水果采摘，果酒、蛋糕、精油的制作、节庆（求婚、结婚典礼等）以及露营几乎并列第三，商务活动、特色餐饮、篝火自助烧烤、垂钓次之，最末位的是骑马。由此可知，蓝调薰衣草庄园应继续加强前

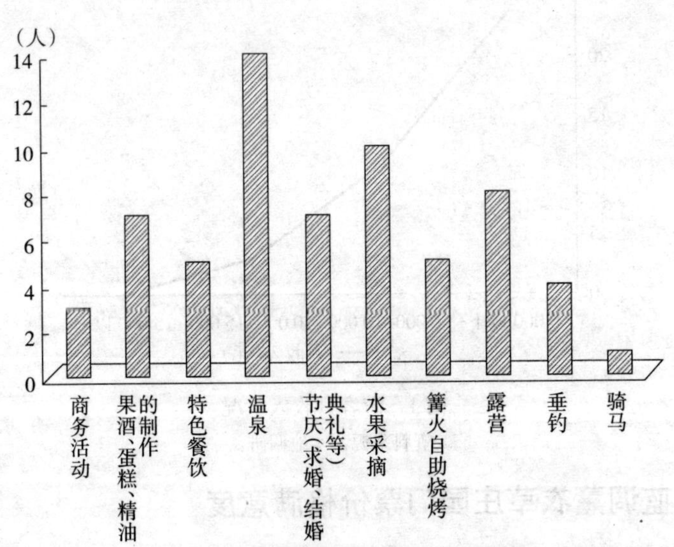

图 3　游客喜欢的体验项目

资料来源：实地调研。

三位体验项目的建设，大力改善后几位体验项目的建设，并分析导致骑马项目处于末位的原因，尽快改善。

（四）游客的年龄分布情况

如图 4 所示，通过调研，我们发现在被调查者中，有 11 人属于 18～25 岁年龄段，有 14 人属于 25～40 岁年龄段，有 13 人属于 40 岁以上年龄段。在蓝调薰衣草庄园游览的人中，中青年占很大一部分。也就是说，蓝调薰衣草庄园的主要消费群集中于这部分人。因此，在蓝调薰衣草庄园的经营管理过程中，应把这部分人的需求作为主要的考虑因素，这样更有利于庄园的发展。

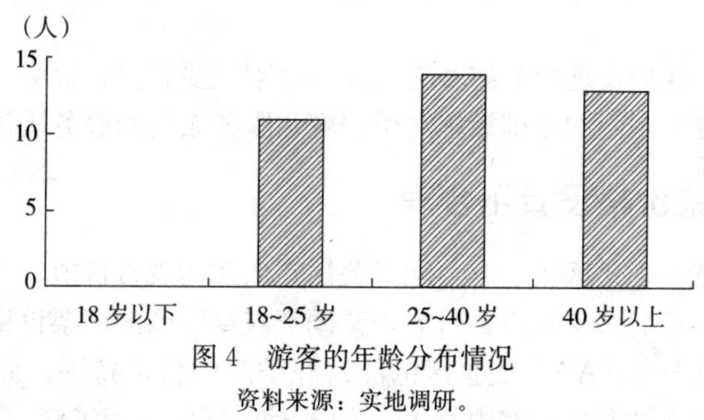

图 4　游客的年龄分布情况

资料来源：实地调研。

（五）游客重视的方面

在调研被调查者最注重方面的过程中，我们发现除了售票处、餐厅、婚庆典礼现场、骑马场、采摘园有服务人员外，蓝调薰衣草庄园园区的其他地方均没有服务人员的身影，这就比较容易出现游客有问题时，不能够及时有效解决的现象。通过对游客最注重的方面的调查（图 5），我们发现，首先有 27％的被调查

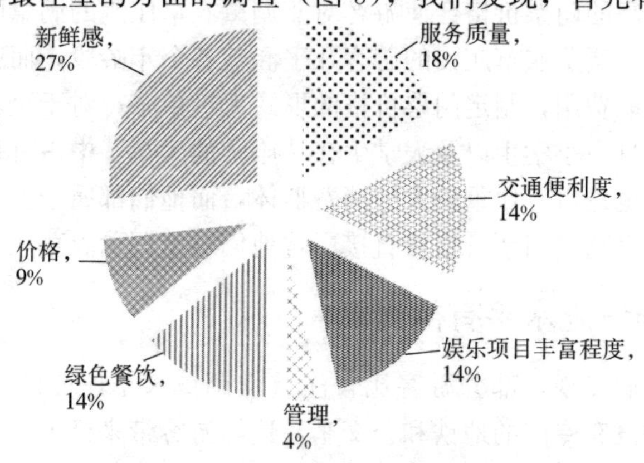

图 5　游客重视的方面

资料来源：实地调研。

者比较注重新鲜感。因此，庄园应定期或不定期的对庄园进行整改（小范围或某一方面），让游客感觉庄园每次都有不一样的一面，吸引游客下次观光。其次，有18%的人比较注重服务质量，应尽量为游客提供服务，让他们感觉到宾至如归和被重视。再次就是交通便利度、绿色餐饮及娱乐项目的丰富程度，蓝调薰衣草庄园可以增设一些观光车，接送游客；还可以增设娱乐项目，让人们在享受视觉盛宴的同时，顺便可以活动一下筋骨。最后，游客最注重的是价格和管理这两个方面。

四、影响游客满意度的因素分析

通过调研，我们发现影响游客满意度的因素主要有门票价格、游客预期、体验项目丰富程度、园内的基础设施利用程度和服务人员的服务质量等。

（一）门票价格设置不合理

游客在游览参观景区景点时，除了关注它内在的观赏价值、文化价值等，门票价格也是其关注的一个重点。目前，蓝调薰衣草庄园的门票价格为每人60元，这个门票价格竟与AAAAA级景区的故宫旺季时的价格持平。而在调查分析过程中，我们发现在被调查游客中有45%的人对庄园完全不了解。由此可以看出，蓝调薰衣草庄园知名度并不高，并且景点级别与国家级旅游景点相差甚远。此外，除了门票之外园区内还设有其他的收费项目，这样游览蓝调薰衣草庄园的花费远远高于其实际价值，这将在一定程度上降低游客的满意程度。

对于蓝调薰衣草庄园的门票价格，约有66%的游客觉得不太满意或是感觉一般。而且，在被调查游客当中，月收入在5 000元以下的游客占64%，属于中低收入群体。过高的门票价格会使游客对蓝调薰衣草庄园的满意度造成很大的负面影响。同时，蓝调薰衣草庄园的游客几乎涵盖各个年龄段，而庄园只对1.2米以下的儿童不收取费用，制定门票价格的形式太过单一，对于全家前来游玩的经济代价过高。并且中小学生以及大学生在“旅游的大军”中占有很大的比例，60周岁以上的老人也是占有比重较大的消费群体，而他们都属于没有固定收入或收入较少的群体，过高的门票价格将直接影响他们对蓝调薰衣草庄园的满意度。

（二）基础设施水平有待提高

通过调查我们发现，部分游客比较注重蓝调薰衣草庄园的交通便利度。目前，通往庄园并没有专门的地铁和公交车，这给游客带来极大的不便。而且，在进入蓝调薰衣草庄园前，会经过一段崎岖的土路，如果开私家车进入，会给司机造成不便，这将在一定程度上影响人们的情绪，进而可能降低游客对蓝调薰衣草庄园的满意度。另外，还有部分游客的游园目的是为了绿色餐饮，而通过调研我们发现，整个庄园里只有一个餐厅可以就餐，这对于游客享用绿色餐饮带来极大的不便，也会影响游客的满意度。

（三）园内设施的利用程度不充分

游客主要的目的是旅游观光和休闲度假。人们在养眼、养鼻、养肺的同时还需要养心。对于长期工作在办公室、坐在教室上课或长期待在家里的人们，他们的主要目的是想通过体验项目来释放压力。虽然蓝调薰衣草庄园在设计之初就想到了这一点，但在将这一理念贯彻到实际的过程中却存在很大问题。

通过调查我们发现，园区内休闲设施的利用率不是很高，游客进入园区主要还只是参观美景，体验传统项目中的采摘、温泉和露营等。而对于骑马、垂钓这些体验价值相对较高的项目，很少有人愿意尝试。大多数游客表示，园区内的休闲设施大多需要额外收费，与其在这里消费还不如去骑马会馆或垂钓园，在这些专业机构里能接受更正规的指导。而且，垂钓的相关用具其质量与价格不成正比，园区内垂钓景观生态涵养价值也与其他景区堪称一致。而这些设施几乎一直处于闲置的状态，利用率不高，不仅增加了园区的经营成本，对于蓝调薰衣草庄园游客满意度的提升也没有太大的意义。

（四）园内服务管理缺失

园内服务管理是游客进入园区后留下的第一印象，也是园区的一个“活招牌”。通过调查可以看到，游客重视排第二的方面就是服务质量，而在蓝调薰衣草庄园内除了售票处、餐厅、婚庆典礼现场、骑马场、采摘园内有服务人员外，园区的其他地方均没有服务人员。很多游客也抱怨当遇到突发情况或是想对景区有更深层次的了解时，找不到工作人员帮助或解答。园区负责人表示，由于 某些园区游客数量不是很多，所以将大批的工作人员调到游客数量多的园区。事实上，这是其中的管理缺失，一旦游客的问题不能及时解决，就会让他们觉得管理很不到位，从而对园区的满意度下降。

（五）宣传力度不足

近年来，蓝调薰衣草庄园虽然通过网络信息平台和媒体为庄园吸引了大批游客，但是媒体信息只是在北京地区可以经常看到。这与国家级的旅游胜地相比，宣传力度明显不够。即使游客了解到了信息，也只是庄园的一些最基本的信息，如票价、路线和地址等，对于骑马、垂钓、露营等新型方式的体验项目介绍相对较少，这就导致游客对其了解程度处于一个较低的水平。一个旅游的地方，首先要做到的就是让大众去了解它，提升游客的游览热情，这样才能得到游客的客观评价。

五、建　议

（一）改善基础设施水平

（1）加大投资、融资力度，增加周边服务性、消费性场所，便利游客。

（2）调整和增加园区内的体验项目的数目和形式，迎合游客的需要。在将理念付诸实践时，将相关休闲方式创意升级。大众的农业体验项目不仅要保留采摘与参与农事劳作等比较简单的项目上，而且随着人们体验需求的不断深入，应将新奇、动态的体验活动加入到静态的农业景观中，如垂钓、骑马和篝火自助烧烤等。两者的结合，使得休闲农业不再是单纯的乡土资源观光，更是一种对新鲜奇特事物的特别体验活动。

（二）加强设施的品牌建设，提高园内设施的利用率

蓝调薰衣草庄园在设计之初就考虑到现代人追求健康养生、康体保健的生活方式，为城里人提供一种恬淡闲适的乡村生活，来缓解城里人压抑繁重的日常生活氛围。正因如此，来庄园参观的游客进入园区主要目的还是参观美景，所有体验项目还是以传统的采摘、温泉、露营的人数比较多，而像骑马、垂钓这种专业性较强，且所需消费较多的项目则少有人问津。由于来庄园参观的多为中低收入的人群，像骑马、垂钓等项目，一般民众较难负担，游客很少光顾，同时增加了庄园的维护成本，弊大于利。应对园区进行重新规划，缩减利用率低的设施部分，转而扩大庄园的主要盈利项目。提高设施利用率，降低成本，提高效益。

（三）改革门票的收费价格与形式

（1）适当降低入园门票基准票价。由于园区内有额外收费的项目，适当降低入园票价，提高游客到园区参观的心理收益，间接增加前来参观的游客人数。

（2）实行园区内优惠通票。即在原入园门票与额外收费总和的基础上适当优惠，以此来吸引更多的游客来参观园区。

（3）设置阶梯票价。对学生、老年人、残疾人和军人等特殊群体实行优惠票制，响应国家对于特定人群的福利政策，让更多的人感受到政策的效益。

（4）增设团体票、月票、年票等不同种类票制。减轻常到园区参观的游客的经济负担，培养客户的忠诚度。

（四）改善园区宣传方式，加大庄园宣传力度

通过电视、电台、网络及微博等平台发布广告及相关信息，同时在周边地区发放宣传单等多种形式对蓝调薰衣草庄园以及内部情况进行海量、全方位地宣

传，提高庄园的知名度。在增强宣传方式的渲染力下，还要不断增强辐射半径，在保证周边客源市场的前提下，最大限度地吸引其他地方的游客。突出各设施体验亮点，体现项目关联性，以点带面，达到统筹发展。

宣传内容需注意全面描述园区内部各项体验项目的具体情况，让潜在游客得知更多的园区信息，让游客对即将游览的景观“有所准备”，有利于游客对园区内体验项目满意度的提高。

（五）加强管理层的管理水平，完善庄园的管理服务体系

消费者对于园区内的服务质量十分关注，只有良好的服务质量和服务态度，才能使消费者感到满意。消费者对服务的需求也不断发生变化，对个性化服务的需求已突出地体现出来，服务的速度和效率与宾客满意度是成正比的，庄园内所有的员工都应在最短的时间内为游客提供满意的服务。保证游客在需要服务时能及时有人出现，在庄园内各处建立服务点。提供一些辅助工具，如园内宣传手册、引导牌等，为游客的参观游览提供一定的导向作用。

六、结　　论

作为北京市都市型现代农业的一种类型，休闲农业的发展形式还有很多种。由于目前休闲农业在我国（尤其是在北京）的发展仅仅处于起步阶段，其自身的特点与地区的实际情况之间还存在很大的差距，需要更多的科学技术的指导和政策的支持。

虽然蓝调薰衣草庄园的设计理念、定位、游客满意度等方面在北京市的休闲农业当中都属于领先的位置，但通过本次调查，我们发现庄园存在的一些问题。首先，门票的价格制定不合理；其次，基础设施的完善水平、利用程度不够，导致游客不能充分的享受园内的娱乐设施；再次，园内管理服务水平还相对欠缺，在我们的调查当中发现，很多园区并没有管理人员，当游客遇到问题时，不能及时解决，这会在很大程度上影响游客的满意度；最后，蓝调薰衣草庄园的宣传力度不够，调查结果显示来庄园游玩的北京游客占很大一部分。而事实上，节假日来京游玩的外地游客是主力军，通过调查，他们对庄园并不是很熟悉，来这边玩只是通过听朋友介绍、看地铁上的宣传片，如果游客的期望值和实际看到的有差别，也会影响前来游玩的游客的满意度。

随着人们生活水平的不断提高、休闲农业消费市场的不断扩大，同类竞争也在不断增加，蓝调薰衣草庄园要想获得更好的发展，就需要及时地发现问题、解决问题，依照市场的要求适时地提高核心竞争力，只有这样才能有更好的发展。北京发展休闲农业具有先天的首都优势，把握政策方向、紧跟市场走向、准确做

出决策是相关企业取得良好发展的先决条件。而在这其中，休闲农业企业的顾客——游客对其服务的评价，更是评价其发展水平的重要指标，应该给予极大的重视。

主要参考文献

菲利普·科特勒.1999. 营销管理（第九版）[M].上海：上海人民出版社.

符全胜.2005. 旅游目的地游客满意理论研究综述 [J].地理与地理信息科学，21（5）：90-94.

李作战.2006. 西方顾客满意理论研究述评 [J].商业时代（2）：24-25.

梅虎，朱金福.2005. 基于灰色关联分析的旅游景区顾客满意度测评研究 [J].旅游科学，19（5）：27-32.

郑健雄，郭焕成，陈田.2005. 休闲农业与乡村旅游发展 [M].徐州：中国矿业大学出版社.

庞各庄镇西瓜产业发展调研报告

指导教师： 田淑敏

小组成员： 何思惠　仝　宇　刘　聪　刘红丽　郭　卉
刘佳慧　刘敬鸿　仇永博

一、调研情况

2013 年 11 月 15 日，以仝宇为队长的特色农经行动计划小组来到大兴庞各庄镇进行实地调研，分发问卷，并积极与西瓜种植农户交流，有效获取一手资料。通过对团队收集的数据的深入剖析，了解到庞各庄西瓜产业的发展现状，西瓜产业升级遇到的"瓶颈"和未来西瓜市场的发展前景，并针对西瓜产业发展的问题提出合理化的对策。

（一）调研目的

为了积极响应北京农学院经济管理学院特色农经行动计划的号召，调研小组对大兴庞各庄西瓜专题做了一系列的调研，了解到庞各庄西瓜产业的发展现状及市场前景。通过此次调研，团队成员获得了一些在学校学不到的知识，尤其是对一些专业知识有了更深层次的了解和体会，提高了团队的实践能力和合作能力。通过对调研数据的深入分析，提出了一些发展西瓜产业的建议，希望可以在一定程度上促进庞各庄西瓜产业的进一步发展。

（二）调研方法

此次调研，团队采取的方法是发放问卷。团队共实地发放问卷 120 份，回收到有效问卷 100 份，问卷涉及西瓜种植农户的基本背景信息、西瓜的种植规模、年产量和亩*产量以及农户在种植西瓜时遇到的问题和解决的方法。

团队成员在获取一手数据后，积极和西瓜种植农户交流。另外，团队成员有事先分工，通过网络查找了一些有关庞各庄镇西瓜产业的资料，通过对问卷的数

* 亩为非法定计量单位。1 亩＝1/15 公顷。

据分析、网上资料的整理和总结以及西瓜种植农户提供的信息，团队有了对庞各庄镇西瓜产业的独特见解，并最终提出西瓜产业发展的对策。

（三）调研农户的背景

1. 被调研农户的家庭年收入

由图 1 可以看出，庞各庄镇西瓜种植农户的年收入主要集中在 5 万～7 万元，3 万～5 万元的很少，7 万元以上的只有 3 个人，农户经济收入较稳定。

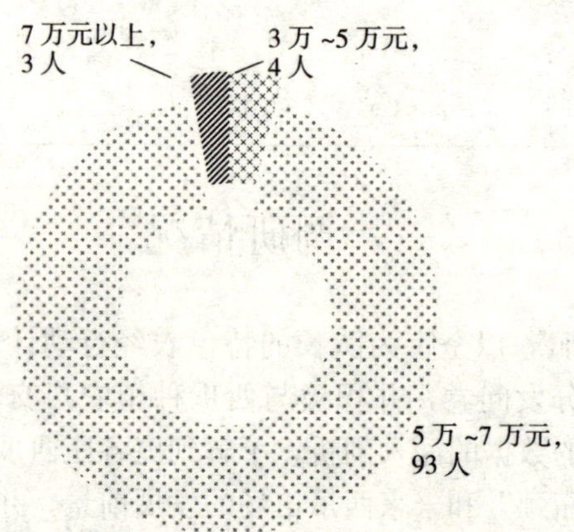

图 1　农户的家庭年收入分布

2. 西瓜种植收入占年收入的比重

由图 2 可以看出，有 82 位农户的西瓜种植收入占全家年收入的 40%～50%，9 位农户的西瓜种植收入占年收入的 50%以上，只有少数占到 40%以下，

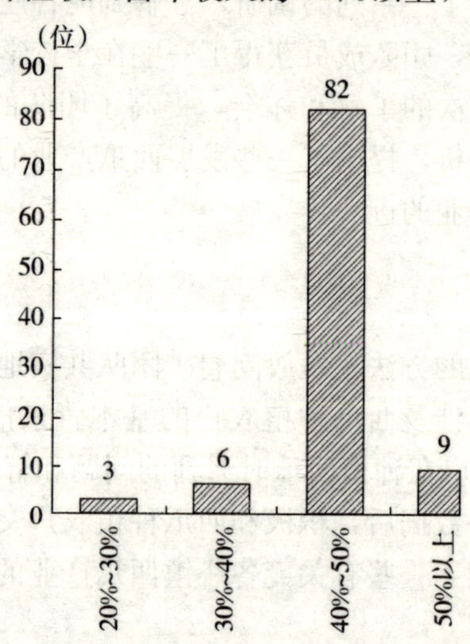

图 2　西瓜种植收入占年收入不同比重的分布

说明农户的经济收入主要以种植西瓜为主。

二、庞各庄镇简介

(一) 庞各庄镇地理位置介绍

庞各庄镇位于北京市南部，大兴区西部，距黄村卫星城10千米，距北京市永定门25.5千米。京开高速路和京九铁路大动脉自北向南纵穿镇域，规划中的公路七环自东向西横穿境内，交通极为便利（图3）。庞各庄镇地处永定河冲积平原，呈条状沙带地貌。天堂河自北向南流经镇西，海拔27米。中堡灌渠流经镇东南。土壤为潮土类壤质冲积物壤土面沙土种。

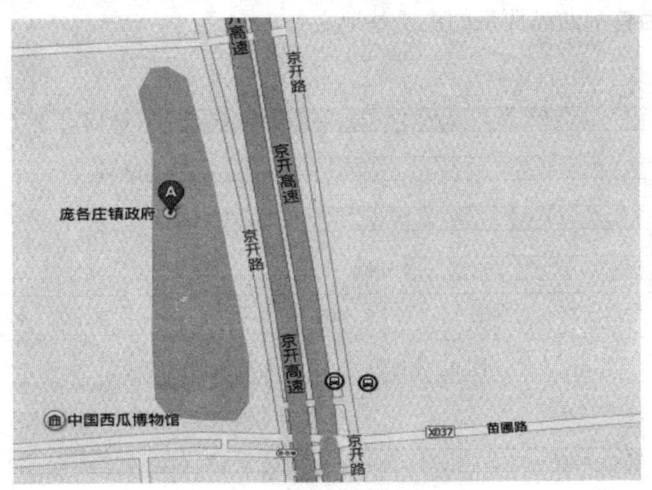

图3 庞各庄镇地理位置

据国家统计局2011年的数据显示，全镇面积109.3千米^2，耕地4 643.47公顷。全镇常住人口4.2万人，其中农业人口3.59万人，辖53个自然村。1996年，该镇被建设部列为“建设部小城镇建设试点镇”。1997年，庞各庄镇被北京市政府批准为“北京市小城镇建设试点镇”。2004年，庞各庄镇被国家环境保护总局评为“全国环境优美小城镇”。

庞各庄镇是全国著名的中国西瓜之乡，西瓜让北京乃至全国知道了庞各庄。庞各庄镇用西瓜产业支撑起农业的半壁江山。庞各庄镇每年西瓜的种植近3万亩，年产量近8 000万千克。庞各庄镇把西瓜做成了一个农业精品、一个农村经济的大产业，“京庞”、“宋宝森”等西瓜品牌红遍京城。

(二) 庞各庄镇西瓜种植的历史

1988年以来，庞各庄镇配合大兴区成功举办了十七届西瓜节，切实实现了

“以瓜为媒、广交朋友、宣传大兴、发展经济”的办节宗旨和“以文化树形象、以情节聚人气、以展示聚商机”的节庆理念，涌现出邵连发、李德武、高增仟、宋宝森和李凤春等全国西瓜擂台赛的英雄人物。同时达到了宣传大兴、宣传庞各庄，发展地方经济的目的。庞各庄镇西瓜产业的两次“质的飞跃”解决了西瓜技术含量低的问题，提高了西瓜的产量，促进了农户增收。

1. 第一次飞跃 第一次“质的飞跃”是1982—1984年，用三年的时间消灭了全镇的露天西瓜，全部采用了双膜覆盖小拱棚或中棚。这一次大的飞跃，解决了西瓜科技含量低的难题，提高了西瓜的产量和质量。1985年，庞各庄西瓜曾获得市级“排开上市”三等奖。1989年西瓜总收入341.5万元，占农业总收入的21%；2012年西瓜总收入653.4万，占农业总收入45%（图4、图5）。因此，庞各庄已成为首都商品西瓜的主要基地之一。

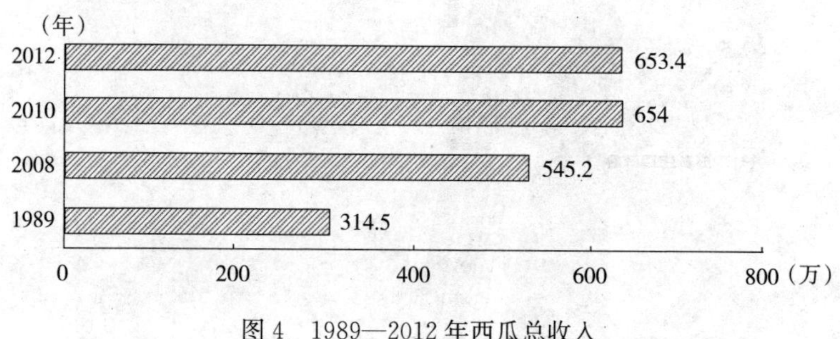

图4　1989—2012年西瓜总收入

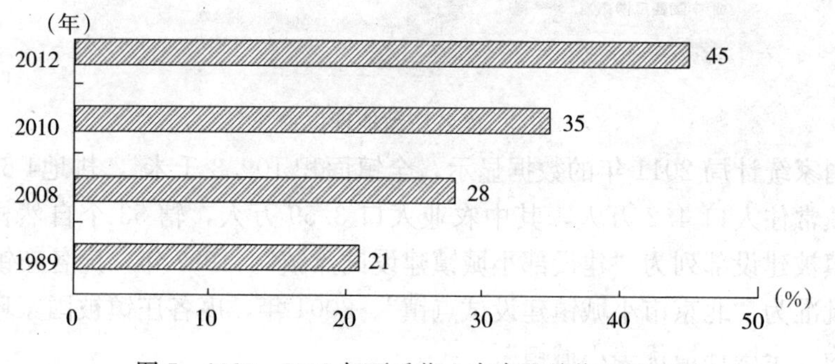

图5　1989　2012年西瓜收入占农业总收入的比重

资料来源：国家统计局。

2. 第二次飞跃 第二次“质的飞跃”是1985年至今，科技兴农的全面实施，依托首都的科技优势，庞各庄镇瓜、果、薯、旅游等产业都有了“质的飞跃”。主要形成以下特点：一是种植模式的变化。西瓜的种植方式由过去的露地种植逐渐向设施栽培（包括日光温室、钢架大棚、竹木大棚等）过渡，西瓜、小型西瓜逐渐变化为立体种植。二是品种增多。种植作物由过去的单一品种逐渐向多品种转变，目前，庞各庄镇西瓜资源品种有100余个。三是园区示范，全面带动。通过园区科技示范，作为品种引进、标准化管理、休闲旅游等方面的示范，带动全镇相关产业发展。

（三）庞各庄镇发展西瓜产业的优势条件

1. 西瓜种植历史悠久　庞各庄种植西瓜的历史，至今已有640多年。早在元代庞各庄西瓜就已经是闻名遐迩。据明万历二十一年（1543年）宛平县令沈榜编著的《宛署杂记》中记有“农历六月宛平县为太庙（今劳动人民文化宫）荐新供西瓜15个”的记载，说明庞各庄的西瓜作为供品进献，反映其西瓜历史源远流长。

2. 小城镇的政策优势　近年来，庞各庄依托小城镇政策优势，依据“保稳定、造环境、抓亮点、创一流”的工作思路，大力建设“新型文明生态城镇”，促使经济建设、环境保护和社会发展取得巨大成就。政府优越的政策条件为西瓜产业的发展提供了保障，经过多年发展，庞各庄农业形成了以西瓜、梨和肉羊为主导的特色产业体系。

3. 第三产业的推动作用　庞各庄镇是一个迷人的绿海，绿海田园、都市庭院是大兴庞各庄镇旅游的地方特色。一年一度的大兴西瓜节更是锦上添花，带动了该镇旅游业的发展和房地产市场的兴盛，为西瓜产业的发展提供了资金、技术和市场支持。

三、庞各庄镇西瓜产业发展情况

（一）西瓜种植情况

1. 西瓜种植面积　由图6可以看出，53位农户的西瓜种植面积为4亩，23位农户的西瓜种植面积为6亩，仅有4位农户的西瓜种植面积为8亩。这说明了庞各庄镇瓜农的种植规模以中小型为主。

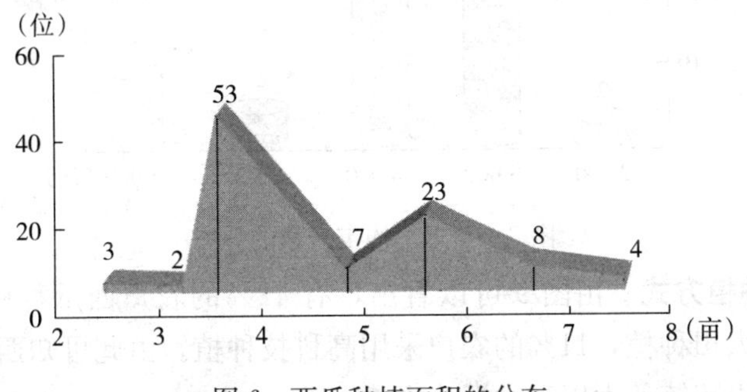

图6　西瓜种植面积的分布

2. 西瓜年产量　由图7可以看出，有48位农户的西瓜年产量达到20 000

斤，19 位农户的西瓜年产量达到 30 000 斤，19 位瓜农西瓜年产量达到 40 000 斤，只有 4 位农户西瓜年产量为 50 000 斤。瓜农的西瓜年产量高，收入也会增加，生产的积极性也大大提高。

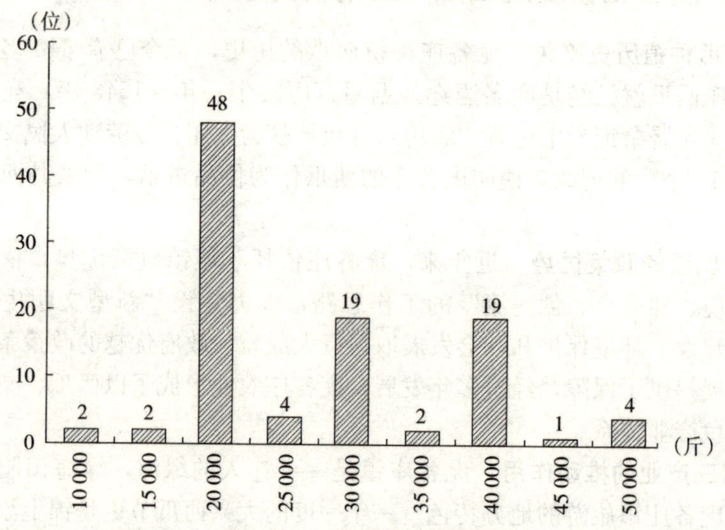

图 7　西瓜年产量的分布

3. 西瓜平均亩产量　由图 8 可知，有 39 位农户平均亩产量达到 4 000 斤，36 位农户的平均亩产量为 3 000 斤，8 位农户的平均亩产量为 5 000 斤。这说明庞各庄瓜农的西瓜亩产量高。

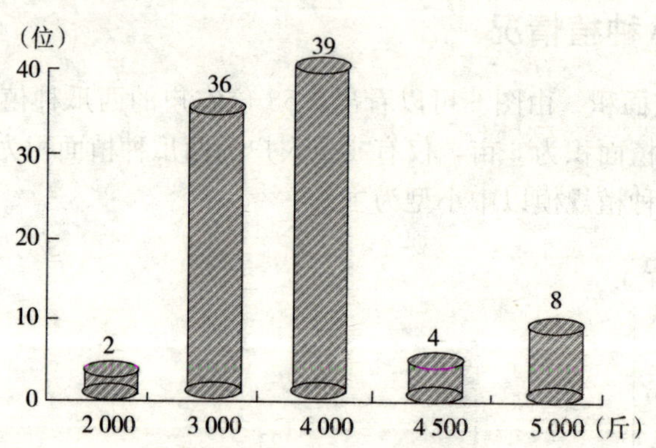

图 8　西瓜平均亩产量的分布

4. 西瓜种植方式　由图 9 可以看出，有 42%的农户西瓜种植方式是大棚，47%的农户是大田种植，11%的农户采用高科技种植。由此可知西瓜种植农户的种植方式还是以传统的大田和大棚为主。

5. 西瓜销售渠道　从图 10 可以看出，15 位农户的西瓜销售渠道是卖给合作

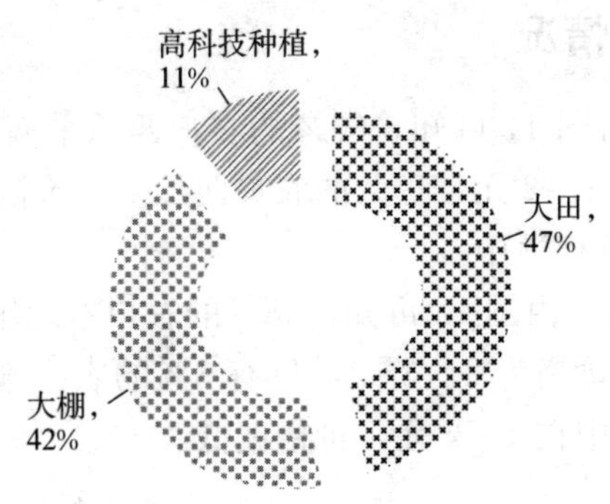

图9 西瓜种植方式的分布

注：高科技种植主要指无土栽培和营养液种植等方式。

社或协会。合作社或协会在西瓜的销售渠道方面起到了一定的作用，相比传统的销售渠道，合作社或协会是一个新型的销售方式。在团队实地调研过程中，有一位张老汉告诉队员，十几年前，由于瓜农对西瓜的品牌意识不强，并多少有点短视和侥幸心理，有时候瓜不熟就急着把眼前的西瓜卖出去，在一定程度上影响了庞各庄西瓜的美誉度，更影响了西瓜的销售：好瓜也卖不出好价钱。在这种情况下，大兴区积极引导瓜农，成立庞各庄西瓜产销合作社，以卖得更好的价钱。西瓜产销合作社成立的意义，一是向瓜农宣传西瓜新品种、新技术；二是向农户宣传西瓜销售的新观念，使瓜农转变他们的销售思路，变分散式、短期销售为统一长期销售，吸引更多的回头客。由西瓜产销合作社对瓜农的产品质量把关，并进行统一品牌、统一价格销售、统一包装，避免了瓜农为销售竞相压价，产生“瓜贱伤农”的问题。

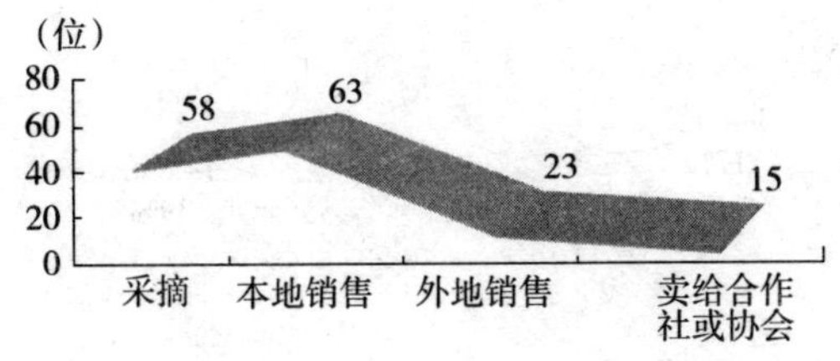

图10 西瓜销售渠道的分布

58位农户的西瓜销售渠道是采摘。采摘促进了西瓜种植农户的增收。和传统的销售渠道相比，采摘活跃了瓜农的西瓜销售渠道。消费者亲自来地里头采摘，更多的是一种旅游体验，催生了体验经济，带动了当地餐饮、住宿、交通等第三产业的发展，给农户带来了更多的收益。

有63位瓜农的销售渠道是本地销售，23位农户的销售渠道是外地销售。这说明了庞各庄镇西瓜种植农户的西瓜销售渠道以传统的销售途径为主。

（二）西瓜收益情况

1. 采摘的价格　由图 11 可知，60%的农户西瓜采摘价格为 2～3 元，21%的农户西瓜采摘价格为 1～2 元，19%的农户西瓜采摘价格为 3～4 元。采摘价格主要集中在 2～3 元，价格适中。

2. 本地销售的价格　由图 12 可知，58%的农户本地销售的价格为 1～2 元，39%的农户本地销售的价格为 2～3 元，只有 3%的农户本地销售的价格在3～4 元。本地销售的价格集中在 1～2 元，价格偏低。

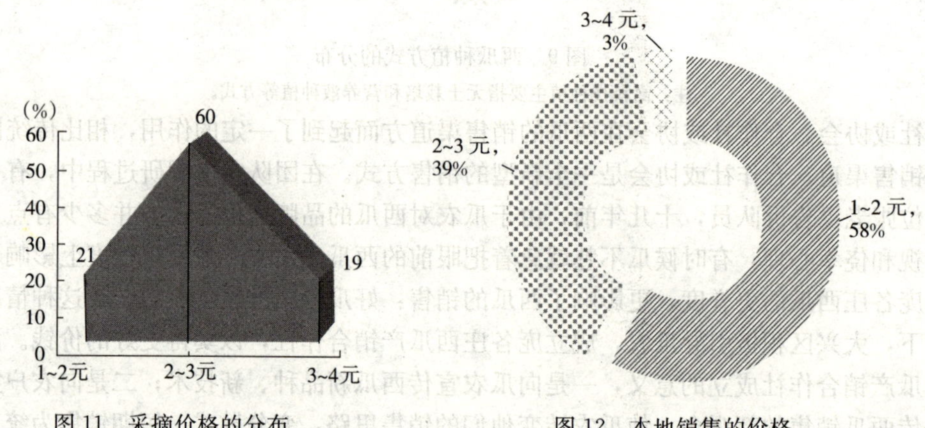

图 11　采摘价格的分布　　图 12　本地销售的价格

3. 卖给合作社或协会的价格　由图 13 可知，44%的农户卖给合作社或协会的价格是 2～3 元，39%的农户卖给合作社或协会的价格为 1～2 元，17%的农户卖给合作社或协会的价格为 3～4 元。卖给合作社或协会的价格集中在 2～3 元，价格适中。

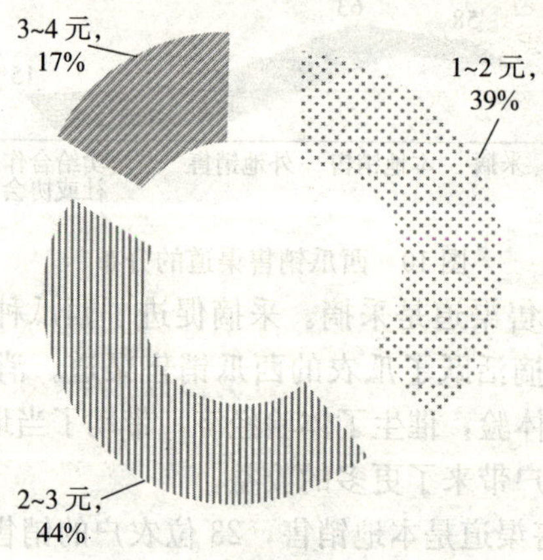

图 13　卖给合作社或协会的价格

4. 盈利情况 由图14可知，56%的农户盈利，32%的农户亏本，12%的农户保本。总体上说，盈利占的比例大。

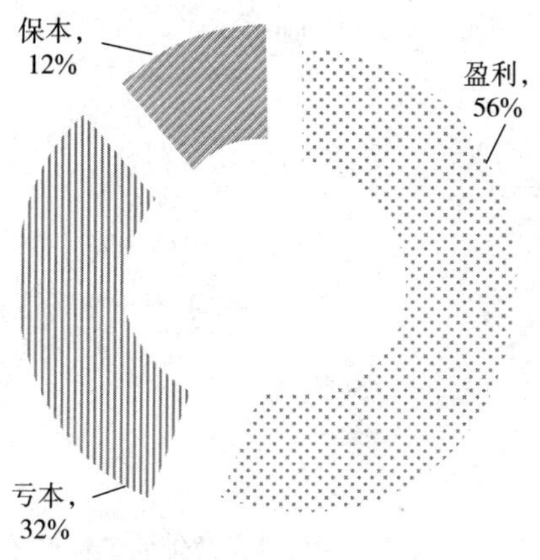

图14 盈利情况

5. 亏本的原因 由图15可知，30%的农户亏本的原因是因为自然灾害的破坏；45%的农户是因为不了解市场，盲目扩大生产；11%的农户亏本是因为市场对西瓜的需求小。瓜农亏本的主要原因是对西瓜市场不了解，信息不流通。

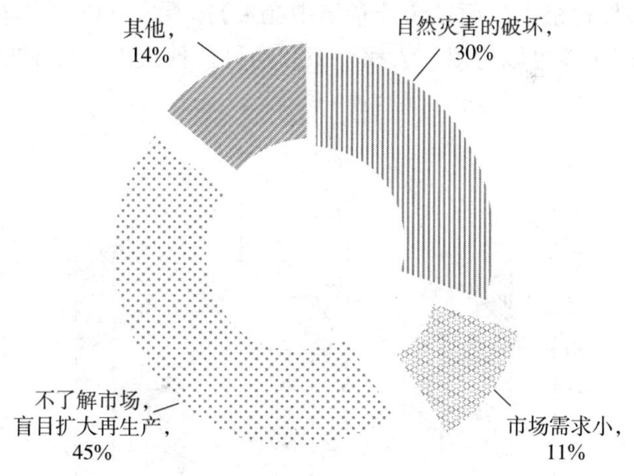

图15 亏本的原因

（三）瓜农对政府补贴政策的了解程度

由图16可知，73%的农户对政府的补贴政策了解一般，5%的农户不了解政府的补贴政策，16%的农户了解一些，只有6%的农户非常了解。这说明了政府在西瓜补贴政策上的宣传不到位，瓜农的了解不够。

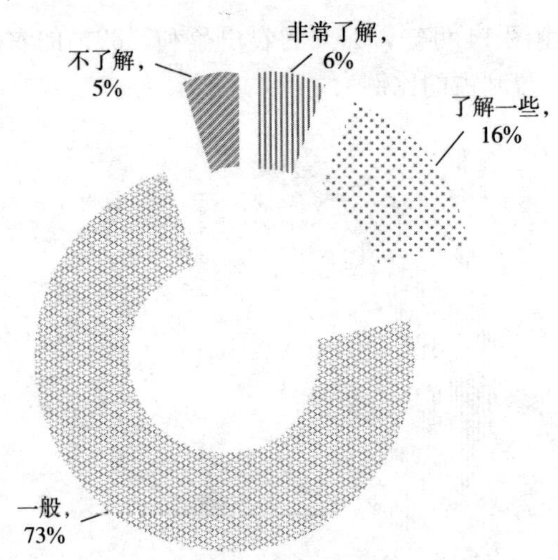

图 16　农户对政府补贴政策的了解程度

(四) 不同种植方式下的西瓜亩产量

由图 17 可以看出，不同种植方式下的西瓜亩产量是截然不同的。大田种植方式下的西瓜亩产量主要集中在 4 000 斤，大棚种植下的西瓜亩产量主要集中在 5 000 斤，高科技种植下的西瓜亩产量集中在 4 000 斤和 5 000 斤这两个区域。对三种种植方式相比较可以得出，大棚种植和高科技种植由于技术的含量高，受自然因素的影响小，亩产量也相对较高。

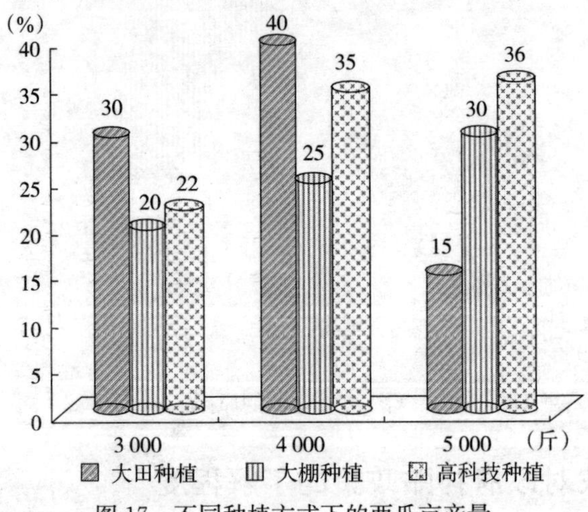

图 17　不同种植方式下的西瓜亩产量

(五) 不同种植方式下的西瓜销售价格

由图 18 可知，不同种植方式下的西瓜销售价格大相径庭。高科技种植方式下的西瓜销售价格主要集中在 2～3 元和 3～4 元，因其投入的技术、生产资本量大，故销售的价格相对较高；大棚种植方式下的西瓜销售价格主要集中在 2～3 元，大棚种植不受季节性因素的干扰，潜在的市场和目标客户群大，所以价格偏高，尤其是在西瓜不当季的季节；大田种植方式下的西瓜销售价格主要集中在 1～2 元，相比大棚种植和高科技种植，价格较便宜。

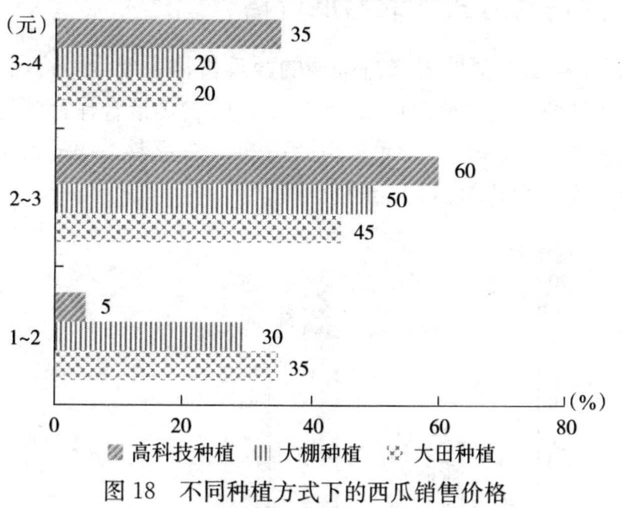

图 18　不同种植方式下的西瓜销售价格

（六）不同种植方式下的西瓜采摘价格

由图 19 可知，不同种植方式下的西瓜采摘价格是不同的。大田种植下的西

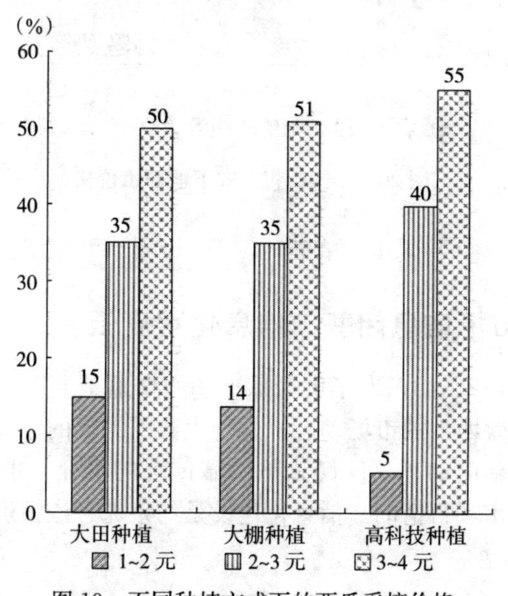

图 19　不同种植方式下的西瓜采摘价格

瓜采摘价格主要集中在 2～3 元和 3～4 元，大棚种植下的西瓜采摘价格主要集中在 3～4 元，高科技种植下的西瓜采摘价格主要集中在 3～4 元。农户市场直销和消费者亲自来采摘的收益是不一样的，采摘带给瓜农的收益更高，还可以带动当地的住宿、旅游和餐饮业的发展，催生了“体验经济”。

（七）不同销售方式下的西瓜价格

由图 20 可以看出，消费者亲自采摘的西瓜价格主要为 2～3 元，农户本地销售西瓜的价格主要集中在 1～2 元和 2～3 元，瓜农卖给合作社或协会时，西瓜的价格主要集中在 1～2 元和 2～3 元。由此可知，消费者采摘的价格较高，本地销售的价格偏低，卖给合作社或协会的价格适中。

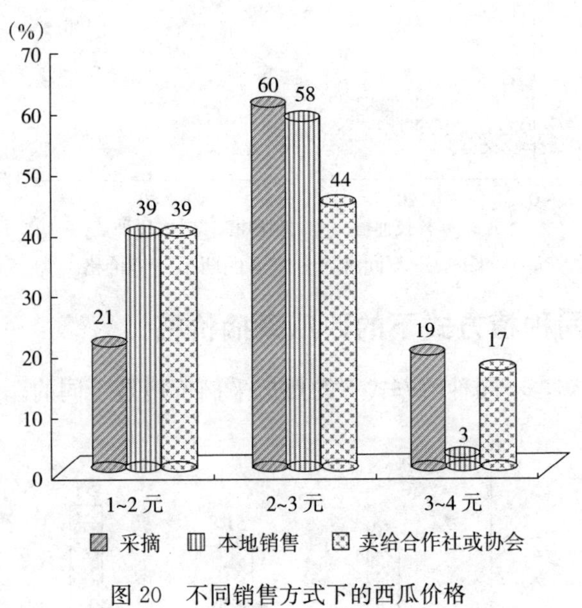

图 20　不同销售方式下的西瓜价格

四、庞各庄镇西瓜产业发展的问题

（一）西瓜市场信息闭塞，信息化程度低

由图 21 可知，38％的瓜农了解西瓜市场的渠道是电视，30％的农户通过亲朋好友或政府来了解西瓜的市场动态。处于大数据时代的今天，市场信息变化万千，每一天都会有新的动态，仅仅只是依靠传统的媒介（电视、报纸、广播），是不足以充分把握市场行情的。信息化建设是约束庞各庄镇瓜农了解西瓜市场的一大障碍。

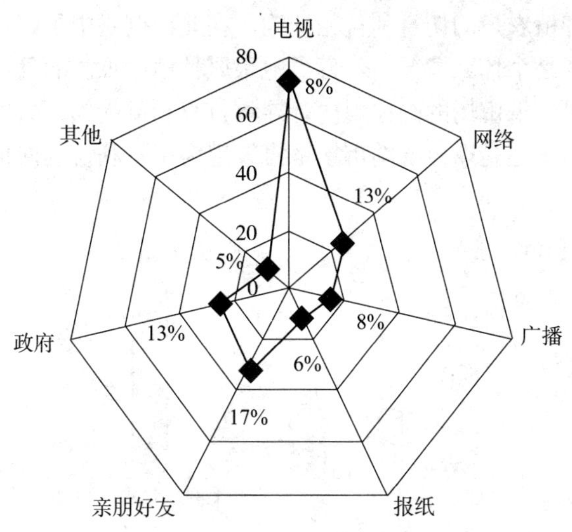

图 21　了解西瓜市场的渠道

（二）自然因素的阻碍导致西瓜减产

由图 22 可以看出，自然灾害成为瓜农在西瓜种植时不可逾越的障碍。近年来，随着全球天气的极端变化，风霜雨雪、病虫害等问题成为困扰西瓜种植农户的一大难题，如果没有从根本上解决问题或者没有做到未雨绸缪，西瓜的产量会大大减少，瓜农的生产积极性会严重挫伤，不利于瓜农的增收。

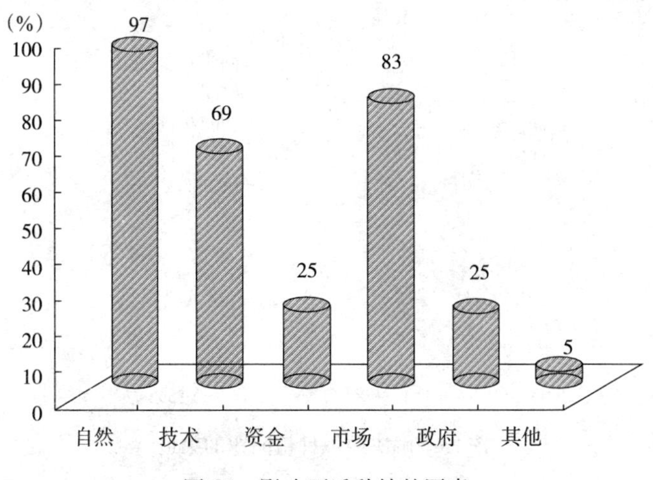

图 22　影响西瓜种植的因素

（三）市场的流动性较差，瓜农不了解西瓜市场行情

由图 23 可以看出，市场销售问题成为农户比较关心而且较棘手的难题，市场

销售直接与西瓜种植农户的切身利益相挂钩。在此次调研中了解到，有的瓜农压根儿不了解西瓜市场是个什么情况，就盲目地跟风种植西瓜。而且，瓜农们几乎没有市场意识，不懂得西瓜市场的内在规律，导致自身利益受损。另外，瓜农们的西瓜销售渠道比较单一，还是以传统的市场销售渠道为主，利益的回报率低。

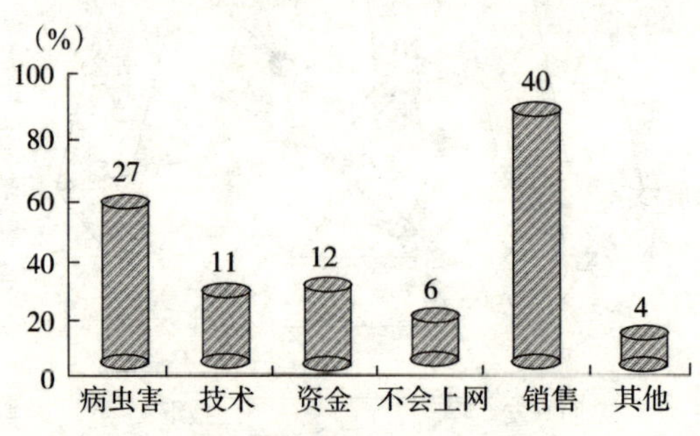

图 23　西瓜种植遇到的问题

(四) 缺乏技术支持

由图 24 可以看出，当农户在种植西瓜遇到难题时，求助的对象更多的是亲朋好友，找相关技术专家的途径较少。此次调研时发现，瓜农们有问题都会寻求亲戚邻居们解答，几乎不会求助于政府或技术专家，原因是庞各庄镇缺乏相关的技术人才。因此，瓜农们只是依据自己的生产经验来解决西瓜种植问题。

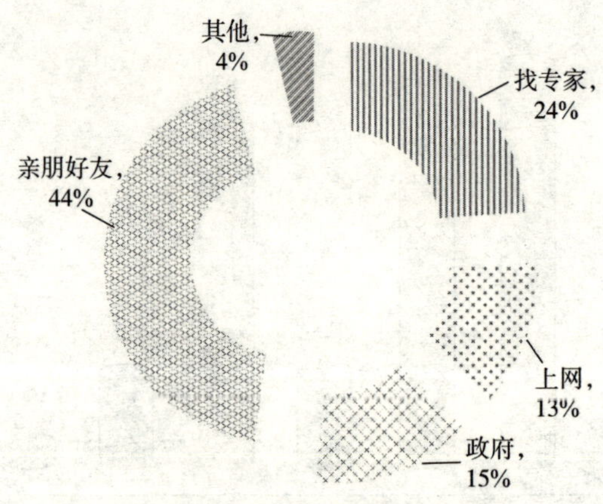

图 24　解决西瓜种植问题的渠道

(五) 资金的来源渠道单一

本次问卷中有涉及庞各庄镇瓜农对西瓜产业的预期，实地调研得知大多数西瓜种植户明年会继续种植西瓜，只有极少数西瓜种植农户不种植西瓜。由图 25

可以看出，农户不种植西瓜的主要原因是缺乏资金的支持。在此次实地调研中，团队和庞各庄镇瓜农聊天得知，西瓜种植农户们筹集资金的主要方式是和亲朋好友借款或者是从农村信用合作社贷款，瓜农认为筹集资金渠道少的原因是他们对借贷金融体系的不了解，而且相关金融机构很缺乏。

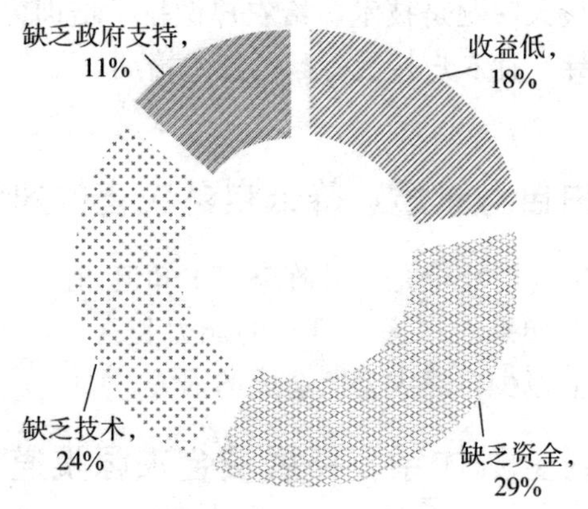

图25 不种植西瓜的原因

对比图25和图26可知，瓜农不种植西瓜的原因和对未来庞各庄镇西瓜产业的预期都主要是资金问题。资金是制约庞各庄镇瓜农进一步发展西瓜产业的重要因素，资金问题关系到瓜农西瓜产业的升级。

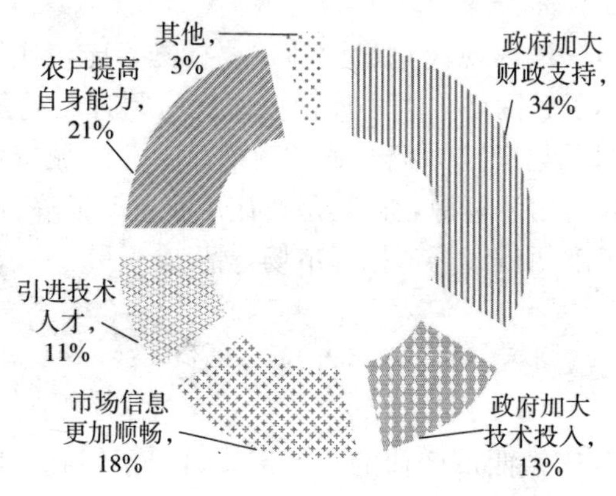

图26 对庞各庄镇西瓜产业的预期

五、庞各庄镇西瓜产业发展的对策

（一）创新西瓜销售渠道

创新西瓜销售渠道，鼓励农户上市直销，增加产品的利润率。农户自己经营直销点，这样锻炼了农户的市场经营意识，通过庞各庄的西瓜品牌，了解了市场需求，对生产的安排和品种的选择打下了基础。

（二）加大技术投入

加大对农户的生产技术培训。通过对庞各庄西瓜种植的现状分析可知，农户在西瓜种植时遇到的最大问题是技术，给农户做技术培训，如邀请专家开讲座、请专家在田间亲自指导。让农户接受专家的技术培训，更有利于西瓜种植技术的推广。

（三）提高农户自身素质，降低自然灾害的风险

瓜农在遇到自然灾害时完全是自乱阵脚，不知道如何应付。自然灾害属于天灾，自然无从避免，但如果农户提高自身的能力和素质，知道如何做到未雨绸缪，这会在很大程度上减少自然灾害所造成的损失。

（四）整顿农村金融体系，拓展资金来源渠道

资金的筹集是阻碍庞各庄镇西瓜产业升级的一大障碍，庞各庄镇政府可以加强招商引资的步伐，整顿农村的金融体系，拓展资金的筹集渠道，鼓励农户向相关的正规机构借贷，加强资金的流通速度。

（五）加强信息化的建设力度

信息化是衡量一个地区现代化建设的重要标准。庞各庄镇信息化的程度较低，仍有部分瓜农不了解网络，当西瓜种植遇到问题时，不会借助网络的力量。庞各庄镇政府各部门要集中精力搞好各类政府信息、地域资源信息以及当地政治、经济和文化等自身信息资源，尤其是要让瓜农主动了解西瓜市场的信息，让农户通过网络切身了解西瓜市场，把握市场行情。

六、结　　论

通过此次对庞各庄镇西瓜产业的实地调研可以了解到，庞各庄镇西瓜产业发展的制约因素是技术的投入、信息化的建设、资金来源渠道缺乏、销售渠道的单一以及西瓜种植农户自身对西瓜市场的把握程度。庞各庄镇西瓜产业在未来首先应加大技术的投入力度，如开展一系列的技术培训、专题讲座；其次，拓展融资渠道，创新西瓜的销售渠道，如网上销售，利用大数据时代的微博、微信营销，线上线下营销渠道相结合；最后，促使西瓜种植农户提高自身的素质。这些有效的对策将会对促进庞各庄镇西瓜产业升级、打造精品品牌有很大的作用。

主要参考文献

戴雄泽，刘志敏 . 2010. 论我国西瓜产业的发展现状及发展趋势［N］. 三农专题报（2）.
马艳青 . 2011. 我国西瓜产业形势分析［J］. 产业论坛（1）.
申明 . 2007. 科技创新打造都市型现代农业［N］. 北京商报，06－18－08.
杨文会 . 2010. 创新是农业发展的动力［N］. 科技日报，11－12－08.
于铁 . 2010. 西瓜就该这样卖［N］. 科技日报，11－12－08.
张晓蕊 . 2010. 大兴西瓜遭遇品牌危机［N］. 北京商报，06－08－08.
赵红银 . 2011. 北京庞各庄镇特色农业推动旅游业的发展［N］. 中国特产报，02－09－03.
赵尊练，严小良 . 2009. 论中国西瓜产业的发展思路与对策［N］. 三农专题报（3）.

北京农产品销售渠道比较分析

指导教师： 陈　娆

小组成员： 王妍令仪　王雪倩　刘　聪　蔡文君　王鹏飞　贾　岩　郭伟晨

前　言

农业是人类的衣食之源，生存之本，是国民经济其他部门进一步发展的基础。当今，北京农业高速发展，农产品也是种类繁多、生产量大，尤其在加入WTO以来，北京农产品贸易总额、出口额和进口额持续上升。因此，北京农产品销售渠道的选择是农业经济发展和农民增收的关键环节，是农产品供应能否畅通的重要因素。新中国成立以来，北京的农产品销售渠道是比较单一的，农产品的流通成了一大问题。近十几年来，伴随着商品经济的高速发展及世界地位的不断提升，农产品的销售渠道也逐渐多元化起来。目前，探索一条适合北京农产品高效销售的渠道无疑是农产品发展的重中之重。

一、调研基本情况

本文数据来自于社会调查，通过社会调查问卷的形式完成。共计发放问卷207份，其中有效问卷200份。调查对象采用随机的形式，主要是北京市新发地市场、通州区八里桥市场、顺义区百善镇狮子营村的农产品生产者。

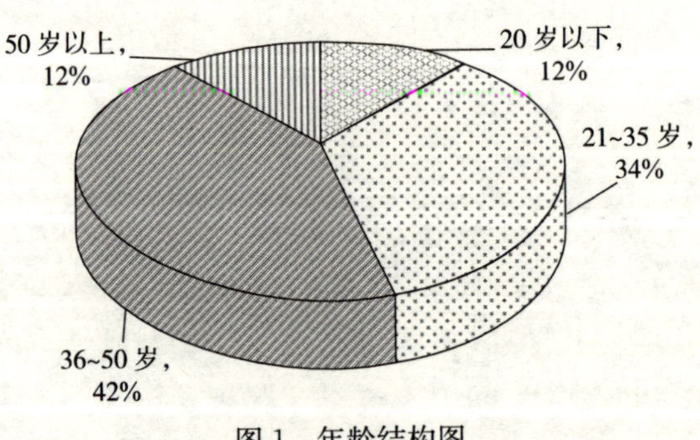

图1　年龄结构图

如图 1 和图 2 所示，在200 名调查者中，以中青年人为主，月收入在2 000～3 500元。

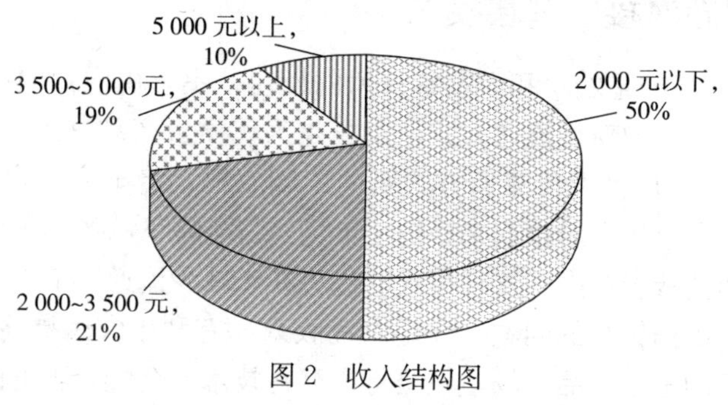

图 2　收入结构图

二、农产品销售渠道的现状

北京是世界上最大、最密集的农产品消费市场之一。近年来，结合首都发展规划，北京市初步形成了以农产品批发市场为中心，以集贸市场、零售经营门店、各类专营店和超市为基础，市内与市外两种来源相结合的农产品现代化流通体系，北京国际大都市的农产品销售渠道已经初具规模并进行着有效运转。

到“十一五”时期末，北京市建立了以销地农产品批发市场为核心的农产品销售渠道，多种渠道、多种方式地满足了农产品流通需要和居民生活消费需求，有效保障了首都城市平稳运行和经济社会发展，是我国北方地区农产品流通网络重要枢纽。2009 年，全市主要农产品批发市场总交易量约 2 580 万吨、总交易额约 1 120 亿元；扣除 25%过境集散量，供应本市的总交易量约 1 935 万吨。其中，9 个大型农产品批发市场合计交易量约 2 000 万吨、合计交易额约 890 亿元，分别占农产品批发市场总交易量和总交易额的 77.5%、79.5%。

多元化的销售渠道。销售渠道主要有三种：一是“农超对接”销售模式，约占市场交易总量的 20%；二是专业市场销售模式；三是“公司＋农户”销售模式。如图 3 所示，后两种流通模式都经过批发市场环节，目前约占市场交易总量的

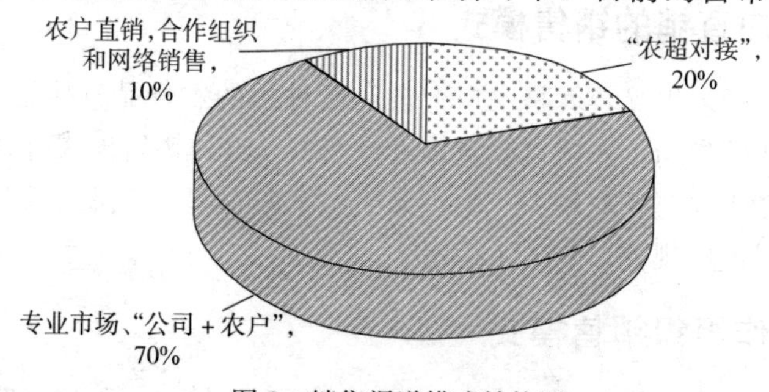

图 3　销售渠道模式结构图

70%。农户直销、合作组织销售模式和网络销售模式占10%。

(一)“农超对接”销售模式

“农超对接”指的是农户和商家签订意向性协议书，由农户向超市、菜市场和便民店直供农产品的新型流通方式，主要是为优质农产品进入超市搭建平台。“农超对接”的本质是将现代流通方式引向广阔农村，将千家万户的“小生产”与千变万化的“大市场”对接起来，构建市场经济条件下的产销一体化链条，实现商家、农民和消费者共赢。这种模式的优势在于减少流通环节，降低农产品运营成本，解决农民销售难的问题，稳定农民收入，有利于农民提高农产品质量。而它的不足在于冲击农产品市场，在执行中存在技术资金配合程度的问题同时程序比较烦琐。

(二)专业市场销售模式

专业市场销售是一种以现货批发为主，是一种大规模集中交易的坐商式的市场制度安排。它的优点在于销售规模大，对信息的反应快，解决了农产品地域的问题。不足在于市场体系的不健全会直接影响到农户的产品收益，信息的沟通传递较为落后，农民收入过低。

(三)“公司+农户”的销售模式

“公司+农户”是指以具有实力的加工、销售型企业为龙头，与农户在平等、自愿、互利的基础上签订经济合同，明确各自的权利和义务及违约责任，通过契约机制结成利益共同体，企业向农户提供产前、产中和产后服务，按合同规定收购农户生产的产品，建立稳定供销关系的合作模式。它的优势在于这种销售方式在一定程度上解决了“小农户”与“大市场”之间的矛盾，有利于农产品的产业化发展，有利于农民收入的增加和稳定。不足在于销售公司与农户之间的关系难以保持，有待于法律的规范。

(四)农户直销的销售模式

农户直销，顾名思义，就是农户把自己所种植的农产品直接销往周边地区，这其中没有企业的参与，农民自己直接进行销售。这种销售模式有其优势但是也有缺点。优点在于收益相对较大，销售灵活，掌握农产品信息比较及时；不足在于销量小，难以形成规模，收入不稳定。

(五)合作组织销售模式

合作组织销售即通过综合性或区域性的社区合作组织，如流通联合体、贩运合作社、专业协会等合作组织销售农产品。购销合作组织为农民销售农产品一般不采取买断再销售的方式，而是主要采取委托销售的方式。所需费用通过提取佣金和手续费解决。这种模式的优势在于有利于解决“小农户”和“大市场”之间的矛盾，有利于减小风险，有利于农产品产业化发展合作组织，也可以推动农产品的加工流通等一系列服务，有利于农产品的产业化发展。这种模式的不足在于农民的自主意识较差，难以形成有规模的组织，资金缺乏，运营困难，合作组织的专业能力不强，决策风险较大。

（六）网络销售模式

网络销售，顾名思义，就是通过互联网把产品进行销售。它的优势在于销售范围广阔，沟通传递能力强，交易成本降低。它的不足在于目前网络规模不健全，网络上的信息具有不确定性。

三、农产品销售渠道的比较分析

（一）从交易成本的角度看

1. 网络销售的销售范围比较大，专业市场、“农超对接”和农户直销的销售范围较小　由于网络销售在互联网上进行销售，无形间网络的费用就是交易成本的一部分，而且进行网络销售的网站要收取一定的中介费，交易成本也是变大的。专业市场销售也是如此，专业市场集中销售，对于某些农产品要收取进门费，还要收取管理费，交易成本也是比较大的。专业合作组织销售模式中合作组织要收取一定的中介费的，交易成本也在无形间加大了。“农超对接”直接向超市供应农产品，交易成本较小。农户直销一般是农销往就近地区，交易成本也相对较小。

2. “公司＋农户”模式和专业合作组织销售模式风险较大，其次是网络销售和农户直销，“农超对接”和专业合作市场的风险较小　“公司＋农户”模式由于公司的组织结构较为复杂，其内部的运营也较为复杂，一旦公司倒闭，农民则将遭受不可预计的损失。而且对于公司来说，农民的农产品供应跟不上，公司的利益也会受到损失。合作组织模式中专业组织的能力不强也会增加其风险成本。由于网络上的信息并不是完全正确的，具有时效性和不确定性，同时，网络存在虚假信息，农民的文化程度有限不能辨别真假，从而对市场的判断出现失误。农户直销由于农民自己进行销售，农民直销对于销售的地点一般并不固定，很有可能会遭到城管的管制造成“人货两伤”的局面，因此也具有一定的风险。“农超对接”和专业和合作市场相对来说风险就较小了。

（二）从销售的角度看

1. 专业市场销售的规模较大，而农户直销销售规模较小 专业销售市场这一销售模式的销售规模大，因为不管是在市场的占地面积还是市场的资金上，专业市场都有着强有力的支持和支撑。农户直销是农民自己进行销售，一般都是农户自家种植的农作物销往周边地区，一般采用流动车或者街边摊的形式，销售规模比较小。

2. 网络销售的销售范围比较大，专业市场、“农超对接”和农户直销的销售范围较小 网络销售模式，由于互联网的传递沟通功能较为强大，使得农产品的传播范围广从而扩大其销售范围。人们可以通过上网的方式购买农产品，商家也可以通过网络的方式销售农产品。因此，商家可以把农产品销往全国各地。专业市场由于销售集中在某专业市场之中，因而销售范围有限。“农超对接”是农户的农产品专供超市，所以，销售范围只有在农民签订协议的超市之中。农户直销模式中，农民一般会选择周边的城镇进行销售，规模小、流动性大，因此销售范围也受到一定的限制。

3. 专业市场的销售量较大，农户直销的销售量较小 专业市场销售量是巨大的，如北京新发地农产品批发市场。该市场成立于1988年5月，经过25年的建设和发展。市场现占地1 820亩，管理人员1 759名，固定摊位5 558个、定点客户8 000多家，日均车流量3万多辆（次）、客流量6万多人（次），日吞吐蔬菜1.5万吨、果品1.5万吨、生猪3 000多头、羊3 000多只、牛500多头、水产1 800多吨。市场内现有4家上市公司的分公司，年交易额过亿以上的有32家，年交易额过千万的有883家。农户直销的小规模销售量自然与专业销售市场的销售量存在这巨大的差距。

（三）从农产品收益的角度看

1. 农户直销的收益速度最快，而合作组织销售和“公司＋农户”的收益速度则相对较慢 农户直销是农户把自己所种植的农产品直接销往周边地区，农民自己直接进行销售。售出的农产品就是农民的收益，所以这种销售方式是收益速度最快的。而对于合作组织和“公司＋农户”模式来说，农民的收益中还包括分红，只有农产品全部卖出一定时间之后，才会进行分红，所以收益速度相对较慢。例如，合作组织销售中的股份合作社类型，它是按劳分配和按股分红相结合，农民要等待分红，所以收益速度自然比不上农户直销。

2. “公司＋农户”模式收益程度相对较大，农户直销的收益较小 “公司＋农户”的销售模式有公司为依托，农产品除生产外，加工与流通环节也可以成为其增值的可能性，这在一定程度上不但解决了农民销售难的问题，最重要的是增加了农民的收入。农户直销销售量较小，且收入不稳定，所以整体来说收益也相对较小。

3. “农超对接”的收益较稳定，其次是合作组织销售和“公司＋农户”模式，最不稳定的是农户直销和网络销售　“农超对接”的销售模式是农户和商家签订意向性协议书，将千家万户的“小生产”与千变万化的“大市场”对接起来，农民不再担心农产品滞销的问题，有超市做保障，收益最稳定。对于专业合作组织和“公司＋农户”的销售模式来说，虽然有专业合作组织和公司为依托，但是还是存在一定的风险。例如，“公司＋农户”模式，一旦公司倒闭，对于农民来说将遭受不可估计的损失。

农户直销和网络销售是相对于前几个中最不稳定的销售方式了，由于农民自行销售，无论是直销还是网上销售，都有很大的变动，农民对于销售量不可预计，而且其价格的变化也相对较大。农民掌握的供求信息一旦有误，则会造成农产品的滞销，使农民的收益大大减少。例如，今年某一种农产品价格高，农民会加大其生产量，而导致产量多价格低，影响农民的收入。农民直销对于销售的地点一般并不固定，很有可能会遭到城管的管制造成“人货两伤”的局面。因此可以说是销量很不稳定的销售模式。农产品销售渠道的比较如表1所示。

表1　农产品销售渠道的比较

项目		农户直销	专业市场销售	“农超对接”	“公司＋农户”	合作组织	网络销售
成本	流通	5	1	6	3	2	4
	交易	5	2	6	4	3	1
	风险	4	5	6	1	2	3
销售	规模	6	1	4	3	2	5
	范围	5	6	4	3	2	1
	销售量	6	1	4	3	2	5
收益	收益速度	1	2	4	6	5	3
	丰厚程度	6	5	2	1	3	4
	稳定情况	6	4	1	2	3	5

注：不同程度的高低按数字的大小排列，数字越大表明程度越小，数字越小表明程度越高。

四、农产品销售渠道存在的问题

（一）市场管理矛盾突出、市场体系不健全

在一些专业销售市场，市场销售主体——一些中间商在从事购销经营活动

中，一手压低收购价，一手抬高销售价。不仅农民利益受损，而且往往造成当地市场价格信号失真，管理混乱。此外，还存在着税费管理政出多门、标准不一等问题。

（二）销售渠道风险高

在许多销售渠道中都存在风险高的问题，特别是就通过契约和合同来确立农户与公司关系的模式而言，由于组织结构相对复杂和契约约束性弱等原因，使得这种模式具有较大风险。例如，当农产品供大于求，合同价格大于市场价格时，公司不按合同价格收购契约户农产品。反过来当农产品供不应求时，市场价格高于合同价格，农户不按合同向签约公司交售产品，导致公司利益受到损失。另外，诸如天气、运输、行情等都会给销售公司及销售大户带来很大的风险。

（三）政府干预现象严重

行政干预存在，特别是在国有制流通企业改制过程中，还存在“拉郎配”等行政干预行为，使得销售公司等销售模式不能正常运作。

（四）信息传递途径落后，市场信息分析处理能力差

经营者对市场信息不能实现集中处理。市场配套服务设施不健全，不能有效实现市场功能延伸。信息传递的不流畅，使得农产品经营者很难在市场信息瞬息万变的今天，对市场信息进行有效的收集、分析、处理，并做好市场预测。

五、农产品销售渠道的建议

（一）协调市场管理、完善市场体系

由于市场各要素之间的矛盾，使市场的正常运营受到了干扰。对于这个问题，我们给出的建议是加强市场协调，并加强政府的合理管理，定纲定线，减少部门之间冗杂的环节。减少中间费用，将农产品生产者的利益最大化。同时，规范农产品交易市场的交易流程和程序，保证农产品市场的合理化资源配置，保证农产品市场的管理成为一个有机整合的体系。

（二）销售方式多元化、设立农产品应急销售机制和风险基金及仓库

鉴于部分市场上单一的销售渠道，我们给出的建议是销售的多元化。在当今社会日益发展的科技水平带动下，农产品供应的渠道也应该与时俱进。除了以前

农产品销售中一些有效的方式，我们更加应该应用现代化手段来进行销售，如网络销售等，借此拓宽交易渠道。同时，要做好各地区农产品应急机制，在不同农产品的销售淡季和旺季做出适当的调整。在农产品滞销时，当地政府出资运用基金收购农产品，储存在仓库中。价格回暖时再出售，保证农产品生产者利益，同时也能帮助当地政府增收。

（三）规范政府干预行为，发挥市场作用

中国现阶段的市场经济是通过计划和市场两种手段实现社会资源合理配置的经济运动形态。农产品市场作为其中重要的组成部分，必须要发扬其市场经济的优势，政府过多的干预，不仅阻碍了市场规律的正常发挥，还影响了市场上农产品生产者的积极性，更影响了经济的发展。所以，政府应该做好宏观政策，使其行政合理，做到合理干预，适时促进，收放有度。这样才能让政府干预这只“看得见的手”和市场这只“看不见的手”进行“牵手”而非“对手”。

（四）整合信息资源，建立信息体系并加强市场信息分析处理能力

在科技水平日益提高、市场化水平不断扩展的今天，“酒香不怕巷子深”的老观点已经慢慢被淘汰出局。信息作为当今市场营销中不可或缺的一环，在市场交易中起着重要的作用。以日本的农产品信息化为例，日本十分重视信息技术作为载体在农业科技推广中的作用。日本已将国立农业科研机构、地方农业研究机构及地方农业改良普及中心全部联网，271种主要农作物的栽培要点按品种、地区特点均可在网上得到详细的查询。其中，570个地方农业改良普及中心与农协或农户之间可以进行双向的网上咨询。这是我们建立农产品市场体系中可以进行借鉴和参考的优秀实例。同时，要着力培养专业人员的科学技术水平，使其拥有对农产品生产及销售信息的把握能力，为农产品生产者提供必要的指导和帮助。

六、结　　论

由以上分析可以看出，目前北京可行的销售渠道主要包括：农户直销、“农超对接”、专业市场销售、“公司＋农户”的销售方式、合作组织销售、网络销售这六大类。但无论是哪种农产品的销售渠道都会受到当前环境的影响，体现其销售渠道自身的缺点与不足。所以，探索正确有效的农产品销售渠道是势在必行的。或许，我们可以转变现有的销售观念，通过多种销售渠道并存，来扩大农产品的销售，促进农产品市场的发展。总之，农产品销售渠道的选择是北京农产品市场得以发展的重要环节。

主要参考文献

冯林.2011.农产品渠道现状及发展对策研究［J］.现代商贸工业（13）：52－55.
李春城，李崇光.2008.浅议农产品营销趋势变革趋势［J］.流通经济（11）：91－94.
王颖.2010.试论我国农产品流通中的问题及对策［J］.农产品加工（12）：35－40.
张金华.2005.我国农产品营销存在的问题及对策研究［J］.农业与科技（10）：38－41.
朱元帅.2009.我国农产品营销渠道管理研究［J］.现代商业（12）：18－21.

北京市品牌鸡蛋的消费研究

指导教师： 曹　睐

小组成员： 王　兰　　潘钟春　　马占跃　　左晶晶　　张　涵　　王田野　　姚　笛

一、北京市城镇居民家庭品牌鸡蛋消费总体情况

在抽样调查过程中，我们小组成员走访了美廉美、物美、超市发、华联 4 个大中型超市。一共发放问卷 155 份，收回问卷 154 份。经过甄别，有效问卷为 150 份，有效问卷率为 96.8%。

(1) 从购买用户的构成上来看，有 83 人购买过品牌鸡蛋，占到总数的 55.3% (图 1)。我们可以看出在北京市场，品牌鸡蛋还是很有市场的农产品。随着生活水平的不断提高，人们也更加追求生活质量，更加关心鸡蛋的安全与营养问题，超过半数的消费者都是购买过品牌鸡蛋的，证明消费者对于品牌鸡蛋比较认可，对于它的购买需求很大。

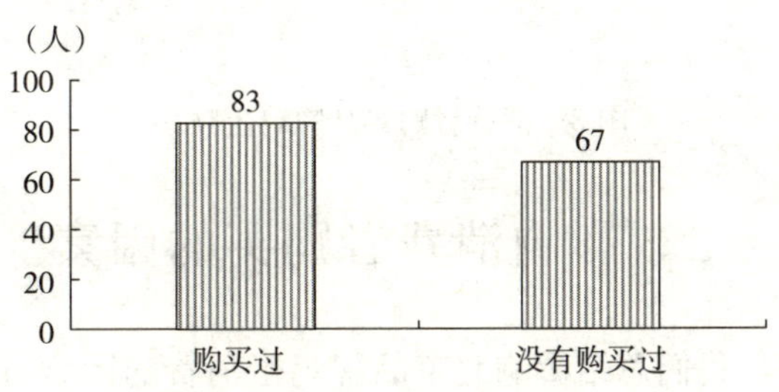

图 1　购买品牌鸡蛋的人数比例

(2) 在对于品牌认识的情况调查上来看，有 93 人了解一些品牌鸡蛋的种类、价格和质量，占到总人数的 62% (图 2)。在北京市场上有种类繁多的品牌鸡蛋，消费者多多少少都对品牌鸡蛋有着自己的认识和了解，根本没听过品牌鸡蛋的消费者比例较低。表明品牌鸡蛋很有市场。

(3) 在调查过程中，有 40 人表示他们会经常购买品牌鸡蛋，有 52 人表示偶尔会购买品牌鸡蛋，有 58 人表示从来没有购买过品牌鸡蛋。经常和偶尔购买品牌鸡蛋的消费者比例达到 61.3%。品牌鸡蛋由于它本身的质量较优，口感相比

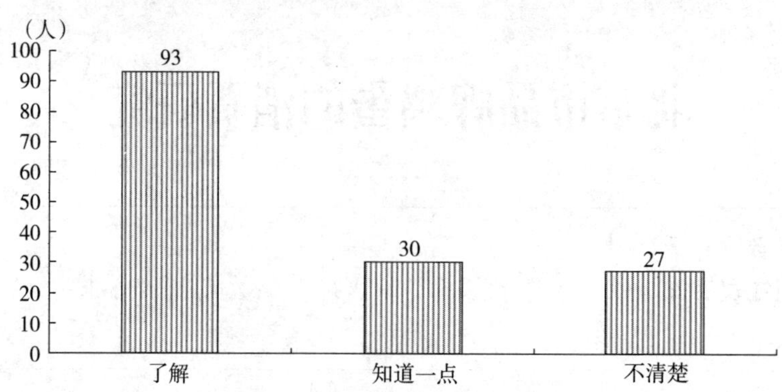

图 2　对于品牌鸡蛋的了解情况

于其他普通鸡蛋更好，因而吸引了很多的消费者（图 3）。

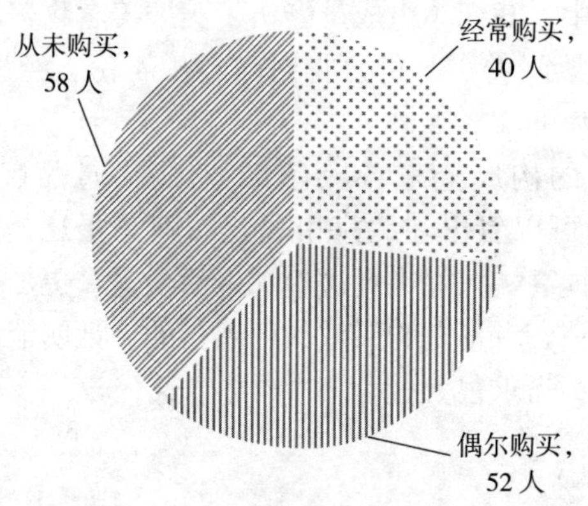

图 3　消费者购买品牌鸡蛋频率

二、影响消费者购买的因素

经过调查研究，我们总结影响北京品牌鸡蛋消费的因素可以分为四大部分，分别是个人因素、家庭因素、区域因素、产品因素。

（一）个人因素

1. 年龄　从被访者数据中发现，年龄在 25～35 岁的人群购买品牌鸡蛋的比例最高（图 4）。表明年轻群体对于消费品牌鸡蛋有着较大的热情。分析原因有两点，其一，这个年龄段的人群比较年轻，更容易接受和尝试新鲜事物。对于品牌鸡蛋来说，这种产品问世时间并不长，属于新型产品，一些年纪偏大人群对于新鲜事物的接受能力不如年轻人群，中老年人对于品牌鸡蛋的了解不够深，对于它的宣传持保留意见，并有所怀疑，所以习惯于选择集贸市场等地购买非品牌鸡蛋。其二，品牌鸡蛋的价钱相对于普通鸡蛋来说比较昂贵，年轻群体大多拥有稳定的收入来源，在更加重视食品安全、追求高质量生活的今天，他们更倾向于选择一些虽然价格较之普通鸡蛋贵，但是质量更有保障、口感更佳的鸡蛋。

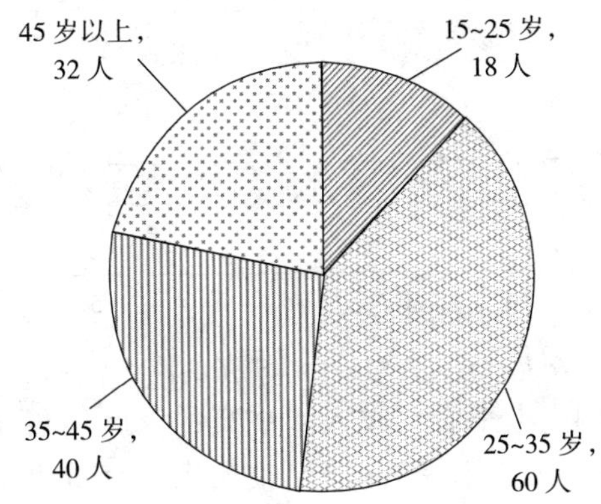

图 4　购买品牌鸡蛋消费者的年龄分布

2. 学历　从数据上来看，学历越高的人对品牌鸡蛋认识的越深，就更有可能选择品牌鸡蛋。在调查过程中发现，学历在本科或以上的人群更加偏好于购买品牌鸡蛋，这类人群对于生活质量有着更高的追求，他们对于品牌鸡蛋的营养以及安全都有一系列的认识，更加信任品牌鸡蛋的质量（图 5）。

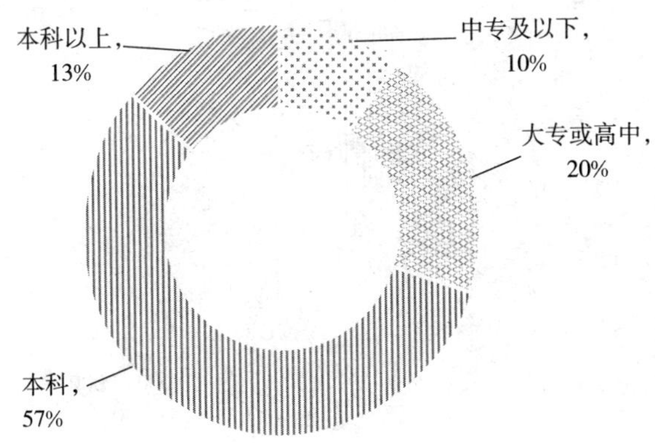

图 5　购买品牌鸡蛋消费者的学历分布

3. 消费偏好　一些消费者偏重于消费某一品牌的鸡蛋，这样他们就是该品牌鸡蛋的长期客源（图 6）。因为经过长时间的购买，他们对于特定鸡蛋更加了解也更习惯于某一种鸡蛋。假设一名消费者购买了一种品牌鸡蛋，经过一段时间的食用，发现这种品牌鸡蛋无论是从外形、质量还是从口感、营养价值上来说都很符合家庭的要求，对于这种产品产生信任与依赖，那么当他下次再去购买鸡蛋的时候，自然而然的就会继续坚持购买这种产品。

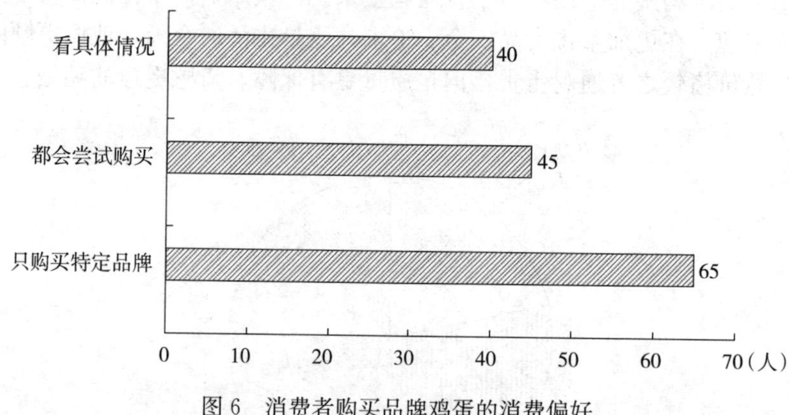

图 6　消费者购买品牌鸡蛋的消费偏好

4. 收入水平　从调查上来看，收入水平高的家庭购买品牌鸡蛋的可能性要远远高于收入水平低的家庭（图 7）。居民收入水平直接决定消费者的购买力水平，收入水平高，则购买力强，反之则弱。品牌鸡蛋的价格相对于普通鸡蛋高了很多，在市场上德清源的价格是 24 枚盒装 50 元，15 枚盒装鸡蛋 32 元，平均每 2 元一个鸡蛋，所以选择品牌鸡蛋的家庭多为收入来源比较稳定、年收入中等及中等偏上的家庭。

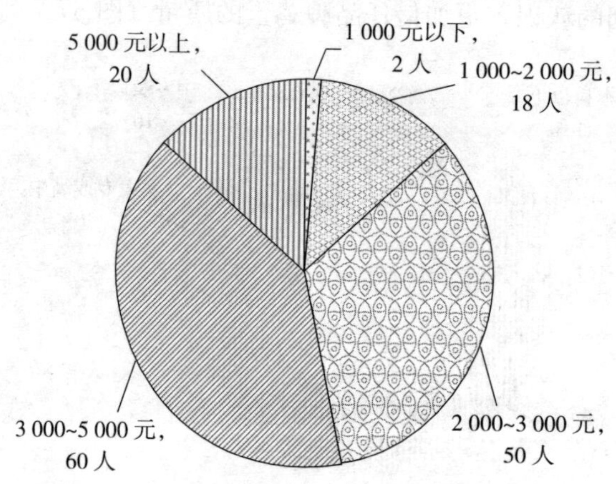

图 7　消费者的收入水平分布

5. 性别　购买品牌鸡蛋的人数中，超过 50％的人都是女性，男性购买品牌鸡蛋的比率相对较少（图 8）。分析得出，一般家庭采购商品的多为女性，所以在选择品牌鸡蛋上女性比率高于男性也是很正常的现象。还有一点，就是女性消费者对于购买商品的研究高于男性，她们会花费时间和精力去更加仔细地研究商品的优劣，并且更加关注食品方面的消息，更加容易做出理性、全面的选择。

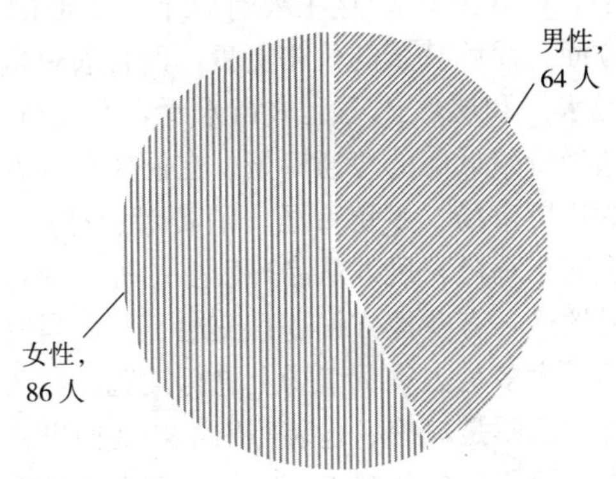

图 8　消费者性别比例构成比率

（二）家庭因素

主要指家庭结构，即家里是否有老人或小孩以及有多少老人或小孩。因为孩子处于成长期需要营养，老人也需要补充营养，所以有孩子或老人的家庭其鸡蛋的消费量相比于没有老人或小孩家庭更高。而且，有老人或孩子的家庭更加关注食品安全问题，他们认为品牌鸡蛋有着更好的监控流程和完善的物流体系，在质量安全方面更加优于普通鸡蛋。并且在营养价值和口感方面，品牌鸡蛋也比普通鸡蛋要更好，所以我们初步预测他们倾向于选择品牌鸡蛋。

针对这一问题，我们在问卷中设计了两个问题：①您目前的家庭成员中是否有老人或小孩？②您是否倾向选择品牌鸡蛋？在之后的数据分析中，我们就这两个问题的答案进行了统计，其结果如表 1 所示。

表 1　家庭结构与选择品牌鸡蛋的关系

项目	家中是否有老人或小孩	
倾向选择品牌鸡蛋	是，倾向（45%）	否，倾向（10%）
	是，不倾向（25%）	否，不倾向（20%）

从表 1 可以看出，总共有 70%的家中有老人或小孩，其中有 45%的人群家里有老人或小孩同时又倾向于选择品牌鸡蛋，占家中有老人或小孩人群的 64.3%（45/70）。而在家中没有老人或小孩的人群中，倾向于购买品牌鸡蛋的人群仅有 33.3%（10/30）。由此可以看出，家庭成员中有老人或小孩的人群更倾向于购买品牌鸡蛋。

（三）区域因素

区域因素主要是指消费人群是居住在城镇还是在农村。调查显示，城镇人口品牌鸡蛋的消费量大于农村（图 9）。这主要有以下三点原因，价格、便捷程度和认知程度。在价格方面，品牌鸡蛋的价格更贵，而普通鸡蛋比较便宜，农村人口收入水平不高，消费水平和层次比不上城市水平，在品牌鸡蛋和普通鸡蛋之间，他们更加倾向于选择价格低廉的普通鸡蛋。在便捷程度方面，城镇有很多大中型购物超市和众多的集贸市场、零售市场，消费者选择购买鸡蛋的场所较多，选择余地较大，如果想购买鸡蛋，可以从品种繁多的种类中甄选质量更好、口碑更好的鸡蛋。但是农村地区，有些地方偏远且交通不便，当要购买鸡蛋时并没有过多的场所供他们选择，大多是去集贸市场上进行挑选。在认知程度方面，农村消费者挑选时更关注价格而不是口碑、包装等因素，他们更喜欢选择简易包装并且价格低廉的普通鸡蛋，而不是包装精美、宣传力度大的品牌鸡蛋。

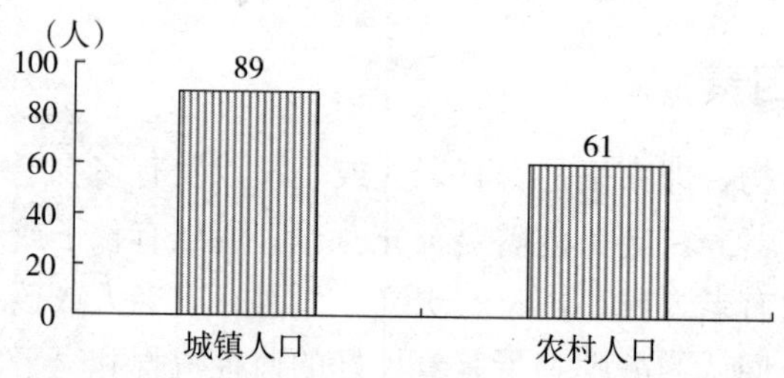

图 9　消费者中城镇农村人口分布比例

（四）产品因素

1. 产品营销方法　在调查中，我们发现若是在品牌鸡蛋促销的时候，销量就会多些。因为在促销的时候，品牌鸡蛋的价格和普通鸡蛋的价格差就会相对缩小，76%被调查者的品牌鸡蛋可接受价格是普通鸡蛋的 2 倍，这说明还是有很多品牌鸡蛋的潜在消费者。只要适当降低品牌鸡蛋的价格，使品牌鸡蛋的价格控制在普通鸡蛋的 2 倍之内，那么品牌鸡蛋必将拥有很大的竞争优势。

2. 产品品牌效应　首选是宣传力度，消费者在面对琳琅满目的品牌鸡蛋时更加倾向于购买自己听说过的牌子或者标有名牌标志的品牌。这证明品牌鸡蛋的宣传对于消费者的购买行为产生了很大的影响。这就相当于现在消费中的品牌效应一样，若是品牌较大，品牌公司比较有商业信誉，那么在相同价格情况下，这样品牌的鸡蛋就可以获得更高的销售量。

3. 包装样式　消费者购买品牌鸡蛋时除了自家消费食用，还有一个重要的渠道就是馈赠其亲朋好友。在馈赠这一方面，消费者选择品牌鸡蛋时更加看重产品的包装是否精美。如今，消费者送礼越来越倾向于买一些实用的礼品，品牌鸡蛋越来越获得消费者的青睐，那么在众多品牌鸡蛋当中，消费者除了品牌影响力、价格等方面的影响外，还会挑选包装精美的品牌鸡蛋。即使消费者购买自用，也会挑选包装结实、易储存的包装，因为鸡蛋易碎、容易变质腐烂，如果包装过于单薄、不方便购买，那么消费者就不会选择这种品牌鸡蛋。所以说，品牌鸡蛋的包装对于消费者的倾向来说也有很大的影响。

三、存在问题

（一）科技含量较低

品牌鸡蛋科技含量相对较低。种鸡品种混杂，鸡蛋得不到统一标准。假药、劣质药品泛滥，疫苗的质量因没有妥善的监管而得不到保障，低价位、低含量添加剂应用于各种途径。疫病防治水平低，没有固定统一的预防措施。鸡粪及鸡肠排泄物得不到妥善处理而污染环境，鸡场环境恶化。鸡蛋的产前、产中、产后都没有全面地运用科技成果。

（二）宣传不够

在电视、报纸等媒体上很少能看到品牌鸡蛋的广告，消费者如果想购买品牌鸡蛋，只能通过自行查询等方式获取哪个品牌鸡蛋的质量好、声誉高。目前，市场上的品牌鸡蛋很多，但是知名度高、消费者普遍认可的产品并不多，因为在宣传力度上的欠缺，很多品牌鸡蛋面临牌子打不响，消费者对于产品一知半解甚至完全不了解的尴尬局面。特别是对于农村消费者，对部分品牌鸡蛋的了解更是少之又少，而且信息技术在农村的应用比在城市弱得多，农村消费者无法及时获取鸡蛋信息，不知道哪个牌子更适合自己。所以，农村消费者在购买时就不会选择这种价格又高，又不了解的鸡蛋。

（三）购买便捷程度低

针对农村地区的消费者，购买到品牌鸡蛋不容易。在城镇中，消费者面临的品牌鸡蛋市场十分丰富，往往可以从品种繁多的产品中仔细选择。可是，农村消费者购买品牌鸡蛋的渠道相比于城镇来说少了很多，即使有尝试购买的想法，往往也因寻找困难而放弃购买品牌鸡蛋。

（四）行业集中度较低

相对于发达国家来说，我国品牌鸡蛋的发展是滞后比较严重的。在品牌鸡蛋行业发展过程中，市场上无论是大企业还是小企业都存在很大的问题：大企业的规模相对来说不够大，并不像发达国家一样形成大规模的生产，没有达到行业的高度集中，各个企业大部分生产方式都是分散的规模经营养殖，未形成一条稳定的产业模式，没有达到更大的规模效益。总体来说，我国的品牌鸡蛋生产还属于以分散经营为主要特征的小农经营模式。

（五）产品质量良莠不齐

在品牌鸡蛋中，质量安全和营养价值也是良莠不齐。有的生产商把大量的精力放在包装等方面，忽略了品牌鸡蛋的质量，随着包装的日益精美，品牌鸡蛋的质量却不见上升。有的品牌鸡蛋做得很好，消费者认可度比较高，也形成了固定的消费群体。但是，有的品牌鸡蛋知名度并不高，质量也并不像厂家所说的那么优质，消费者在偶尔消费过一次之后，发现质量没有自己想象中的那么好，便再也不会购买了，厂商损失了信誉，更失去了发展固定客户的潜力。

（六）国家控制标准欠缺

发达国家的品牌鸡蛋市场发展是相当成熟的，并且发达国家更注重于安全卫生和健康，因而他们对鸡蛋的质量安全要求都相当严格，鸡蛋制品从生产、包装、储藏、运输到销售这一整个过程的安全和防护体系都是很完善的，监控管理都严格把关。我国的品牌鸡蛋发展仍然处于初级阶段，生产者的安全与卫生意识较低，监管部门的卫生控制标准不清晰，鸡蛋的安全与防护体系仍然未建立。

四、解决方案

（一）提高产品科技含量

科学技术在任何生产领域都是第一生产力，推动行业进步与发展离不开先进科学技术的融入。品牌鸡蛋不仅仅是宣传来创造品牌效应，更重要的是从产品生产过程中改进技术，提高产品质量，真正做到品牌鸡蛋应当具有的更健康、高营养的特点，满足广大消费群体的需求，从而促进品牌鸡蛋产业的进一步发展。

（二）扩大宣传力度

在宣传方面，品牌鸡蛋要利用名牌效应，打响企业品牌影响力。注重宣传，合理的利用媒体资源，印发宣传册，让专人在超市、市场进行宣讲，让更多的消费者了解品牌鸡蛋的优势。俗话说“酒香不怕巷子深”，但是现代社会竞争很激烈，如果不主动占有主动权，便很难在激烈的市场竞争中获得优势。所以，部分不太知名的品牌鸡蛋要加大宣传力度，让消费者体验到品牌鸡蛋的优势，虽然品牌鸡蛋的价格相对于普通鸡蛋偏高，但是要让消费者了解到一分价钱一分货，品牌鸡蛋的确有物超所值的地方，贵也有贵的道理。这都需要品牌鸡蛋加大宣传，让消费者接受这种理念。

（三）增加购买点

经过调查我们发现，大多集贸市场卖的都是普通散装鸡蛋，很少见到品牌鸡蛋的身影，那些包装精美的品牌鸡蛋往往陈列在超市的货架上。当农村地区消费者想购买品牌鸡蛋时，途径很少，而且可供选择的种类也比城镇居民要少得多。所以，要扩大品牌鸡蛋的影响力，必须要增加品牌鸡蛋的销售点，不能只在大中型超市中销售，在零售集贸市场上也要增加品牌鸡蛋的数量，让消费者无论是在城镇还是在农村都能便捷地购买到品牌鸡蛋。

（四）提高行业的集中度，形成规模化生产

逐步让大中型企业形成规模化生产，改变原来分散的规模经营养殖形式，形成一条稳定的产业模式，努力达到较大的规模效益。现在有的品牌鸡蛋生产商还是小规模不完善的生产形式，无法在市场上拥有强大的竞争力，也不能完全满足消费者的需求。要想改变这种情况，就需要逐步从分散性生产加工发展到大规模的生产，提高产品数量以及质量，不断提高市场竞争力，形成核心品牌影响力，从消费者的角度出发，致力于生产高产高质的优质鸡蛋。

（五）提高品牌鸡蛋总体质量

现在品牌鸡蛋的种类层出不穷，但是既有质量保证又受到广大消费者认可的品牌鸡蛋却是少之又少，所占市场额也很不平均。以德清源为首的品牌鸡蛋更受大众的欢迎，更受到消费者的认可和青睐。由此可见，品牌鸡蛋市场并不是百花争鸣、欣欣向荣，有名的品牌鸡蛋很少，但就是这很少的部分却占了大部分的市场销售额，其他的品牌鸡蛋或因为质量、或因为营养价值、或者因为口感等原因不太受到消费者青睐，甚至一些品牌鸡蛋的知名度很低，很多消费者表示从来没有买过该种品牌鸡蛋。针对这种情况，应该不断地提升品牌鸡蛋的总体质量，让消费者有更多放心的品牌可以选择购买，对于不合格的品牌鸡蛋给予重点打击，维持品牌鸡蛋市场的纯洁性。

（六）加强国家的监管体系

我国要加强监管机制，密切注意生产、加工和运输等环节，对于有问题和疏漏的地方加强管理和惩治。制定一系列行业规范标准。加大监察力度，定时对于品牌鸡蛋的质量安全进行抽查，保障上市的品牌鸡蛋的质量，让消费者的切身利益得到最大的保护。

五、结　　语

鸡蛋是一种日常必需食物，北京市的品牌鸡蛋市场十分辽阔，因而还有很大的盈利空间。我们小组根据调查问卷，分析了北京市城镇居民家庭品牌鸡蛋消费总体情况以及影响品牌鸡蛋消费的影响因素，提出了一系列的问题，并根据问题提出了一些可行性的建议。从这次调研活动中，我们从制作调查问卷、发放回收问卷、数据分析以及撰写论文中都学习到了很多的专业知识，在实践中检验了我们平日里学到的理论知识。

主要参考文献

丁悦，林源，马骥．2011. 北京市城镇居民家庭鸡蛋消费的基本特征分析［J］．中国食物与营养（12）．

刘秀梅，秦富．2005. 我国城乡居民动物性食物消费研究［J］．农业技术经济（3）．

马骥，秦富．2009. 消费者对安全农产品的认知能力及其影响因素——基于北京市城镇消费者有机农产品消费行为的实证分析［J］．中国农村经济（5）．

青平，严奉宪，王慕丹．2006. 消费者绿色蔬菜消费行为的实证研究［J］．农业经济问题（6）．

基于休闲农业理念的新型休闲农庄调研

——以北京市怀柔区北房镇梨园庄村为例

指导教师： 陈　娆

小组成员： 孙焕洲　刘树晨　吴　曈

前　言

随着我国经济发展步伐加快，国民可支配收入的增加，人们的消费结构正悄然发生改变，用于休闲娱乐上的费用大大增加。休闲农业作为一种新的服务产业，对经济的健康发展起到了相当大的推进作用，已经在国内外引起广泛的关注。其中休闲农庄是以农民为经营主体，乡村民俗文化为灵魂，城市居民为目标的一种休闲旅游形式。而近几年，依托于种植大棚而出现的新型休闲农庄，则是消费者通过租赁村民手中大棚的获得大棚的经营权，进行自主经营、自娱自乐，是一种新型的休闲农业项目。本文通过实地调查研究，对新型休闲农庄有了直观地认识和初步的研究，并尝试对这种新型休闲农业项目进行一次新探索。

一、调研背景

休闲农业是以农业为基础、以休闲为目的、以城市游客为目标、农业与旅游业相结合的新型产业，是农业诸产业中的特殊产业。我国大陆地区的休闲农业在 20 世纪 90 年代开始发展，随着国民经济发展、居民收入的提高和城乡居民对休闲消费需求的高涨，休闲农业已进入快速发展的新阶段。目前，我国休闲农业项目主要有“农家乐”、休闲农庄、农业科技观光园和民俗文化村 4 种形式。截至 2012 年年底，全国有 9 万个村开展休闲农业与乡村旅游活动，休闲农业与乡村旅游经营单位达 180 万家，其中“农家乐”超过 150 万家，规模以上园区超过 3.3 万家，年接待游客接近 8 亿人次，年营业收入超过 2 400 亿元。

北京是全国的政治、经济和文化中心，又是对外交往中心，土地面积 16 807

千米^2。2013年年末，全市常住人口近2 000万人。北京城市的发展目标是，2050年建成经济、社会、生态全面协调和可持续发展的城市，进入世界城市行列。根据北京城市性质和总体规划的屏障，同时依托京郊良好的环境条件和资源条件发展休闲农业，不仅可以为北京城市居民短期休憩度假提供良好的选择，并且把旅游业和农业发展、农村建设、农业致富紧密结合，具有重要的经济和社会意义。发展休闲农业是利用有限资源发展休闲产业提高远郊区县居民收入的最佳途径。

近几年，随着北京休闲农业的飞速发展，出现了通过向土地所有者租赁土地以获取其土地的经营权，建设自己的私人休闲农庄的发展模式。这种模式不同于以往的休闲农庄，土地的经营权变成了消费者所有。在这种模式下，土地的租赁者（消费者）开展自主经营、自娱自乐的休闲农业活动，以达到放松心情、休闲养生的目的。这种新型休闲农庄应当如何继续发展？哪些因素影响其发展？本文通过实地调查论证，分析这种基于休闲农业理念下的新型休闲农庄的发展方向。

二、调研目的

新型休闲农庄是依托于废弃的种植大棚，通过合理化改建为成品或成半成品休闲庄园，之后交由消费者进行二次开发的休闲农业项目。这种新的休闲农业项目，虽然在近些年得到了较快的发展，但出现的时间较短，其发展还存在更多的未知性。本文希望通过此次调查研究更加深入的了解这种模式，分析它的发展前景以及潜在问题，拓宽其发展领域，促进这种模式的继续发展与良性循环。

三、调研方法

1. 问卷调查法 我们在当地共发放问卷40份，回收40份，回收率100%；其中，有效问卷38份，有效率95%。问卷以随机形式进行发放，填写人均为当地新型休闲农庄的使用者。

2. 深入访谈法 我们对当地新型休闲农庄的原始出租人进行了深入访谈，整个过程共访谈了14位农庄土地的出租人。采访过程中，我们重点采集结构信息，尽量避免触及诸如年收入等敏感的总量信息，以便尽可能的获得更为准确、翔实的调研数据。

3. 参与观察法 我们在实地调查中观察了农庄中租赁者们的日常生活、交往状态，并在B19号农庄中多次参加了租赁者们在农庄中组织的聚会等休闲活动。经过主人的同意，采集了大量重要的图像数据。

四、梨园庄村调研情况分析

在北京市的郊区县形成了以村为单位，多个新型休闲农庄的集聚区，如昌平区的香堂、下西市；怀柔区的北房镇等地。其中，在怀柔区北房镇梨园庄村，已建成了初具规模的私人休闲农庄产业。该村有设施农业用地150余亩，均为种植大棚。该村将村口120个种植大棚整合管理，分成4个区，每区30个大棚。以一个大棚为单位建成了120个私人休闲农庄并对外出租。每个私人农庄的土地所有权均归其种植大棚的所有人，前来租赁农庄的消费者通过村委会与农庄（种植大棚）所有者进行租赁合同的商谈。消费者通过支付一定的租金确定租赁农庄的使用年限。合同生效后农庄的使用和日常维护均由租赁者自行承担。

1. 消费者基本信息　经过调查，40人中有14人为离退休人员，企业员工与个体经营户各占8人且多为男性，年龄在30～60岁的中壮年。由此可知：参加新型休闲农庄的人群主体为中老年男性，职业多为退休人员、企业员工和个体经营户，如图1所示。

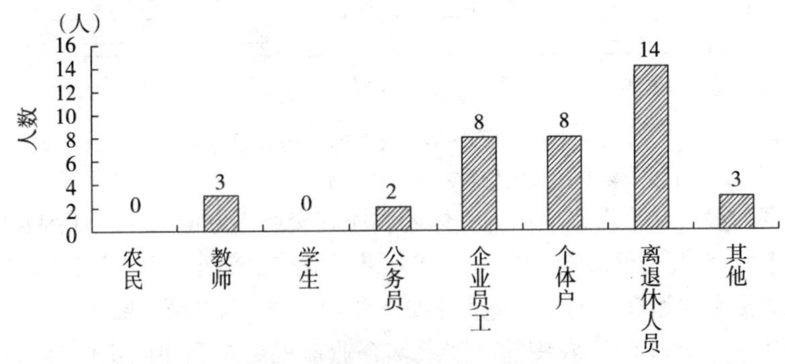

图1　租赁者（消费者）职业

资料来源：实地调查。

在40位被调查者中，近一半的人每年都于法定节假日进行外出游玩，部分人愿意在周末与寒暑假外出旅游，少部分人选择在工作日游玩。且近半的被调查者每年外出旅游3～5次，大多数人每年外出0～2次，仅有少部分人每年进行6次以上的外出休闲旅行，超过10次的就更为罕见了。

2. 休闲农庄使用信息　在对休闲农庄的了解程度的调查中，40个被调查者有超过20人对休闲农庄都有着自己的了解，10人知道一点儿有关休闲农庄的信息，仅有3个人不了解有关休闲农庄的问题（图2）。且在这些被调查者中有15人通过网络、20人通过及亲友告知来了解有关休闲农庄的信息，8人通过电视了解休闲农庄，还有少部分人通过其他渠道对休闲农庄进行了解，如图3所示。

大部分被调查者认为去休闲农庄的交通方便，少部分人认为去休闲农庄的交

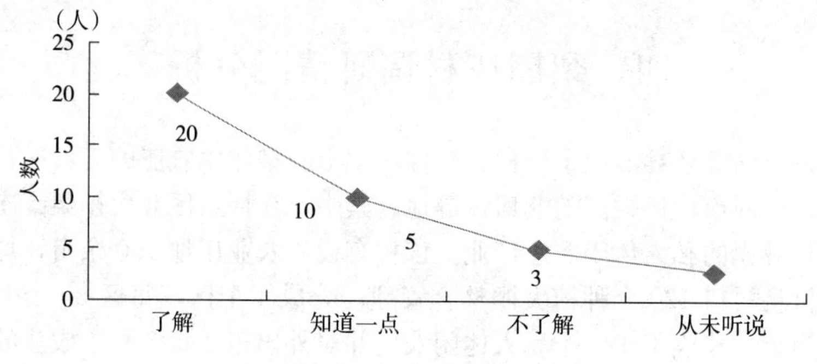

图 2　您是否了解新型休闲农庄

资料来源：实地调查。

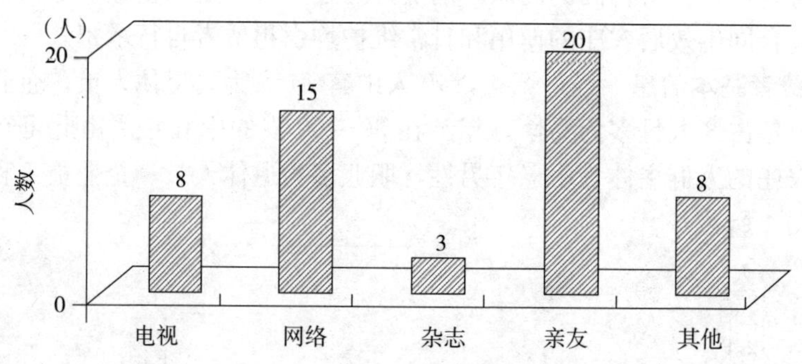

图 3　新型休闲农庄的了解渠道

资料来源：实地调查。

通方便程度一般，几乎没有人认为去休闲农庄的交通不方便。在去休闲农庄的交通方式选择上，16 人愿意乘坐私家车，10 人愿意搭乘公交车，7 人选择和朋友拼车，少数人选择搭乘出租车。而且，绝大多数人都喜欢休闲农庄距离市区更近一些。

如表 1 所示，在前往农庄的时间上，企业员工更愿意在法定假日与年假时前往农庄休闲；教师与公务员喜欢在周六日与寒暑假前往农庄游玩；而个体经营户与离退休人员大多无固定时间前往农庄或在节假日和家人朋友在农庄游玩。而且，对于我们调查的 40 位拥有休闲农庄的人们中，有 32 人喜欢与家人一起在休闲农场游玩，23 人喜欢在休闲农庄中与朋友一起度过，9 人喜欢和同事结伴去农庄游玩，只有 1 人喜欢独自前往农庄。由此可见，消费者更愿意与朋友和家人享受农庄游玩的乐趣。

表 1　前往新型休闲农庄的时间

日期	周六日	节假日	休年假	寒暑假	无特定日期
人数	10	14	19	15	10
合计					38

资料来源：实地调查。

被调查的40个消费者对于在休闲农庄游玩的各个环节上：15人更看重房屋的租赁价格；26人更看重当地的餐饮条件；18人更喜欢休闲农庄中好玩的娱乐设施；13人更加重视前往农庄的交通条件；7人看重农庄的购物环境与停车场的便利程度；而9人看重农庄的住宿条件。而且，消费者们在自己的休闲农庄中都建有一些娱乐设施：13人喜欢在农庄体验种植花草树木；21人喜欢在农庄进行一些采摘活动；19人喜欢在农庄进行一些农家餐饮；17人喜欢在农庄体验烧烤活动；12人对于在农庄垂钓有着浓厚兴趣；11人喜欢在农庄进行农事活动；8人喜欢在农庄建设茶趣园；15人更喜欢在农庄进行一些当地的特色农俗活动。

被调查的40位消费者来农庄的目的也不尽相同。如图4所示，怀着放松心情、缓解压力为目的人占一半；另外将近一半的人希望体验农事活动，享受“农家乐”；想嬉水娱乐，回忆童年的有15人；想要购买一些土特产的有2名消费者；公司组织集体旅游的有24名消费者；而商务应酬的有18人。

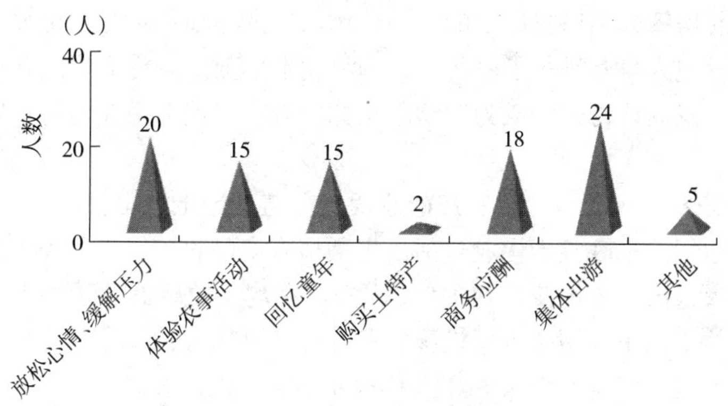

图4　来新型休闲农庄的目的

资料来源：实地调查。

由此可见，拥有休闲农庄的消费者们，大多喜欢在农庄中进行一些娱乐活动；发展自己的兴趣爱好；体验久违的农村生活、农事工作与农俗；享受野外会餐与朋友家人欢聚的乐趣。

经过长期的农庄建设，被调查的40人中10人认为独特的风土人情为他们留下了深刻的印象；13人则对原生态美食有着深刻的印象；17人更喜欢贴近大自然的感觉。而对于生态农庄的旅游发展的问题上，大部分被调查者认为现状很好，前景光明；小部分被调查者认为发展的较为良好，可加大投资力度；仅有几人认为现在的农庄旅游发展一般；没有人认为农庄旅游发展的不尽如人意。如图5所示，消费者对新型休闲农庄发展前景十分看好，不少人认为还可以继续投资，农庄建设还有可改进的地方。

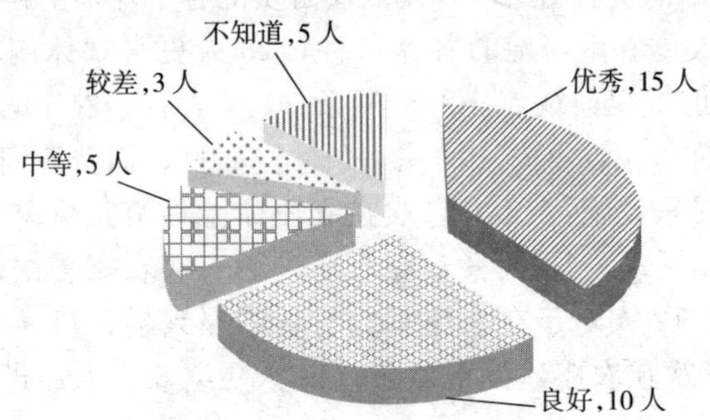

图5　消费者对新型休闲农庄的发展评估

资料来源：实地调查。

五、新型休闲农庄发展存在的问题

怀柔区北房镇梨园庄村出现的新型休闲农庄的本质仍然是种植大棚。只不过是大棚的原承包人将其进行了非传统设施种植业的改造，进而形成新型休闲农业项目。因此，我们认为这将成为制约新型休闲农庄发展的潜在阻碍，因而对当地的出租人进行了深入访谈。

1. 梨园庄村出现新型休闲农庄的原因　在与当地土地出租人访谈的过程中，我们了解到他们的家庭收入构成包括出售种植农产品收入、外出务工收入，还有一些其他收入（出租土地使用权的收入等），平均年收入在1万～1.5万元，如今他们出租的土地正是用来进行设施农业生产的种植大棚。在过去的生产中，他们发现仅靠种植大棚生产带来的经济利益并不高，进行大棚生产的积极性备受打击。当村里提出要将大棚整合统一进行集约化管理，以单个大棚为单位，开展新型休闲农庄租赁业务，对外出租以提高收入时，他们决定尝试一下。他们与消费者签订的是农业大棚经营权的长期租赁合同（租赁期限均在30年以上，一般在30～45年，租赁金额在25万元左右），本质上是种植大棚使用权的转变，对种植大棚本身的性质并无影响。换句话说，种植大棚就是进行种植生产的农业设施，不得作为他用。

2. 消费者对新型休闲农庄土地性质认识不足　有些消费者对农庄仍然是种植大棚的情况并不清楚，在农庄种植用地上开始搭建私人建筑或进行私人改造，被有关部门发现并进行制止，要求其停止未完工的“私搭乱建”活动，拆除已经完成的“违章建筑”。因为这些“违章建筑”违背了种植大棚的使用规定，不受法律保护，消费者对此认识不清，进而造成了不必要的损失。

3. 新型休闲农庄配套产业发展薄弱　经过调查，我们得知农庄的配套产业目前只有由村里成立的物业部门，每年向租户收取一定的物业费。收来的物业费用于整片农庄的日常维护，如垃圾清扫及环境整理等。但是，消费者的需求不仅限于此。例如，不少消费者在农庄内要进行农事活动，期间所需的农具、种子、农药和肥料，甚至是相关的农业技术知识等，都需要消费者自行筹备。而且，农庄周边没有大型公共休闲娱乐场所，消费者要想外出吃饭还需驱车进入城区，并不方便。

4. 北京市对于新型休闲农庄的相关政策还不明朗 目前，北京市并未出台关于新型休闲农庄发展的相关政策。而且，北京市在2014年的农业相关政策提出要保证北京市的蔬菜自给量，并不再增加对设施农业的补贴。这可能会使一些被闲置的种植大棚重新被利用起来，那么依托于闲置的种植大棚发展起来的新型休闲农庄的发展将有可能受到限制。

六、促进新型休闲农庄发展的政策建议

新型休闲农庄本质上是种植大棚。从种植大棚应用的角度来讲，这种模式确实是解决闲置大棚应用问题的一种方法，另一方面有可能刺激农民将种植大棚转型，缩小商品化作物种植面积，减少大棚商品化作物产量，不利于种植大棚的高效利用。从休闲农业的角度来说，这种模式开辟了休闲农业发展的新道路，土地使用权到了消费者手里，消费者不单单是土地的短期享受者，而成为土地的长期经营者，是休闲发展道路上的一次大胆尝试。根据以上研究结果，我们提出如下相关新型休闲农庄发展的政策建议：

1. 因地制宜，规划先行 各地新型农庄的发展时应依托于当地的农业、农村和农民，整合土地资源避免重复建设。本地适宜开展大棚种植的地块可将新型休闲农庄的建设放缓，待到时机合适时在开始新的规划开发。并可以将新型休闲农庄与农村建设、环境保护等结合起来，统筹规划、合理安排，是农庄保护环境的功能最大程度上的发挥。

2. 需求导向，协调发展 新型农庄的城市居民，在发展新型农庄的过程中，各地应以市场需求为导向，找准自己的定位，同时考虑邻近地区的发展状况，依托本地区位优势，加强合作，形成整体有序协调发展。对于消费者定期进行调查，了解其对于新型休闲农庄的看法，进而促进本地区新型休闲农庄服务的进一步改善，加强周边地区配套产业的建设，诸如饭店、种子公司和肥料销售中心等。以新型休闲农庄为龙头带动周边地区的发展，同时根据需求合理控制产业规模，保质又保量。

3. 深化研究，科学引导 合理的发展离不开科学的引导，可与相关高等院校或科研机构联谊，对新型休闲农庄的发展进行持续的关注。做好新型休闲农庄

及其周边配套产业发展情况的统计分析工作，注意新型休闲农庄发展与当地需求相协调。发挥高校的科研能力，也可为高校学生提供实践教学的实习基地，一举两得。

七、结　　论

本文通过实地调研对新型的休闲私人农庄有了直观的认识和初步的研究。对于出租土地的村民们来说，通过收取租金，使他们增加了一笔额外的收入。对于租赁土地的消费者来说，又得到了一种休闲娱乐的方式。由于新型休闲农庄的基础是种植大棚，因此，新型休闲农庄的使用也受制于种植大棚所赋予它的使用权限，而其本质上是一种对种植大棚的变相应用。所以，不能够满足土地租赁者的各种各样的需求，而且一旦超出种植大棚的使用权限，租赁者的权利将不能得到有效的保证。

本文也存在一定局限。由于数据限制，本文使用的是截面数据，这就无法判断随着时间的推移各因素对新型休闲农庄发展影响的变化情况。在后续研究中，拟追踪各因素在几年间对新型休闲农庄发展作用的变化。北京市现今对新型休闲农庄的发展的政策导向还不明确，因此本文对北京市相关政策对新型休闲农庄发展的影响分析不够。综上所述，综合考虑新型休闲农庄发展的因素，准确有效地估计相关政策对各郊区县新型休闲农庄发展的合理规模，将是非常有理论意义和实践价值的研究方向。

主要参考文献

郭静利，宋笑林，陈娆．2013. 北京休闲农业发展模式初探［J］．商场现代化（14）：134-136.

王树进，陈宇锋．2013. 我国休闲农业发展的空间相关性及影响因素［J］．农业经济问题（9）：38-45.

第二部分

2013届农林经济管理专业优秀毕业论文

北京市昌平区农户创意农产品生产的影响因素分析

学　　生： 李宗扬
指导教师： 何忠伟

摘　要： 本文从影响生产者从事创意农产品的因素着手展开研究，从经济管理角度切入是一个有力的突破点。主要研究目的是通过问卷调查研究创意农产品生产影响因素作用于生产者所产生的行为分析，运用实地调研法、文献检索阅读法与统计分析法三种研究方法和经济学的相关理论知识，分析生产者在不同政策、经济状况与产品基本情况上对创意农产品的认知情况，并从政策影响因素、自身因素、环境因素等角度研究影响其从事创意农产品生产的因素。文章层层剖析各个因素及相互之间影响的关系，发现创意农业在北京昌平区发展过程中所遇到的相关方面的制约因素，并提出合理建议。总体看来，创意农产品生产的影响因素很多，但是关键在于相关政策的制定和引导，发展创意农业不仅有利于农民增收、提高产品竞争力、建立品牌优势、保障产品质量，还在发展新农村建设、提高农民收入、创造良好环境和发展现代性都市农业等方面起到了非常重要的作用。

关键词： 生产影响因素　认知度　生产行为　政策分析

一、前　　言

自 2006 年北京市提出大力发展文化创意产业和都市型现代农业，加之北京文化、科技、教育基础雄厚并拥有巨大的消费市场，郊区大力发展创意农业有着潜在优势。近年来，昌平区以创意为理念、以农业资源为基础、以科技为依托、以市场为导向、以人才为支撑，积极开发创意农业产品，取得了丰硕成果，彰显出巨大的发展潜力和活力。香味葡萄园、草莓大会、创意苹果园等极具特色和活力的农业新产业、新产品成为北京都市型现代农业的亮点。本文从创意农产品生产的相关影响因素入手，分析相关的政府政策，同时给出合理化建议。

（一）研究背景

2007年以来，以章继刚等为代表的学者在中国首先提出了创意农业的概念，即创意农业是以增加农产品的附加值为目的，在农产品的生产、加工与销售过程中进行创意生产，创造农民独特的增收模式，实现农业增产、农民增收、农村繁荣，构建农村创意生活的生产方式和生活方式。创意农产品作为创意农业的载体，就是指利用农村的“三生”资源——生产、生活、生态，发挥创意、创新构思，研发、设计出具有独特性的创意农业产品。

创意农业于20世纪90年代兴起，其起源于发达国家的创意产业，21世纪初在全球蓬勃发展，不仅成为在发达国家和地区推动社会和经济等方面持续发展的新的强劲动力，同样也被认为是广大发展中国家进行经济转型和跨越式发展过程中的重要战略和实施手段。

在我国，形形色色的创意产业的发展速度已经大大增强，而创意产业更已经成为推动改革发展的一种全新方式的不竭动力。在此背景下，展开本次研究和探索可以说具有一定实践和理论意义。本研究针对特定人群——即创意农产品生产者开展研究，通过一系列调查分析发现生产过程中遇到的种种因素及其对生产行为所造成的影响，从而针对政府政策和一些特定因素提出相关建议。

（二）研究意义

本研究是基于新的政府政策导向的变化而产生的，所以北京市创意农业及创意农产品方面的研究是有待进一步加强和逐渐丰富完善的状态，最终形成完整的理论体系对相关政策的制定和具体政策的实施可以起到积极的作用。本研究作为北京创意农业及创意农产品理论研究的一部分，可以从一个方面丰富和完善整个北京创意农业及创意农产品理论研究体系，同时也是用另一种角度探索创意农业及创意农产品生产方面的方法，通过分析创意农产品的直接生产者在生产中的影响因素，进而找寻其中对阻碍或影响发展创意农产品生产的因素，最终对促进整体创意农业发展可以起到积极意义，具有一定的理论意义。

本研究主要围绕创意农业中的创意农产品生产展开相关探索和研究。可以看出，创意农产品的生产是集高附加值、多种资源共同配合才能完成的生产，所以对农产品的直接生产者具有较高程度的指导和帮助。因此，本研究通过分析创意农产品生产的影响因素，继而提出相关结论和建议，对实际生产是有一定指导意义的。

（三）研究目的

此次对创意农产品的生产进行相关调查分析，主要依据的是所处社会环境相关方面的政府政策变化所带来的问题。随着北京市政府对于农业功能的重新定位以及都市型现代农业的发展，北京农业出现了新型的发展方式，创意农业的产生和发展赋予都市型现代农业新的内涵。但是，目前有关北京创意农业特别是创意农产品生产影响因素的相关研究并不系统，无法对北京今后的创意农业发展和化提供有效的政策支持。因此，为了进一步推进创意农业特别是创意农产品生产在北京的发展，需要分析总结出适合北京特点的创意农产品发展模式和具备可操作性的政策建议。本研究从生产创意农产品的基层农户入手，调查影响其生产农产品的因素，并加以分析，最终提出合理化建议，由此提出本研究目的。

（四）研究方法

本研究拟采用多种调研方法相结合的方式，主要采用实际问卷调查法，结合相关文献资料、研究成果和实地情况进行研究。利用所学的农产品、统计学等相关知识撰写论文。调研主要对创意农产品生产者展开，拟采用入户问卷调查法，对生产者的相关方面基本情况进行收集，继而进行整理分析，采用相关统计学模型对数据进行分析，从而得出结论。

（五）研究的创新点

目前，从生产影响因素角度开展创意农产品生产的研究较少，且在创意农产品具体产品生产的研究，尤其是从生产者行为角度的研究微乎其微。基于此，本文对北京市昌平区农户创意农产品生产的影响因素分析是研究的一个创新点。

（六）研究拟解决的关键性问题

本研究旨在通过分析影响创意农产品生产者从事生产的因素，继而获得相关数据进行分析，从而得出结论及提出对策和意见。可对未来政府政策的制定或相关方面的研究起到参考作用，可解决在创意农产品生产过程中不良影响因素对生产的影响。

（七）可能出现的技术问题或不足

本研究可能出现的问题主要是在实际走访调查中，由于一定原因不能对相关创意农产品生产者进行大规模普查，而抽样调查的样本质量可能难以保障。生产者对于相关问题的回答可能产生偏差，继而对整个调查结论产生误差，最终影响整体结果。解决问题的办法是将问卷或提问方式进行更好的改良，或进行一定规模的调查从而先期发现问题进而加以改善，可以缩小误差，避免影响最终结果。

二、昌平区创意农业的基本情况

昌平区是首都北京的北大门，位于北京市西北部，被称为“密尔王室，股胧重地”。素有“京师之枕”。在发展现代型都市农业的趋势下，昌平依托自然区位优势在全区内广泛开展创意农业生产活动，包括香味葡萄园、草莓采摘园、创意主题苹果乐园等多品种的创意农产品经营活动。2011 年，全区观光园个数发展到 207 个，同比增长 3%，带动观光园内生产高峰期从业人员同比增长 38.2%。近两年更是组织承办了世界草莓大会、创意农业嘉年华展览等一系列大型活动，创意农业已成为昌平区发展的新契机和经济的增长点。

三、创意农产品生产影响因素分析

本次调查主要在昌平区创意农产品生产集中的自然地区展开，通过实际走访、访谈结合问卷调查展开分析，下面是开展问卷后所收集整理的数据。

（一）基本情况分析

本次调查共发放问卷 40 份，收回有效问卷 40 份。图 1～图 5 为受访者的基本情况调查数据及分析。

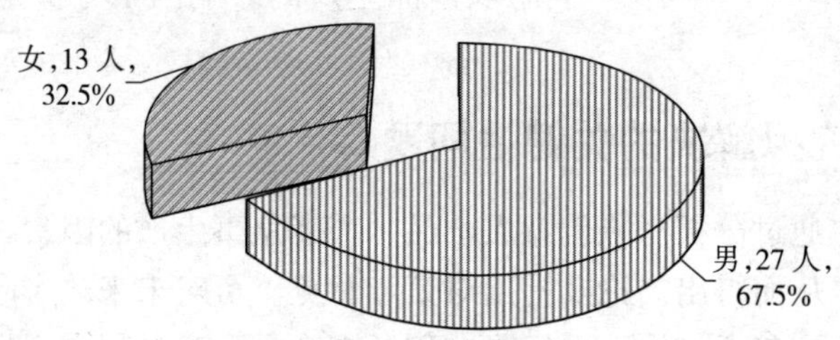

图 1　受访者性别分布

从图 3 可以看出，绝大部分受访者具备初中、高中和中专学历，只有很少部分的受访者表示受过级别更高的教育。可以看出在受访群体中，绝大部分人具备一定的基础文化水平，但相对当今社会对人才需求逐渐走向高水平复合型的趋势还有很大差距。

由图 4 可以看出，45%的受访者家庭人口为 3～5 人，家庭人口在 5～7 人的占 30%，小于 3 人和大于 7 人的分别 17.5%和 7.5%。根据实际情况了解到，受当前政策影响，相当一部分农村家庭中存在子女外出务工而非在本地从事农业生

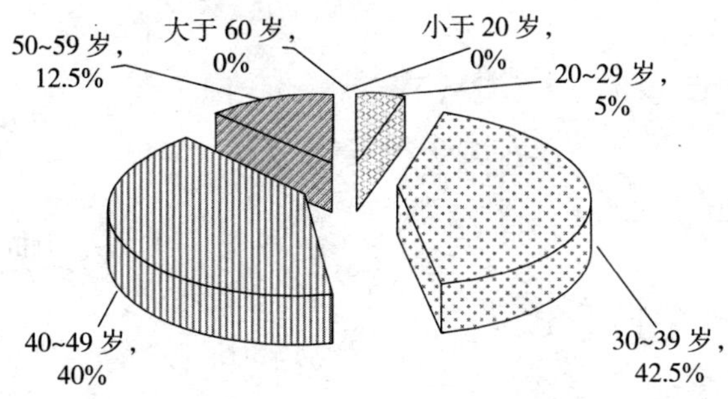

图2　受访者年龄分布

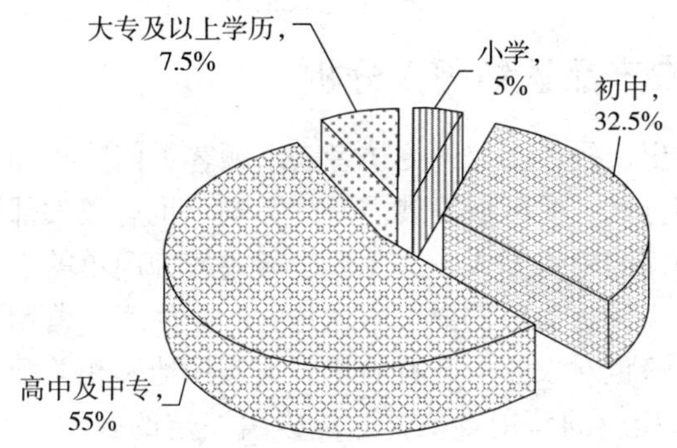

图3　调查对象受教育程度分布

产的现象，所以家中从事农业生产活动的大多为年纪稍大的劳动力。

由图5可以看出，受访者中从事种植业的占65%，外出务工的占27.5%。这是因为本次调研在设计中更加针对于种植业从事人群而开展，故有在设计问题上更加有针对性，可以更好的反应相关问题。

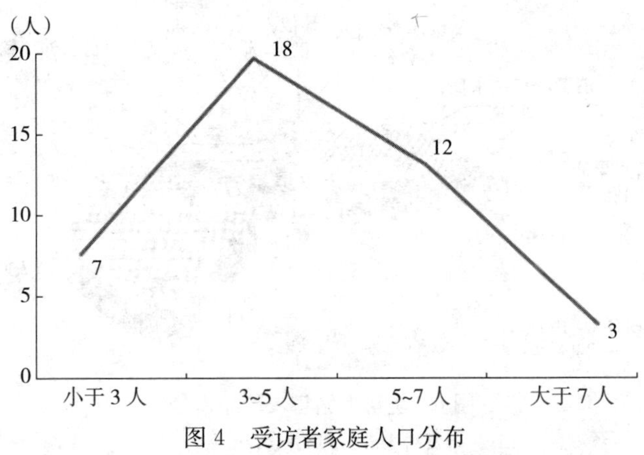

图4　受访者家庭人口分布

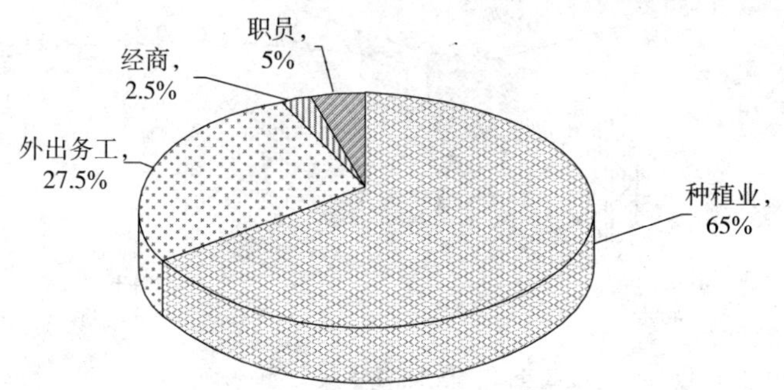

图 5　受访者收入来源分布

（二）创意农产品认知因素分析

由图 6 可以看出，较大部分的受访者表示顾客上门购买和专人收购会成为其销售农产品的主要方式；受区域发展需要的影响，也有较大部分的生产者选择为消费者提供自由采摘的销售方式，这无形中通过较为简单的手段增加了农产品的附加值，同时也是一种更为值得推广的创意农产品生产、营销方式，可以在更大的范围内推广。但这也对农业生产者的相关生产场地和相关配套设施提出一定要求，并且还要做出相应的营销宣传，才能吸引一定的客源。发展采摘型创意农产品生产的生产者可以更多的依托集体、地区优势，加入当地相关农业组织，采取整体化的宣传经营策略，改变以往独自为战、相互竞争的局面，扩大影响力的同时也能为农产品生产者带来实际收入上的增加。而较为新兴的网络销售和超市直销的销售方式在本次调查中则无任何生产者采用，其原因在于对于单一的经营者，进行相关的网络营销和超市直营面临的困难很大。网络销售首先对生产者本身的科学技术水平和硬件设施提出了相对较高的要求，且单一生产

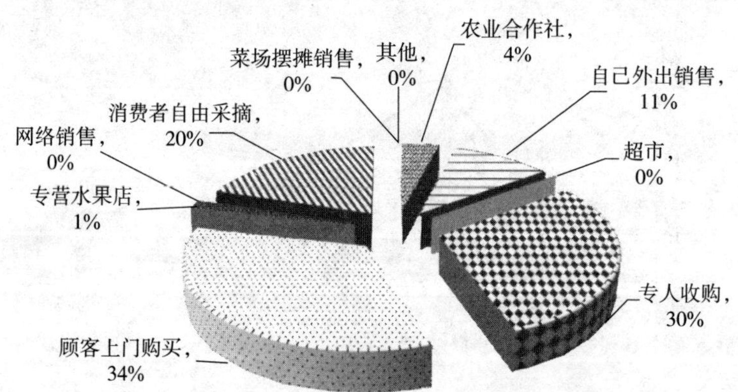

图 6　受访者销售农产品途径

资料来源：实地调研获得。

者的生产产量和品质难以保障；而超市直销的方式也对生产者所提供的产品品质提出了相关要求，如要求产品必须通过相关绿色认证等，单一的生产者很难依靠自己的实力参与相关标准的申请和认证，而且其自身的生产产量可能无法为相关超市卖场提供长期稳定的上架货源，这也正是单一生产者难以参与新型销售模式的“瓶颈”。

由图7可以看出，大部分受访者的产品通过了绿色食品的认证。这些受访者集中在南口农场，而对于农产品生产者来说，通过相关质量认证可以更好地体现所生产产品的质量，从而更好地获得销售的机会，对其增加收入、提高竞争力是有优势的。

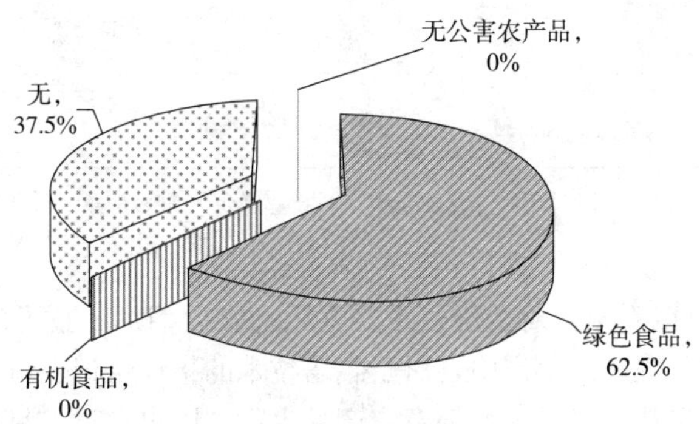

图7　农产品质量认证情况

如图8所示，大部分农产品生产者经营的产品有自己的品牌，主要集中在南口农场。这表明生产者对于农产品品牌有一定认知而且愿意开展品牌化经营，这就要求相关专业合作组织、政府机关对相关品牌的申请和认证采取扶持政策，提高农产品生产的品牌化、规范化。

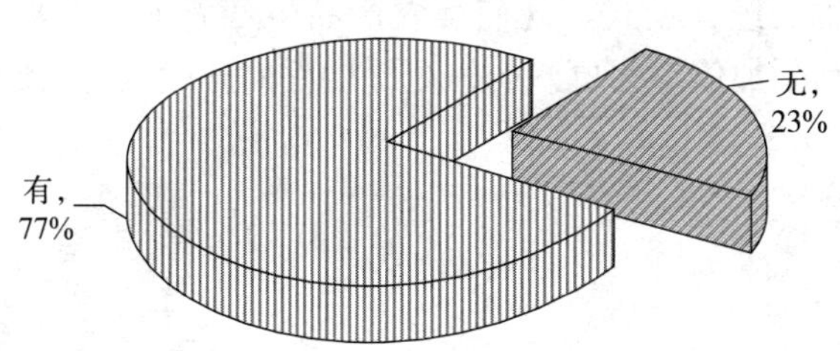

图8　受访者生产的农产品是否有自己的品牌

通过调查分析发现，大多数生产者通过农技指导的方式获得新的农业生产技术，这也正是农技指导的优势所在，可以通过更为深入和有针对性的农业技术指导，催化农业技术更新以及新品种由试验田走向广大农田的转换过程，提高新技术培训和应用的效率，继而提高生产者的经济效益。同时，媒体介绍的方式也成为生产者获得新技术的重要途径。相对于其他形式，媒体介绍具有成本较低、形式更广和易于接受等特点，农业生产者可以通过各种媒介，随时获得新型技术的相关信息，这也一定程度上弥补了专业农业指导成本高、时间空间受限等不足。可以通过更加丰富的媒体形式，如互联网、农业手机短消息和农业指导手册等，在不同方面灵活开展宣传指导，满足不同农业生产者对新技术的需求。

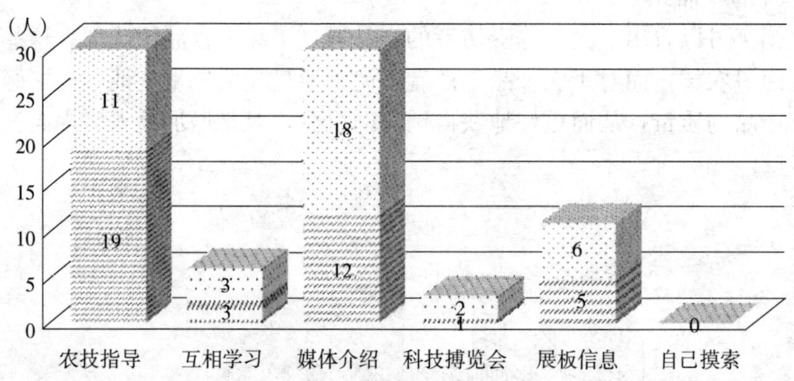

图 9　生产者获得新型技术途径

通过图 10 可以看出，对栽培技术、新品种和后期加工技术的需求排在前三位。这说明在创意农产品生产中，对于栽培技术的指导培训、新型品种的引入种植和产品后期的深加工成为影响创意农产品生产的因素。对于栽培技术指导，可以通过开展种前培训、生产中指导等方式，由专业技术人员或相关农业技术部门开展田间培训，既提高了生产者生产栽培能力，同时也使得在实际情况中出现的相关技术问题得以有效解决。对于新品种，通过一定范围的试种，将适合本地区的新品种引入、推广到实际生产中去，达到丰富产品结构、提高生产者收入的目的。对于后期加工技术，通过整合当地资源，在一定程度上开展农产品深加工、农展会等后期加工的经营模式，既使得农产品生产者的产品获得更为可靠的销路，同时提高产品附加值，为更好的、更深层次的开发创意农产品的价值提供了

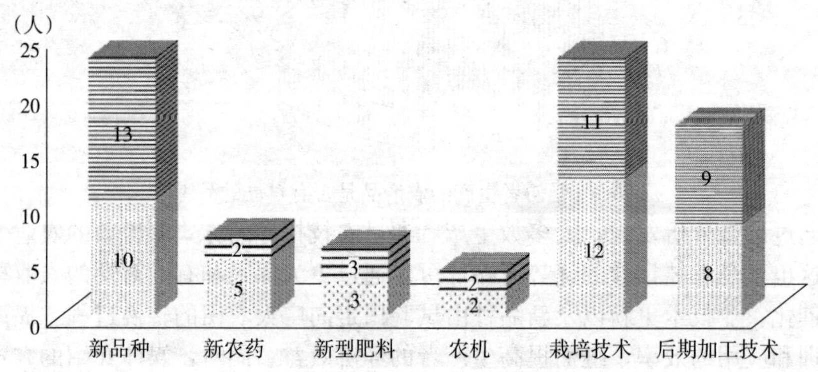

图 10　受访者对新技术的需要

可能。

结果显示，有 72.5%的受访者表示出对创意农业有或多或少的了解，其中 32.5%的受访者表示了解，40%的受访者表示知道但程度不深；有 27.5%的受访者表示尚不了解创意农业（图 11）。通过结果可以看出，农产品生产者对于创意农业的概念虽有所了解，但是还有进一步提升宣传、推广的空间，可以加强宣传力度、丰富宣传形式，提高创意农业的概念的传播的广度和深度，继而提高整个生产者对于新概念的认知度。

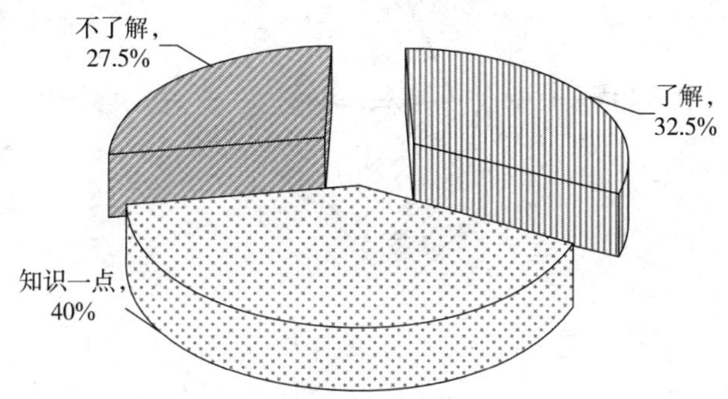

图 11　受访者对创意农业的认知程度

通过图 12 发现，40%的生产者认为创意农产品生产是高产型新技术，35%的生产者认为创意农产品生产属于省工型新技术，另有 25%的生产者认为创意农业属于节本型新技术。由于创意农业、创意农产品生产属于更为综合的新型生产模式，集高产、节本、省工等诸多优势于一体，根据调查结果，更多的生产者有选择高产性新技术的趋势和偏好，这就可以在相关创意农产品生产的推广宣传中更加有侧重、有意识的向生产者推广新型技术的优势，提高宣传推广的效率。

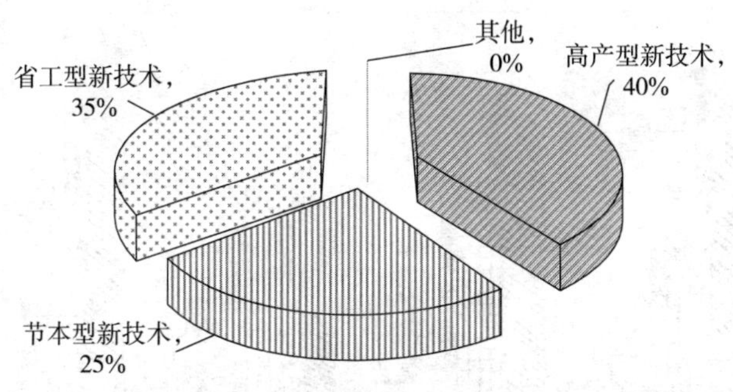

图 12　受访者对创意农业的认知

由图 13 可以看出，有 52.5%的受访者表示收入的增加会成为其从事创意农产品生产更为关注的方面。有 25%的受访者表示技术支持成为其更加关注的方面，这也从一定程度看出生产者对于新技术应用的风险等方面的担心与不确定性。因此，可以从政策上给予更多关注，如通过技术示范、农业保险等方面的措施消除生产者对于新技术引入所带来风险的顾虑，提高创意农产品的推广能力。

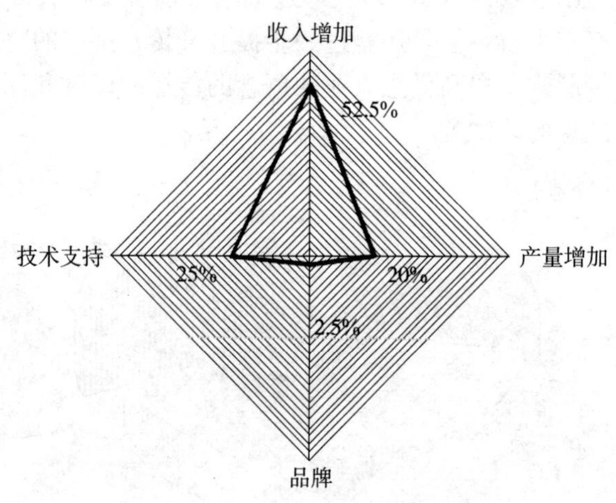

图 13　生产者对创意农产品关注

由图 14 可以看出，教育水平成为影响生产者从事创意农产品生产的最主要因素。教育程度对于新技术的接受与应用程度有决定性影响，第一，教育程度对生产者接受创意农产品这一概念有一定程度的影响；第二，教育程度可能成为创意农产品生产技术应用上的制约因素，这是由于创意农产品生产相对于传统农业生产，具有更高的技术水平要求所产生的。而对于农产品生产者而言，其参与新型生产技术应用时较为重要的且实际的影响因素就是新生产技术对其增收程度的影响。如果一项新技术没有为生产者带来实际经济收入的增加，那么新技术取代传统技术的可能性就会下降，这就要求创意农产品的生产从经济上要能为生产者

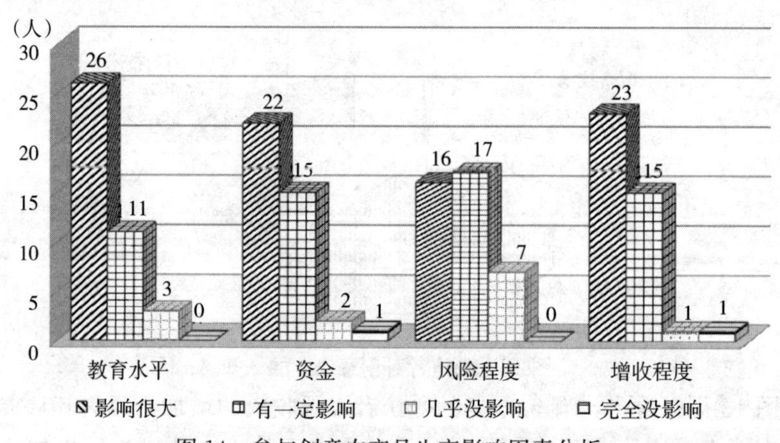

图 14　参与创意农产品生产影响因素分析

带来一定程度的增长，且一旦能够增加生产者的实际利润，生产者就会更为自发的主动寻求相关新型的生产技术，继而由新技术的外源化推广转化成自觉地内源化的需求，降低了新技术的推广成本与难度，而这正是推广创意农产品新技术应用的良好途径之一。除了以上两点因素外，资金对于生产者参与创意农产品生产也起到相对较高的影响因素。相对于传统农业，有些创意农产品生产可能需要一定量的前期资金投入，而如果此时生产者资金处于相对紧张的状态，那么很可能会使其放弃相关新技术的应用。这就要求政府及各个金融机构、组织在一定程度上应予以支持，通过小额信贷、政府贴息、委托生产等方式缓解生产者在资金方面所面临的困难。对于一种新型农业生产技术，必然面临着一定的风险性，而创意农产品生产对于传统农业的生产者同样存在此类问题，可以通过为生产者提供标准技术示范、深度技术指导、带有政府补贴性质的农业保险等形式给予规避，让生产者对其从事生产的项目有更深入的了解同时在政策上给予保障，消除其从事创意农产品生产风险上的顾虑。

（三）政策影响分析

由图15可知，40％的受访者表示其最需要解决的问题是劳动力技能培训，30％的受访者表示需要资金支持。由此可以看出，大部分受访者已经认识到个人劳动技能会影响到新技术农业生产。同样可以说明政府和相关部门可以在现有的基础上，更加注重对农业劳动技能的深层培训，将曾经的上课、看录像等传统模式改为走入田间地头的手把手指导。虽然这会增加培养成本与相关工作开展的难度，但其效果是长远而且有效的。

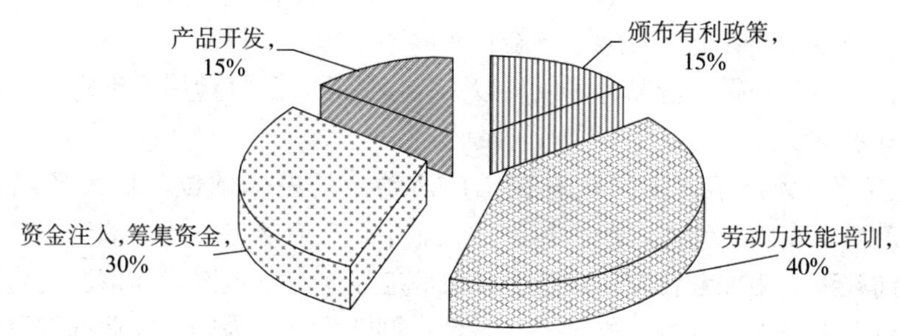

图15　受访者认为最需要解决的问题

图16显示，32.5％的受访者倾向于新建农业观光园等集中型创意农业生产场所，集合规模效应和品牌优势以达到更好的预期收入。有30％的受访者表示应发展农产品深加工，提高单位产品附加值来实现增收。政府可以利用相关资源和政策鼓励农产品加工业的发展，但同时也应注重质量而非数量，通过打造重点工程和龙头企业，实现农产品深加工产业化的发展和成熟。而在农产品销售渠道

和营销信息上，17.5%的受访者表示应加大投入，这也与制约生产者发展因素中的营销因素相关，但作为政府，单单依靠政府资金建立覆盖面广、影响力大的营销信息网络是困难的，这同样需要通过政策引导等多方面措施实现供求双方能够并且自由均等获得信息，继而减少买卖双方因获取相关信息所增加的成本，进一步提高生产者在市场中的竞争力。

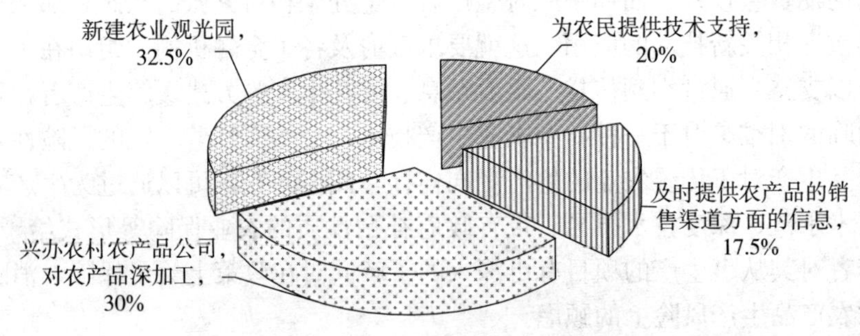

图 16　受访者对政府资金扶持的期望

四、结　论

创意农产品作为一种新技术产品，其生产还存在着较大的风险性。通过调查分析发现，这也正是将创意农产品向更广、更深层次推进过程中所遇到的较为严重的阻碍之一。作为从事农业生产活动的个体——农户而言，将创意农产品生产技术直接硬性推广并让其生产且直接承担这种可能的风险是不现实的。这就要求政府从政策上对创意农产品的产前、产中、产后等方面进行宣传和示范，让潜在的创意农产品生产者更有效地了解新技术的各个方面，提高其决策效率。

结合上述调查研究情况，可以从以下三点入手，更好地引导创意农产品生产活动的开展

1. 变政令为推手，强化政府在推广活动中的主体地位，加大各项支持投入　这就要求在发展创意农产品和创意农业中，政府从单一政令的制定者、颁布者逐渐向政策的助推者转型。宏观上，政府应制定与本地区实际情况更为贴切的创意农业发展规划和政策，通过搭建平台、创造机会，为创意农业的发展提供广阔的空间与必要的物质条件，通过政策吸引更多资源参与到创意农产品的经营活动中来。例如，通过开展适合都市型现代农业发展之路的会展农业、观光农业等新模式建立平台，为创意农业打开新的发展之路。

微观上，应该根据不同郊区县特色，深度发掘创意农业的文化内涵，让创意农业文化内涵与地区特色相互融合、协调发展。例如，可以通过政策引导等方式推进创意农业园区、特色农产品种植示范区等创意农业集群化的发展建设，同时

强化品牌意识，注重协调发展，改变一味追求数量增长、忽视质量品质等落后经营观念，将本区文化、人文特色等整合融入创意农产品的生产经营中去。形成以创意农产品品牌形象代表、凸显本区特色，区域发展的同时带动创意农业不断成熟的双赢互惠的发展模式。

总体而言，政府可通过加强资金、人才、技术投入等综合性措施，通过帮扶指导，率先在一个或多个区域探索出适合当地创意农业的发展模式，培养出一批有技术且经验丰富的专职人才，通过专业人才帮助，将创意农产品、创意农业做成让生产者致富的产业、受市民喜爱的产业、生态环保永续发展的产业。

2. 转换思想观念，强化教育在创意农业推广中的关键作用，大力发展完善农村教育体系 政府制度和政策的不断完善，必将为发展创意农业和从事创意农产品生产提供更好的环境，但要让一线创意农产品生产者（即农户）从观念上认同并从事这种新的生产方式，还需要加强对其教育引导工作。通过调查研究的数据和实际情况可以看出，由于文化知识水平所限，一部分生产者没有认识到科学技术同其长远利益间的关系，也就很难把自觉学习农业技术知识同个人的长远利益结合起来，因此有的农民可能为了某些眼前利益，自身就放弃了对先进科技的学习、对先进生产方法、理念的学习，这也就意味着其走上了一条很难再有突破、前途并不光明的生产之路。除了生产者个体外，领导班子更要提高对文化、技术、理念的敏感度，切不可认为学习益处不大、可有可无，从而忽视了科学文化教育工作。虽然短期内教育程度几乎不会影响生产者和整个地区的收入情况，但随着时间的变长，其与生产者收入间的影响关系会逐渐凸显，最后可能会发展成其增收的“瓶颈”。解决这些问题，要首先解决对教育工作思想认识上的问题，从根源上将农民的文化教育工作当作大事来抓，当作增收保富的关键来抓。这更需要各个政府部门做好分工合作，通过积极的引导同时充分利用教育基础设施发挥基层教育组织的作用，除大力宣传、发动、引导生产者学习新知识、新技术、新理念之外，还需采取相应的引导措施，提高生产者的思想认识程度，使生产者对科学技术的学习逐步由被动政令行为变成自主的主动性行为，使广大生产者在学习中真正得到益处、尝到甜头，从而形成以新技术带动保增收的良性循环。

对于创意农产品、创意农业的教育更应该注重如创意农产品质量安全体系、创意农产品质量认证、创意农产品标准化生产等具体而实际的内容。加强与国内外大专院校、科研院所、农技推广机构的合作，将最新的科技成果带到田间地头，一改以往的上大课、看宣传电影等传统教育模式，通过鲜活实际的示范、展览以及深入田间的帮扶指导，免费提供国内外最新供求信息等形式，加速传统生产者向新型科技型生产者的转变过程。率先通过在一个地区或某几个地区的成功继而总结出一套切实可行的、全新的教育推广模式体系，同时结合传统教育模式中的精华和长处，开创教育工作的新局面。这就要求政府及相关部门找到突破口、切入点，让一部分生产者首先切实感受到新技术所带来的优势，以致富增收为契机，从而推广到整个区域乃至地区，降低因认知因素导致的发展“瓶颈”。

3. 培养专业创意团队，打造知名品牌，注重规模效应，多层次多功能的开发创意农业 发展创意农业，除了简单的推广和宣传以外，还要大力培养扶持创意农业开发的专业团队，从策划分析、文化价值、设计运营等诸多方面为创意农产品的发展提供智力支持，将深层的文化积淀与创意农业的发展方向相结合，保障创意农业发展的可持续性。另外，创意农业的发展还要注重品牌化、规模化的发展，通过创意农业生产载体的规模化，如创建创意农业园区、创意农业示范点等方式进行规模化的生产发展。而品牌是产品在市场上的通行证，是企业形象、技术实力、管理水平、资本实力、员工素质和产品质量的象征，是核心竞争力的代表。对于创意农产品，不仅要简单地为产品命名，更要通过不断地提高和维护品牌的内涵和美誉度，通过注入健康因素，开展有机食品、无公害农产品、绿色食品等相关标志的认证，提高品牌价值；整合引入文化要素，将悠久的历史文化、当地独有的人文特质因素植入创意农业品牌，提升品牌价值。

主要参考文献

陈晨，杨欧阳．2009．京郊四区农户创意农产品生产的影响因素分析［J］．安徽农业科学（24）：11749－11750，11786．

李梅，苗润莲．2011．北京山区创意农业发展初探［J］．广东农业科学（17）．

刘宏曼．2009．创意农业——北京都市型现代农业新亮点［J］．当代经济（7）．

刘丽伟．2010．国内外都市型创意农业比较及其发展价值分析［J］．世界农业（5）．

任荣，刘树．2008．京郊创意农业的发展思路及方向［J］．北京农业职业学院学报（2）．

章继刚．2009．中国创意农产品发展战略思考［J］．江西农业大学学报．社会科学版（1）．

章继刚．2009．创意农产品深加工的发展趋势［J］．北京农业（34）．

章继刚．2009．中国农民独特的增收模式——创意农业［J］．南方农业（1）：1－3．

章继刚．2010．中国创意农产品深加工的发展趋势与发展战略研究［J］．温州农业科技（1）．

Karen Klonsky，Laura Tourte. 1998. Organic Agricultural Production in the United States：Debates and Directions［J］. Am. J. Agr. Econ（12）．

浅谈京郊休闲农业的发展及对策

——以北京市昌平区十三陵镇为例

学　　生： 王　轩

指导教师： 李　华

摘　要： 随着人们生活水平的提高和消费观念的改变，京郊休闲农业旅游日益展现出广阔的市场潜力与发展前景。本文主要借鉴乡村旅游、都市型现代农业以及国内外休闲农业发展的理论及经验，在对北京市郊区休闲农业市场调查了解的基础上，以北京市昌平区十三陵镇为例，分析了该镇休闲农业的发展现状、特点和存在问题，并提出相应的发展对策和建议。通过调查发现，十三陵镇得天独厚的农业自然资源和地理位置，为该地区休闲农业的发展提供了先决条件。但是，在其发展过程中也存在着一系列问题，需要通过因地制宜、科学规划、严格规范管理等措施，进一步促进京郊休闲农业可持续发展。

关键词： 京郊　休闲农业　发展　对策

前　　言

随着我国经济、社会、文化的发展以及人民生活水平的提高，休闲农业旅游正日益成为城市居民放松休闲的首选之地。20 世纪 80 年代以来，国内旅游人数年均增长率保持在 10%左右，旅游热点和方式也随着时代的发展而不断更新[1]。随着消费观念和水平的换代升级，人们在旅游中更加追求悠闲、舒适的惬意体验，更加向往和亲近大自然，追求远离都市喧闹与压力的不一样的生活方式。例如，在自然风光中休养生息、释放心情、享受山野间趣味；或者是下乡务农，体验乡村民俗，借以暂时改换环境、愉悦心情。正因如此，城市郊区休闲农业应运而生。

休闲农业也称观光旅游农业，是以农业资源、田园景观、农业生产、农耕文化、农业设施、农业科技、农业生态、农家生活和农村风情风貌为资源条件，为城市游客提供观光、休闲、体验、教育、娱乐等多种服务的农业经营活动[2]。总之，休闲农业是根植于农业、农村、农民并服务于城乡居民的产业[3]。随着社会经济的发展、人民生活需求的日益多样化，如今的休闲农业已经跳出了传统农业生产的范畴，逐步向第二、三产业转移，形成一个第一、二、三产业相互融合的产业体系，它在调整农业产业结构、拓展农业功能、促进农村社会和经济发展具有重要意义。

根据北京市总体规划的要求，京郊广阔的乡村区域作为首都环境保护的屏障，依托京郊良好的自然资源与社会条件发展京郊休闲农业已成为大势所趋。它不仅可以为城市居民短期出游提供良好的选择，还可以把旅游业和农业发展、农村建设、农民致富紧密结合，从而具有双重意义[4]。

根据北京市统计局及国家统计局北京调查总队的统计，2011 年北京观光休闲农业快速发展，农业观光园接待人数达 1 842.9 万人次，其经营总收入为 217 151.8万元，同比增长 22%。民俗旅游接待人数达到 1 668 万人次，京郊民俗旅游实现总收入 86 822.2 万元，同比上升 18.2 个百分比。由于京郊农业观光园、民俗旅游发展迅速，带动了农业经济的发展、农村劳动力就业量的增加以及农民收入的提高[5]。

经过多年来的发展，北京郊区休闲农业已构筑出“城市—郊区—乡村—田野”的空间休闲系统框架，其发展过程体现了领导重视、政府推动、专家支持、规划先行、政策驱动、社会动员的指导思路，形成了以“观光、休闲、参与、体验”为特色的农业主体[6]。然而，从农业整体规划、农村区域资源优化以及经营管理等方面来看，郊区休闲农业的发展尚处于起步发展阶段。

虽然近年来随着经济的发展和人民生活水平的提高，京郊休闲农业显示出巨大的发展潜力。但从总体情况来看，在其发展过程中仍存在诸多问题。从休闲农业产业内部看，主要存在农业产业内部布局不合理、个体户经营管理水平不高、服务水平较低、基础设施较差、文化内涵和品牌意识不足、生态破坏等问题；从外部来看，主要存在政府规划引导不到位、行政管理不规范、政策扶持滞后等问题。这些问题显然已经成为制约休闲农业进一步发展的“瓶颈”，必须加大政府扶持和规范力度加以解决[7]。

本文通过对目前北京市郊区休闲农业的发展概况进行归纳总结，以昌平区十三陵镇为主要调研对象，通过数据信息检索、实地调查研究等方法针对目前昌平区十三陵镇的现状以及问题进行分析。通过调查发现，十三陵镇拥有着得天独厚的农业自然资源和地理位置，虽然该地区的休闲农业的发展相对早于其他地区，但是随着城市居民的需求水平不断提高，相应的诸多问题也凸显出来，如品牌意识淡薄、经营管理水平低、基础设施不完善等问题。针对上述问题，需要通过因地制宜、科学规划、立足于市场，加强其基础设施建设，提高服务和经营水平，严格规范管理等措施，进一步促进京郊休闲农业可持续发展。

一、北京市昌平区休闲农业的发展现状

在近些年中，昌平区凭借着自身优越的自然资源和历史文化资源，因地制宜的发展多种形式的休闲农业旅游，如观光园参观、民俗文化旅游、务农体验、农业科普教育等活动，目前已形成农业多功能化、投资主体多元化、经营管理科学化的休闲农业体系[8]。在结合区域特色的“一花三果”（百合花、草莓、柿子和苹果）等产业扶持的优惠政策下，休闲农业的发展呈现出良好的趋势。特别是第六届全国草莓大会以及首届农业嘉年华在昌平区的成功举办，大幅度提高了昌平区休闲农业采摘等休闲农业旅游项目的知名度。同时，昌平区也注重加强利用网络、电视、报纸等新闻媒体为民俗村、民俗户进行宣传报道，推出特色农业休闲旅游产品，宣传本地区休闲农业旅游资源，为昌平区休闲农业的进一步发展夯实了基础。

随着京郊旅游业的发展，昌平区近年来以观光旅游、休闲农业为主的特色农业，依托区域内整体资源优势及特点，逐步彰显了自身的地域特色，使得生态效益与经济效益双提升[9]。尤其是以观光休闲、设施农业、种业为主的昌平区特色农业，在突出本区地域特色的同时，带动了本区域农业的经济发展（表1）。

表1　2011年北京市昌平区特色农业情况收入表

项　目	收入（万元）		同比增长（%）	所占比重（%）	
	2011年	2010年		2011年	2010年
设施农业	36 382.5	27 351.7	33.0	36.5	31.7
观光休闲农业	39 740.4	30 249.1	31.4	39.9	35.0
种　业	23 481.8	29 704.6	−18.2	23.6	33.3
合　计	99 604.7	86 305.4	15.4	100.0	100.0

资料来源：北京市统计局网。

由表1可知，2011年北京昌平区特色农业的总收入为99 604.7万元，同比增长15.4%，占农林牧渔总产值的50.2%。其中，观光休闲及设施农业增长较快，增速均超过了30%。随着昌平区观光休闲农业生产规模的进一步扩大，经营成果也得到了显著的提高。观光休闲农业收入同比2010年增加了9 491.3万元，所占比重同比上升4.9个百分点，增量及上升比重均排在第一位。

由此可见，昌平区休闲农业旅游的进一步发展，促进了昌平区农业及农村经济的发展，带动了农民收入的增长，同时也为城市居民提供了亲近自然、舒缓心情、娱乐休闲的场所，日益承担着传统农业向现代农业转变的重要角色。从消费者角度看，休闲农业是为居民提供缓解压力、体验农务劳作等多样化的休闲场所；从经营者角度来看，休闲农业可提高农户收入，促进农村经济发展；从社会角度来看，休闲农业有利于加强农村基础设施建设，保护农村环境，传承农村文化，进一步促进城乡融合。

二、昌平区十三陵镇休闲农业现状分析

北京观光休闲农业是在临近郊区景点的农村利用既有的旅游资源自发起步的。20 世纪 80 年代后期，昌平十三陵旅游区出现了向游人开放的观光采摘桃园。游客购票入园后可自行采摘、品尝鲜桃，在游览结束时，桃园会赠送游客一袋自己采摘的桃子[10]。这种观光形式在游客中深受欢迎，从此拉开了郊区休闲农业时代的序幕。

（一）自然条件

十三陵镇位于北京市昌平区西北部，属于半山区镇，镇域面积为 158.8 千米^2。其地理位置优越，四通八达，与市、区级以上道路形成了便捷的交通网络。该地区地貌较为丰富，整个地势呈现西北高，东南低，常年空气清新，环境优美，是北京地区生态屏障的重要组成部分。其镇域历史文化资源丰富、拥有优美的自然风光和良好的生态环境，也是北京市的重要旅游集散地之一（图 1 和图 2）。

据统计，该镇域有民俗村 23 个，其中市级民俗村 8 个，民俗户 680 户。该

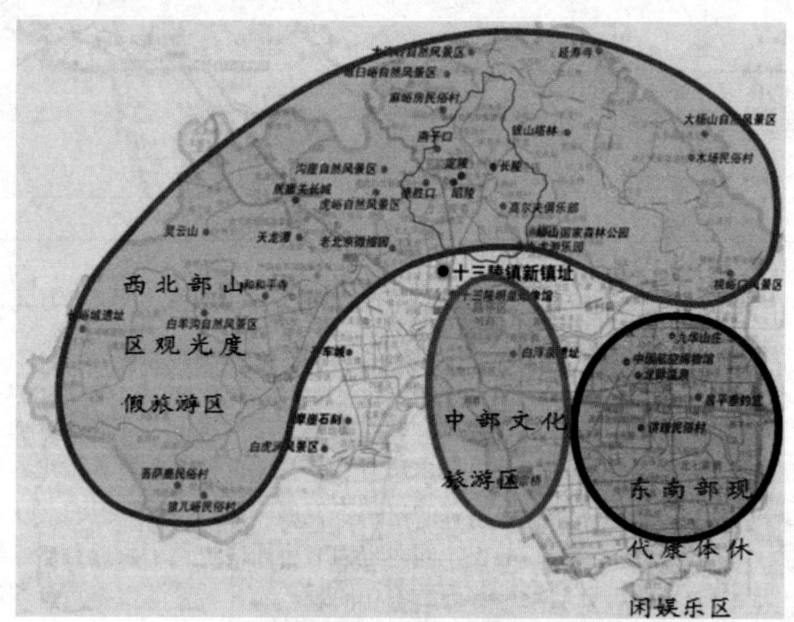

图 1　北京市昌平区休闲旅游划分区

资料来源：《旅游集散推介书》。

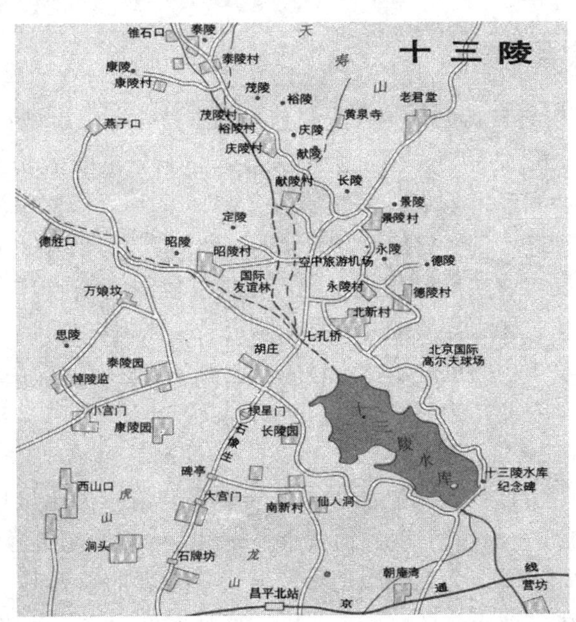

图 2　十三陵镇地区分布图

资料来源：《北京昌平年鉴　2011》。

镇以康陵村正德春饼宴、长陵村的永乐饸饹宴、悼陵监村的烙糕子宴、山口村的驴打滚宴这“四宴”为主打特色；每年有来自世界各地 350 万人次游客到访；林果业为其特色产业，初步建成了盖柿标准园、薄皮核桃示范园、杂枣采摘园、苹果精品园、天麻基地试验园五大特色林果产业基地；成功创建北京市环境优美乡镇，拥有 35 个生态文明村、6 个区级生态环境升级达标村和 2 个北京最美乡村[11]。由于生态涵养、文物保护及用地保护措施得当，生态沟峪及特色民俗村成为十三陵镇发展的重要资源。该镇依托特色民俗村落的提升改造与生态沟峪结合，建构与十三陵文化相映成趣的山区休闲农业内容[12]（表 2）。目前，十三陵镇凭借着其显著的区位优势、便捷的交通网络、丰富的旅游资源以及完善的服务设施，成为都市居民观光旅游的首选之地。

表 2　北京市昌平区十三陵镇休闲农业分布表

区域	休闲农业特色项目及内容
长陵村	永乐饸饹宴、观光采摘园、民俗活动
康陵村	正德春饼宴、七彩红薯基地
悼陵监村	烙糕子宴、盖柿标准园、蜜桃及脆枣、香椿采摘
德胜口村	沟崖自然风景区、垂钓、民俗活动、农家乐、杂枣采摘
大宫门村	农家乐、樱桃、核桃、杏、李子采摘
胡庄村	民俗活动、休闲观光、苹果、桃采摘、农家乐

资料来源：《昌平村情》（2009）。

（二）社会条件

1. 相关政策引导支持 休闲农业旅游目前作为一个都市型农业的新兴产业，正引起各级政府、有关部门和全社会的关注，它对拓展农业功能、调整农业结构、促进农村社会和经济发展具有重要意义。2007年，国家旅游局和农业部下发了《关于大力推进全国乡村旅游的通知》，提出要充分利用“三农”资源发展旅游业，全面拓展农业功能和领域，积极促进农民致富增收[13]。在此后的几年里，农业部办公厅、国家旅游局办公室又制定了《休闲农业“十二五”发展规划（2012)》等多项政策，为进一步推进休闲农业等多功能农业的发展做好相应的工作，引导我国休闲农业持续健康发展。

2. 市场空间广阔

（1）经济稳步增长，人民生活水平显著提高，消费需求呈现多样化发展趋势。随着消费者旅游观念的转变和消费水平的提高，短距离出行成为消费者旅游的首选，赖恩（1994）认为乡村性是吸引城市旅游者的重要基础[14]，在此基础上形成的京郊休闲农业正是迎合城市居民远离喧嚣城市、调节放松身心的需求。随着节假日及双休日所占比重的上升以及职工带薪年休假条例的实行，使得人们拥有更多可自由支配的时间和收入。消费观念的更新与转变也为京郊休闲农业发展提供了良好的机遇，促进了京郊休闲农业市场的开拓。

（2）道路交通、资源信息化共享等软、硬件设施水平的提高，搭建了城市到郊区的桥梁。目前，北京市已经步入私人汽车消费时代。随着北京市购买私家车速度不断的增长，节假日家庭自驾车出游的形式越来越受到人们青睐，日益成为休闲农业的主要出行方式。

同时，信息化时代的降临，也使得网上资源共享。因特网日益成为营销休闲农业的手段之一，既可以通过网络进行农副产品营销，又可以通过其宣传地区特色农业，致使推广宣传力度增大，受众群体也随之广泛应用而逐步增多。

（3）京郊农业正处于农业功能战略转型的阶段，农业结构势必需要调整。突破传统农业生产的范畴，向二、三产业转移，改变农业发展局限于单一的生产功能。进一步对其观赏、休闲、文化等其他功能进行系统开发，利用其多功能性开展多种形式经营的休闲农业，提升市场空间。

三、昌平区十三陵镇休闲农业的问题分析

通过对调查问卷中的有效数据进行分析，结果显示，休闲农业旅游的游客主要来自于城六区，32％来自远郊城镇的居民小区，14％来自远郊乡镇，其余来自远郊农村（村镇）郊区。男女比例为56∶44。年龄分布主要集中在20岁以下、

21～35岁和36～50岁，所占比例分别为16%、36%和32%，以青年、中年、老年为主。其出游目的是：少年以科普教育和乡村认知为主；青年以务农体验和乡村娱乐为主；中年人以缓解压力、享受自然风光为主；老年人则以健身疗养与休闲为主。通过对不同群体的划分，以休闲农业消费的市场为基础，在此基础之上进一步深入分析。

通过SPSS软件对消费者行为的调查进行分析，可知十三陵镇的休闲农业经营中存在着以下几方面的问题，如交通便利程度、景点基础设施、服务人员态度、农产品质量、周边环境等方面的问题（表3）。

表3　消费者调查中休闲农业存在的问题

存在的问题	频率	百分比（%）	有效百分比（%）	累积百分比（%）
服务人员普遍服务水平低，素质有待提高	22	22.0	22.0	22.0
交通不便利，位置有些偏僻，路上指示牌少	16	16.0	16.0	38.0
景点周边缺少相应配套设施，客容量小	20	20.0	20.0	58.0
景区卫生环境较差，住宿等条件不完善	16	16.0	16.0	74.0
农产品质量缺乏保障，价格机制不健全	14	14.0	14.0	88.0
周边景点相距较远，地域组合不紧密	12	12.0	12.0	100.0

资料来源：十三陵镇实地调查。

（一）资源配置闲置，整体规划不足

首先，各区域间的休闲农业各具特色，但是资源较为分散，农业资源难以转换为经济优势。其次，各景点间缺乏有效的协调和沟通，不能发挥集体优势，使休闲农业在总体上缺乏吸引力。再次，不同区域的主打经营特色雷同，未能形成自身特色，缺乏市场竞争力。最后，游客未被合理分流，进行有效引导，导致各经营户客流量不一，易出现恶性竞争的局面，不利于休闲农业的整体发展。

相比较之下，各经营主体的经营形式较为简单，农民个体户普遍是采取自负盈亏的经营模式。由于投资规模相对偏小，对于休闲农业项目及产品深层次开发不够，相对应的配套设施也不完善，所包含的技术含量较低，发展模式较为单一，易被模仿复制，重复建设现象普遍存在。未能集观光、采摘、餐饮、娱乐等一条龙服务的产业链，大多数经营者都以采摘为主，经营内容相似，未能将民俗、文化、旅游等农业资源融入休闲农业的建设中去，以致经营内容单一、缺乏活力。除此之外，整体的休闲农业经营质量参差不齐，并未有统一质量标准把控，缺乏统一管理和后期稳定经营与发展的指导。

（二）文化内涵欠缺，品牌意识不强

十三陵镇在开发休闲农业资源的过程中，不缺乏有特色的品牌理念，如长陵村永乐饸饹宴、康陵村正德春饼宴、悼陵监村烙糕子宴、山口村驴打滚宴，主打“四宴”特色经营以及五大特色林果产业基地和民俗示范村等。但这些只占少数，目前大多数经营者在优化经营资源、创造强势品牌意识方面还有所欠缺。如果能够整合资源，形成集群效应，那么就可以更多的创造产品和服务，引导游客需求，实现不同的品牌组合营销策略，扩大其影响力，树立良好的品牌效应[15]。

另外，农业也蕴涵了其特殊的文化内涵。如农村饮食、乡村建筑、农耕文明、传统工艺等。据有关资料表明，城乡鲜明的文化差异吸引了越来越多的城市居民来到乡村感受其独特的文化内涵。但是从现实情况看，十三陵镇在发展休闲农业时“跟风”的现象比较普遍，欠缺自身特色，难以满足游客多样化的需求，真正达到休闲、娱乐、体验的多重功效。

（三）配套设施不健全，经营服务不到位

根据数据调查，一般在周末与法定假期游客较为集中，多数为自驾游或集体组织出游。其中，将近53%的游客喜欢选择自驾游出行，只有21%的游客愿意通过公共交通工具自行前往。虽然专线方式和定点接送的方式并未普及，但随着驾车前往的成本不断增高，公共交通也日益成为游客最为期待的交通出行方式，以此来减少交通成本和驾驶所引起的疲劳。可见，日后交通方式多样化以及配套交通设施建设就显得尤为重要，应减少私家车使用，做到真正的环保绿色出行。

由于周末节假日需求过旺以及各种基础设施不完善等，如停车场、公厕、住宿的数量不足，景点容纳人数有限等。需求与供给的不平衡性，使得总体接纳游客容量及服务水平降低，休闲农业的体验质量下降，这与工作日时的资源闲置形成了鲜明的对比。

在满意度调查里，如图3所示，人文风情、自然景观以及周边环境的满意度居于前三名，满意度分别为54%、50%和48%。相比较而言，基础设施、服务质量和交通条件的非满意度居于前三名。同时，也有游客反映基础设在数量上和质量上无法同时满足其餐饮、住宿、出游、购物、休闲娱乐等多方面的需求，一定程度上使游客的体验大打折扣，不利于景区的进一步发展。

此外，从业人员多为本地区农业剩余劳动力，多数受教育水平不高，学历在中学或以下者居多。文化素质和服务意识较低，缺乏良好的服务态度，降低了整体的服务水平，不利于景区树立良好的旅游形象。同时，经营者经营理念相对较为薄弱，狭隘而片面的知识面致使其忽略了对于其他农业资源的利用，不利于自身休闲农业的建设经营与长期发展。

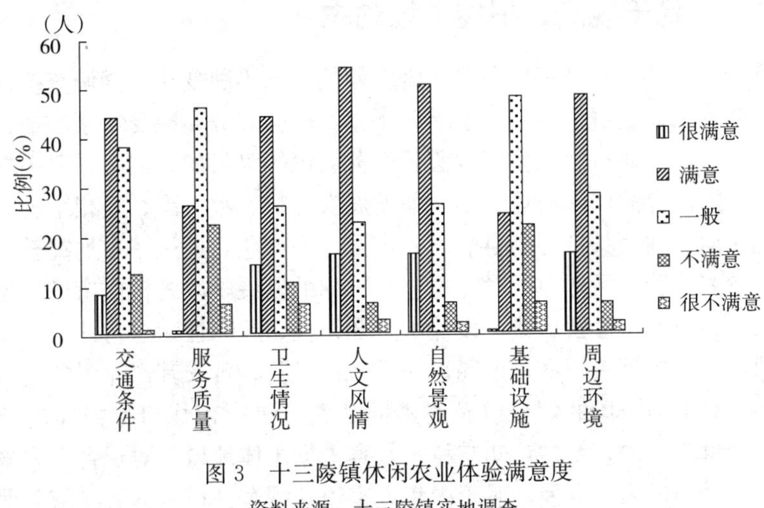

图3　十三陵镇休闲农业体验满意度

资料来源：十三陵镇实地调查。

（四）生态环境有待进一步提高

随着郊区休闲农业的发展，十三陵镇休闲农业的知名度与日俱增。随之而来的不仅仅是经济上的活力注入，还有对于生态环境的污染和破坏。由于参观者素质水平不均，往往会导致农业景观和村容村貌在不同程度上受到损害。与此同时，由于个体户经营者生态观念薄弱，致使经营过程中产生的大量废弃物和生活废水未能得到很好的处理，对生态环境将会形成最直接的破坏。长此以往下去，将会造成难以挽回的局面。由此可见，生态环境的治理与维护势在必行。

四、昌平区十三陵镇休闲农业的对策建议

（一）因地制宜，科学规划

休闲农业的规划布局要考虑其农业生产的地域性，考虑其农业资源、生产条件、交通条件等因素。十三陵镇地处明十三陵世界文化遗产保护区范围，拥有着丰富的旅游资源、广泛的市场知名度及吸引力。考虑其特殊的历史文化地位，应充分利用其旅游资源，通过休闲农业与旅游资源的结合，实现优势互补、市场共享，发展都市型的休闲农业。麦基（2004）认为经济利益是发展休闲农业的外在动机，社会和文化价值才是其发展的内在动机[16]。因此，把得天独厚的自然资源和历史文化、人文相结合，应用于休闲农业的规划、经营、管理以及农产品生产营销过程中，才能创造出具有不可复制的独特休闲农业。

（二）立足于现实，把握市场动态

随着经济的发展，城市居民对休闲农业的需求不断变化。据调查统计，超过半数的游客到京郊旅行主要是为了缓解压力、体验农务、感受农家风俗、品尝农家美味。还有以农业科教、休闲度假、商务会议等为目的。因此，要根据其需要开展相对应的需求的休闲农业活动，如发展农、林、牧、副、渔相结合的多种多样的观光活动，利用其良好的自然风光供游客们休憩，通过一系列寓教于农的务农活动使游客体验生活等。同时，也要在不同的发展阶段，根据市场变化及时调整休闲农业的内容与经营形式，设计出融知识性、趣味性、参与性于一体的农业休闲活动，充分挖掘农业文化内涵，开展多种经营，延长其产业服务链[17]。

另外，对不同市场的划分以及对不同消费者进行市场目标群体的细分。例如，对于青少年来说，乡村认知与科普教育占据主体地位；对于青年人来说，农事体验和乡村娱乐颇受喜爱；对于中年人来说，缓解都市压力、与家人朋友共赏乡村的自然风光是主要体验；对于老年人来说，以健身疗养与休闲为主。以此来有针对性地提高休闲农业体验活动参与程度，促进其可持续的发展。

（三）注重营销手段多样化，树立品牌意识

据调查数据显示，大约46%的游客是通过电视旅游频道、网络、杂志、书籍和路边广告标识等多媒体而了解休闲农业旅游的。其余将近26%的游客是通过口口相传而熟知此种出行旅游方式的，还有12%是通过旅行社来规划出行旅游的。由此可见，媒体广告、口碑营销乃宣传的重中之重。因此，可以利用电视、报纸、广播和杂志等新闻媒体多种渠道为民俗村、民俗户、采摘园进行宣传报道，推出特色休闲农业产品，宣传休闲农业旅游资源，扩大知名度，吸引国内外游客来观光旅游。

另外，每逢时节举办具有本地域民俗特色的节庆活动，通过销售与休闲农业相关的农产品、纪念品等，宣传本地区的旅游形象。同时，建立休闲农业旅游服务点，组合各休闲农业景点，规划精品旅游路线，发放旅游地图，提供食宿信息，引导游客出游。由此，通过消费者行为不断推动和促进旅游项目的发展，树立良好的口碑和形象。

（四）加强地区配套设施建设，提高服务水平

1. 基础服务设施的建设 第一，做好各地区之间的道路交通、电力通讯和排水系统等基础设施的建造，为消费者提供良好的休闲环境和场所。第二，提升其餐饮、食宿和出行等服务设施水平，同时丰富休闲农业的内容，增强其吸引力，进一步提高消费者的感受度与参与度，从而促进休闲农业的多样化经营和可

持续发展。

2. 人员的培训　除硬件条件的建设外，应同时加强对工作人员进行素质教育培训和专业化培训。雷赫尔（2000）认为良好的服务是有效沟通的渠道，服务水平将直接影响人们对于旅游过程体验的评价[18]。可见，注重提升经营者及服务人员的整体接待水平和素质，将有利于树立良好的公众形象。另外，建立科学的用人机制，培养管理、园林等方面的专业人才，以适应休闲农业的长期发展需要。

3. 生态价值观的树立　树立经营者的生态价值观，做到正确处理废弃物，资源循环利用，在开发经营中妥善解决所产生的环境破坏和污染，避免盲目无序开发，以确保农业景观的自然性和完整性。注重克服片面追求经济效益所产生的恶果，力求各景区之间生态环境的相互协调，共同促进休闲农业的可持续发展。

（五）规范管理，发挥政府主导作用

随着休闲农业的进一步发展，各级政府应加大对于本区县休闲农业的交通、电力、排水和卫生等基础设施的建设工作，保护和改善农村自然环境，满足日益增长的农业休闲观光需求。科学规划休闲农业的整体布局，在税收、土地流转和信贷等方面予以政策上的支持，加大资金和农业技术上的投入。同时，也要严格规范对于休闲农业的管理，如对基础设施建设水平、卫生住宿条件和服务人员素质等进行考核，对个体经营户进行注册、登记等，以促进休闲农业的健康发展。

除此之外，在各地区成立休闲农业服务机构，为经营休闲农业的个体户提供相关的技术培训，对其经营管理方面进行指导，树立良好的生态价值观，服务于广大游客。同时，也为游客提供相关休闲农业旅游的信息，提高整体的休闲农业旅游服务水平，合理引导客流，共同创造良好旅游环境。

与此同时，各级农业部门、旅游部门与其他相关部门要相互协调其职能，共同致力于休闲农业的发展，创造良好的休闲农业环境。在促进本地区农业发展、农村经济增长的同时，辐射带动周边区域的经济发展。

五、结　论

本文通过对目前北京市郊区休闲农业的发展概况进行归纳总结，以昌平区十三陵镇为主要调研对象，通过调查发现：

（1）十三陵镇地理位置优越，拥有独特的农业自然资源以及渊博的历史文化资源。凭借着自身优越的条件与资源，因地制宜的发展多种形式的休闲农业旅游，如观光园参观、民俗文化旅游、务农体验和农业科普教育等活动。在该地区政策的支持与引导下，随着交通、信息以及人民生活水平的不断提高，休闲农业

正日益展现出更加广阔的市场和良好的发展前景。

（2）虽然该地区休闲农业的发展相对早于其他地区，但是随着城市居民的需求水平不断提高，相应的诸多问题也凸显出来。例如，资源配置闲置、整体规划不足、文化内涵欠缺、品牌意识不强、配套设施不健全、经营服务不到位以及生态环境有待进一步提高等问题亟须解决。

（3）针对上述问题，需要通过因地制宜、科学规划、立足于现实，把握市场动态，注重多样化营销，树立品牌意识，加强基础设施建设，提高服务水平，规范管理以及发挥政府主导作用等措施，进一步促进京郊休闲农业可持续发展。

参考文献

[1] 张法瑞，王一，柴福珍. 北京市观光休闲农业的发展及特点 [C]. 第五届观光休闲农业与乡村休闲产业发展学术研讨论文集 . 2009. 7.

[2] 吕明伟，孙雪，张媛 . 休闲农业规划设计与开发 [M] . 北京：中国建筑工业出版社，2010.

[3] 郭焕成 . 我国休闲农业发展的意义、态势与前景 [J] . 中国农业资源与区域，2010，31（11）：39 - 42.

[4] 郭焕成，孙艺惠，任国柱，等 . 北京休闲农业与乡村旅游发展研究 [J] . 地球信息科学 . 2008，10（4）.

[5] 北京市农业及农村经济：农业观光园、民俗旅游统计 [OL] . 北京市 2011 年统计年鉴 . http：//www. bjstats. gov. cn/nj/main/2011-tjnj/index. htm，02 - 10.

[6] 王学峰 . 京郊休闲农业发展对策建议 [J] . 中国农学通报，2011，27（14）：291 - 295.

[7] 李德波 . 城郊农村如何发展观光农业 [M] . 昆明：云南科技出版社，2011.

[8] 秦志红 . 关于推进昌平区休闲农业产业升级的思考 [J] . 北京农业职业学院，2010，24（6）.

[9] 北京市统计局，国家统计局北京调查总队 . 昌平区：2011 年昌平区特色农业情况浅析 [OL] . http：//www. bjstats. gov. cn/sjzx/qyjj/201203/t20120315 _ 222605. htm，02 -06.

[10] 詹玲，冯献 . 国外休闲农业的发展概况和经验启示 [J] . 种业导刊，2010，10（1）.

[11] 北京市昌平区十三陵镇国民经济和社会发展第十二个五年规划纲要 [OL] . 首都之窗：http：//www. bjchp. gov. cn/tabid/260/InfoID/114477/frtid/5898/Default. aspx，2 - 10.

[12] 北京市昌平区区志办公室 . 昌平村情 [M] . 北京：方志出版社，2009.

[13] 农业部通知印发全国休闲农业发展“十二五”规划 [OL] . 中央政府门户网：http：//www. gov. cn/gzdt/2011—08/24/content _ 1931324. htm，3 - 02.

[14] Bernard Lane. What is Rnral Tourism [J] . Journal of Sustoinalle Tourism，1994，2.

[15] 郭焕成，郑建雄，任国柱 . 休闲农业理论研究与案例实践 [M] . 北京：中国建筑工业出版社，2010.

［16］Nancy G. McGehee，Kyungmi Kim. Motivation for Agr Tourism Entrepreneurship［J］. Journal of Travel Research，2004，43（2）：161－170.

［17］唐步龙．休闲农业产业的发展现、状存在问题及对策研究［J］．安徽农业科学，2008，36（28）：12447－12450.

［18］Reichel A，Lowengart O，Mil man A. Rural tourism in Israel：service quality and. Orientation［J］. Tourism Management，2000，21（5）：451－459.

北京市品牌鸡蛋消费的影响因素分析

学　　生：韩　菲
指导教师：曹　暕

摘　要：本文的主要研究目的是为政府进行产业宏观调控和制定相关政策提供理论支持，以促进鸡蛋市场的健康发展，为消费者提供更好的消费环境。为企业制定市场营销策略、进行市场细分、合理定价，对品牌鸡蛋的加工、包装以及售后服务等环节生产出符合消费者需求的品牌鸡蛋，从而提高利润、扩大企业规模提供依据。经研究发现，北京品牌鸡蛋消费量受到价格、家庭收入和认知等因素的影响。

关键词：北京　品牌鸡蛋　消费行为　影响因素

前　　言

（一）研究背景

随着我国经济社会的不断发展，人们的收入水平逐渐增加，饮食需求也逐渐改变，消费者对食品安全问题尤为关注。鸡蛋作为高营养、高质量的食品正渐渐被人们所青睐。目前，市场上的品牌鸡蛋和普通鸡蛋相比，品牌鸡蛋在安全、营养价值和口感上有更高的要求。相比市场上出售的散装蛋，品牌鸡蛋最大的优势在于责任可追溯。如果出问题了，菜市场上出售的散装蛋很难找到责任人，但品牌鸡蛋就可追踪到是哪个鸡舍哪只鸡的问题。因此，本文以北京市品牌鸡蛋为例，旨在通过消费者对品牌鸡蛋的消费意向的研究，了解消费者对品牌鸡蛋支付意愿的影响因素，为政府和相关品牌鸡蛋生产加工企业提供较为重要的参考。

（二）研究目的

人们的生活离不开食物，而鸡蛋在人们的日常食品消费中占据着重要地位。北京是我国首都，是政治、经济和文化交流中心。本文以研究北京市的品牌鸡蛋为例，通过对购买品牌鸡蛋的研究来了解影响购买品牌鸡蛋的消费因素，并且为相关的品牌鸡蛋生产加工企业提供比较重要的参考依据。

（三）研究意义

本文的结论不仅可为政府制定相关政策以及为企业生产销售等方面提供理论支持，还可使消费者行为理论得到丰富与完善。

（四）国内研究现状

1. 有关消费者行为方面的国内研究现状　朱宁、马骥（2012）在对北京市城镇居民家庭鸡蛋消费行为进行实地调研的基础上，定量分析了影响城镇居民鸡蛋消费的主要因素。研究结果表明，鸡蛋的市场价格、相关商品（主要是牛肉和鸡肉）的价格、居民家庭人口规模和家庭人口结构等是影响城镇居民鸡蛋消费的主要因素。建议相关企业应根据城镇居民的鸡蛋消费行为特征以及影响鸡蛋消费的主要因素，生产符合消费者需求的鸡蛋，进行市场细分，合理定价，促进鸡蛋市场的健康发展[1]。

曾南燕（2010）研究得出，居民消费结构的优化与增强，是拉动哈尔滨市经济发展的重要方面，同时也是哈尔滨市一项重要的民生工程。目前，制约哈尔滨市城市居民消费的主要因素有：城市居民收入因就业制度变迁而充满变数，致使其增加预防性储蓄；现行城市社会保障制度要求居民个人付费比重增加，使其预期性消费增加；不完全的市场供给制度也使城市居民消费成本增加；受金融危机影响，造成哈尔滨市内需不畅[2]。

2. 有关品牌鸡蛋的研究现状　左两军等（2009）根据广州市的实证调查资料，研究分析了广州市品牌鸡蛋市场的现状及消费者购买品牌鸡蛋的主要动因及支付意愿。调查结果显示，品牌鸡蛋市场已基本形成，卫生、安全、新鲜与方便是消费者购买品牌鸡蛋的主要动因；消费者愿意为产品认证、企业认证等品牌构成要素支付更高的价格，但愿意支付的程度不同[3]。

徐大飞（2010）为了解消费者对于品牌鸡蛋的消费意愿，运用模型分析影响消费者对品牌鸡蛋的消费意愿，同时研究消费者对于品牌鸡蛋的支付意愿，并分析其影响因素。结果表明，南京市消费者具有较强的品牌鸡蛋消费意愿，且其主要受到受教育程度和鸡蛋购买地点等影响。而消费者对于品牌鸡蛋的支付意愿主要是受到家庭月收入、受教育程度、鸡蛋购买地点和食品质量安全认知度等的影响[4]。

李怡洁等（2012）在消费需求理论和消费行为理论的基础上，应用统计分析和计量分析方法，实证分析了影响北京市城镇居民品牌鸡蛋消费的主要因素。研究结果表明，居民品牌鸡蛋的消费量受到鸡蛋自身价格、收入、年龄和地域等因素的影响[5]。

（五）研究方法

本文采用理论和实践、定量分析和定性分析、动态分析和静态分析相结合的办法，运用经济学、统计学和社会学等学科的研究方法，以实现预期的研究目标。统计有效问卷，根据数据做出相关图表。采用 SPSS STATISTICS 建立模型并进行分析。

（六）研究创新点

目前，已有一些资料对品牌鸡蛋影响因素有所研究，但对北京市品牌鸡蛋消费的影响因素进行研究的资料还很有限。基于此，本文对北京市品牌鸡蛋消费影响因素进行研究是第一个创新点。

此次调查涉及北京城六区及北京周边的各个远郊区县，可谓调查范围广、被调查人数多，具有一定的代表性，这是本文的第二个创新点。

在研究过程中采用的定量与定性结合进行研究的方法，点面结合，运用宏观统计和微观调查数据，从不同的角度与层面对结果进行论证和研究，并进行相互的补充和验证。其结果不仅使建立起来的因果关系具有可信度，而且研究的结论更加真实可靠。这是本文的第三个创新点。

一、北京品牌鸡蛋现状分析

（一）品牌鸡蛋的内涵

1. 定义 品牌鸡蛋是指在鸡蛋的生产过程，从选择品种到饲料喂养、环境优化、产后科学处理等环节上都要保证其产品的安全性。在这个过程中，不仅要使用现代化的分级设备将鸡蛋按照不同的大小和质量进行分类存放，以此避免产生相互影响，还要根据储存期对保存环境进行温度、湿度的调节，对存放地进行彻底的、定期的消毒处理。所有的鸡蛋都要经过严格的清洗、烘干、杀菌、消毒和筛选环节后，合格的鸡蛋会被标注上生产厂商、生产日期和产品执行标准等相关信息。这样根据统一的标准，具有健康的鸡群、高品质的饲料、良好的饲养环境和通过科学合理的产后处理技术生产出来的鸡蛋一旦出现问题，可在第一时间直接追踪，查出原因，保障了鸡蛋的质量与安全[6]。

2. 分类

（1）按照执行产品的不同标准，可划分为有机鸡蛋、无公害鸡蛋和绿色鸡蛋[7]。①有机鸡蛋是将有机的食物当作饲料对鸡进行喂养。使蛋鸡在良好的生活环境以及优质的饲料喂养下产出鸡蛋。有机鸡蛋具有高营养、低农药残留、无激素和口感较高的特点，成为鸡蛋行业当中的最高标准[8]。②无公害鸡蛋要求在生产过程中对环境与设施进行监督，不允许在生产出来的鸡蛋中检出氯霉素、沙门氏菌等致病微生物。对有害物质如农药、重金属等，也有严格的执行标准进行控制[9]。③绿色鸡蛋指按照特定生产方式生产，经过特定机构认证，具有安全、质优、高营养、无污染的、能够使用绿色食品标志的鸡蛋。

（2）按照富含营养的种类与多少，可分为营养强化鸡蛋和机能调节鸡蛋。①营养强化鸡蛋指把人自身不易被吸收的微量元素，通过饲料配方（如添加中草药、特定功能的营养物质）喂食蛋鸡，使蛋鸡自我转化，产出营养易被人体吸收的鸡蛋。②机能调节鸡蛋的生产过程与营养强化鸡蛋基本相同。区别在于利用高饱和脂肪酸转化技术开发出调节机能蛋。

（二）北京市品牌鸡蛋现状

1. 生产现状　目前在我国，约40%的品牌鸡蛋是由大型商品生产企业以集约化的方式生产出来的。这种集约化的方式生产成本高、资金投入大、有先进的管理生产手段、全程可控、保质保量。余下的则来自散养户和蛋鸡生产合作社。

品牌鸡蛋在生产的过程中，科学的控制生产过程的安全性，从品种选择到饲料喂养、环境优化、产后科学处理各个环节中都保证了鸡蛋质量安全可靠。具体阐述如下。

（1）鸡群是健康的。健康的鸡群可以保证产出的鸡蛋营养完整，使其生产潜能得到发挥。运用各种措施从品种的选择到培育期品质的控制来保障蛋鸡的健康与安全。

（2）饲料品质是高的。高品质的饲料要求配方科学、原料合格、工艺先进。高品质饲料可以确保蛋鸡饲料中没有农药残留和违禁药物。

（3）饲养环境是好的。良好的环境可以为蛋鸡提供最佳的生活空间，使蛋鸡健康状况良好，产出的蛋壳表面完整无破损、粉尘污染少，保证了鸡蛋的品质。

（4）产后处理技术是科学合理的。合理增加每日拣蛋次数，可保证鸡蛋表面污染少，鸡舍环境污染少，使得鸡蛋的内外品质变化达到最小[10]。

2. 市场现状　根据图1得出：消费者家里吃品牌鸡蛋的数量保持不变的占了近一半，有32.2%的消费者家里增加了品牌鸡蛋的消费，仅有18.1%的家庭减少了消费。由此可以看出，2013年与2012年相比，品牌鸡蛋的销量呈稳步增长的趋势。在未来，品牌鸡蛋代表了我国对鸡蛋产品的消费需求方向[11]。

目前，北京市销售品牌鸡蛋的渠道分为以下三种。

（1）大型连锁超市：大型连锁超市是我国品牌鸡蛋最主要的销售渠道。在大型连锁超市中，品牌鸡蛋形象的创立得到了很好的展现[12]。居民普遍认为超市

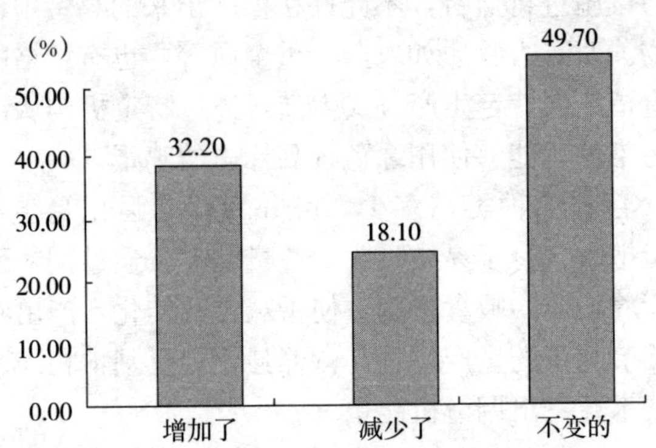

图 1　消费者消费品牌鸡蛋数量变化

资料来源：北京市家禽产业创新团队。

的质量有保证，一般很放心在超市中购买价格昂贵的品牌鸡蛋。有 50%以上的品牌鸡蛋在超市销售，可以说超市是品牌鸡蛋销售的主要渠道。但现在存在的一大问题就是，进入超市需要很高的费用，这费用当中不仅包括进店费还包括过节费、促销费等花样繁多的费用名目，而这些费用最终又会转嫁到消费者身上，加大了品牌鸡蛋的销售费用[13]。

（2）社区便利店：社区便利店建在居民住宅附近，为消费者提供了便利。但因运输量小，造成成本的相对增加，较超市中的品牌鸡蛋价格来讲略高。

（3）农产品批发市场：品牌鸡蛋在此地的流转量小，多是散蛋。减少了包装等成本，更易于被中低档消费群体所接受。

二、影响品牌鸡蛋消费的相关因素分析

（一）受访者基本特征

此次调查针对北京市消费者对品牌鸡蛋的消费行为，面向全市展开涉及东城、西城、昌平和顺义等 16 个区县。通过电话访问、入户调查和街头访问等形式，发放问卷 710 份，收回有效问卷 500 份。

1. 个人因素

（1）受访者中 36～55 岁是购买的主要人群，所占比例将近 50%。这类人群一般有稳定的收入，对健康比较关注，家中有老人、小孩。他们是整个家庭中的支柱，对食品安全有较高的要求。

（2）购买鸡蛋的多为女性。此次调查中女性购买者有 348 人，男性仅有 152 人（图 2）。但男性购买的人数也逐年在增加。

（3）学历普遍较高。从受教育程度来看，大专及其以上学历高达 48%。

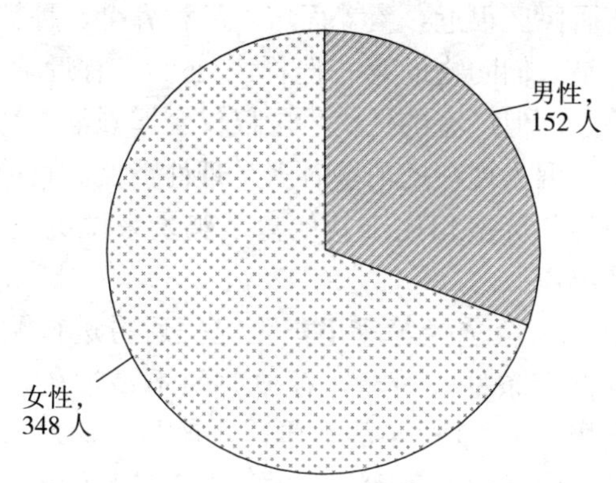

图 2　购买鸡蛋的男女比例

资料来源：北京市家禽产业创新团队。

（4）从职业上看，普通员工比例最高。他们是消费主体，在北京市也占有相当数量。

2. 家庭特征因素

（1）家中成员达 3～4 人的所占比例最高。一般家中有孩子或老人，要为孩子或老人补充营养，所以选择品牌鸡蛋较多。

（2）家庭月人均收入 6 000 元以下居多，这说明消费水平及能力并不算高。

（3）居住在城六区的人所占比例最多。这类人群更注重自身健康问题，更易接受新鲜事物，消费能力较高[14]。

（二）消费行为与现状的特征

（1）绝大部分的人会在超市购买品牌鸡蛋，因为超市的质量有保证（图 3）。

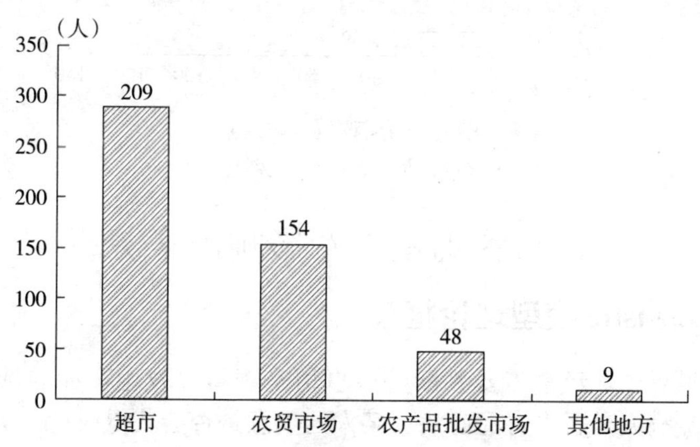

图 3　消费者购买品牌鸡蛋的场所

资料来源：北京市家禽产业创新团队。

而且，现在超市距离居民区很近，覆盖面广，品种齐全、种类多，加之超市进货量大，价格较便宜，是人们购物的第一选择去处[15]。有近70%的消费者更倾向于降价促销的营销手法。但厂家的促销手段仅仅会增强消费者的购买欲望，消费者不会马上进行购买，因为现在的消费者多是理性消费。目前，普通鸡蛋仍然是人们的购买首选，因为其价格相比于其他盒装鸡蛋来说更便宜。仅有10%的消费者倾向于购买品牌鸡蛋。

（2）有将近78%的人会选择等家里鸡蛋吃完后再进行购买。因为鸡蛋并不是生活必需品，而且储存条件较苛刻，存放时间不易过久。如果是盒装鸡蛋的话，多数消费者会选择10～20枚装的鸡蛋，一般是一周左右的量，保证鸡蛋的新鲜度。但如果有更多的选择，绝大部分的消费者还是倾向于购买散装鸡蛋，因为其价格更便宜。

（3）消费者购买鸡蛋的第一考虑因素是质量安全，有127人认为质量安全是最重要的，占26%。第二考虑的因素是价格，有105人，占21%。第三考虑的因素是生产日期和保质期，有81人，占16%（图4）。

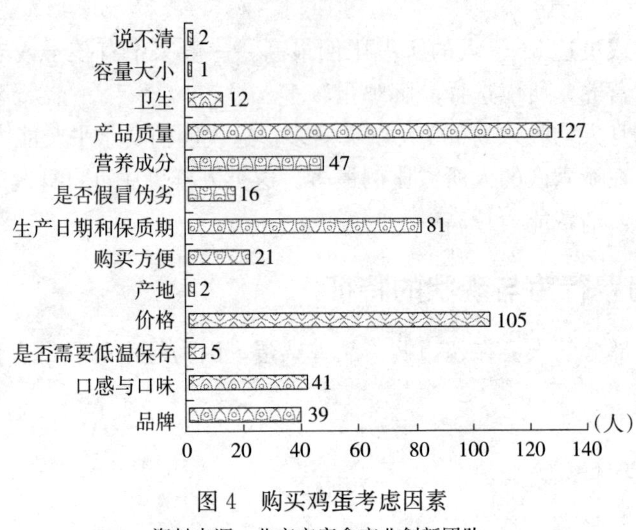

图4 购买鸡蛋考虑因素

资料来源：北京市家禽产业创新团队。

三、品牌鸡蛋消费影响因素分析

（一）Logistic模型理论框架

在现实世界中，经常需要判断一些事情是否将要发生，如候选人是否会当选、医生告知病人是否患有冠心病、某人的生意是否会获得成功。类似问题的特点是因变量只有两个值，发生（是）或者不发生（否）。这就要求建立的模型必须保证固变量的取值是0、1。本文中要用到的是对因变量数据假设要求不高，并且可以用来预测具有两分特点的因变量概率的统计方法——Logistic 回归模型。Logistic 回归模型就是人们想为两分类的因变量做一个回归方程出来，概率值在 0～1。而回归方程的因变量取值是在实数集中，这样概率的取值就会出现 0～1 范围之外的不可能结果，因此将概率做一个 Logistic 交换，其取值区间就变成了整个实数集，做出来的结果就不会有问题了。Logistic 回归分析常用于因变量为两分变量时的回归拟合。

Logistic 回归的一般模型：

$$prob(event) = \frac{e^z}{1+e^z} = \frac{1}{1+e^{-z}}$$

其中，$Z = b_0 + b_1X_1 + b_2X_2 + \cdots\cdots + b_pX_p$（$p$ 为自变量的个数）。

某一件不发生的概率为：

$$prob(no\ event) = 1 - prob(no\ event)$$

Logistic 回归模型的估计使用的是极大似然法和迭代方法。

Logistic 模型优点有以下几方面：

（1）应用的方便性，这是其他模型所不具有的。

（2）可以在样本内和样本外的数据进行预测。

（3）可以对预测的结果进行比较和检验，克服只能解释货币危机的局限。

（二）实证研究

1. 变量选择　北京市品牌鸡蛋消费影响因素受多方面因素的影响。本文采用 SPSS STATISTICS 建立二元 Logistic 回归模型，并在此基础上进行分析。从各个影响因素中总结出消费者“性别”、“年龄”、“学历”、“职业”、“家庭人均月收入”、“家中老人数”、“家中小孩数”、“家庭规模”、“购买地点”、“购买量”这 10 个因素作为自变量。把“消费者是否愿意购买品牌鸡蛋”作为因变量。具体设定如表 1 所示。

表 1　模型变量定义

变量名称	变量定义	类型
消费者是否愿意购买品牌鸡蛋	愿意＝1，不愿意＝0	被解释变量
性别	女＝1，男＝0	
学历	大专以下＝0，大专及其以上＝1	
家庭人均月收入	6 000 元以下＝0，6 000 元以上＝1	解释变量
家中是否有老人	没有＝0，有＝1	
家中是否有小孩	没有＝0，有＝1	
每次购买量	直接测量	

资料来源：北京市家禽产业创新团队。

$$Y = \beta_0 + \beta_1 X_1 + \beta_2 X_2 + \cdots\cdots + \beta_n X_n + \varepsilon$$

其中，Y——表示消费者是否愿意购买品牌鸡蛋的意愿（1=愿意，0=不愿意）；

X_1——购买者性别（0=男，1=女）；

X_2——是否有老人；

X_3——文化程度；

X_4——购买数量；

X_5——家庭收入；

X_6——是否有小孩（0=没有，1=有）。

2. 模型结果分析 模型参数估计结果见表 2。

表 2 模型参数估计结果

项目	方程中的变量					
	B	*S.E,*	*Wals*	*df*	*Sig.*	*Exp* (*B*)
性别	0.825	0.395	4.373	1	0.037	2.283
家中是否有老人	1.425	0.342	17.347	1	0.000	4.160
家中是否有小孩	0.292	0.324	0.810	1	0.368	1.338
消费者文化程度	1.220	0.339	12.949	1	0.000	3.386
鸡蛋购买数量	−0.258	0.102	6.384	1	0.012	0.773
家庭收入	0.894	0.443	4.069	1	0.044	0.409
常量	−3.527	0.562	39.430	1	0.000	0.029

资料来源：北京市家禽产业创新团队。

Sig. 即我们常说的 P 值，$P<0.05$ 为显著，即说明无效假说不成立，其具有统计学意义；$P>0.05$ 为不显著，即说明无效假说成立，其不具有统计学意义。通过表 2 可看出“性别”、“文化程度”、“家中老人数”、“鸡蛋购买数量”、“家庭收入”的显著水平为非常显著。“家中是否有小孩”的显著水平为不显著。

构建模型：$Y = -3.53 + 0.83X_1 + 1.43X_2 + 1.22X_3 - 0.0.26X_4 + 0.89X_5$

（1）“性别”对品牌鸡蛋消费影响显著。模型结果显示，“性别”对品牌鸡蛋的购买有一定的影响。“性别”的系数为 0.825，P 值为 0.037，P 值小于 0.05，表明其影响因素显著。我国现阶段仍然多由女性持家，所以购买鸡蛋的任务也大多由女性承担。根据消费者行为理论中性格差异的研究分析，男性和女性在选择信息获取渠道和购买行为上存在较大差异。在消费行为中，男性是理性的，注重分析解决问题；而女性多是感性的，她们更易受到广告、促销等手段的影响从而进行消费。

（2）“消费者文化程度”对品牌鸡蛋消费影响显著。模型结果显示，“消费者文化程度”对品牌鸡蛋的影响因素具有影响。“消费者文化程度”的系数为

1.22，P 值等于 0.00，表明该变量对消费者购买品牌鸡蛋的影响因素是正相关的。这与我们的预期假设相符。究其原因，文化程度较高的消费者对于品牌鸡蛋的内在价值和接受力更强。他们的生活水平及消费能力也比文化程度较低的消费者高了不少，并且对身体健康和养生的方面更为关注。而且，文化程度越高，人们接受新鲜事物的能力越强。受过高等教育的消费者知识面广，对"有机"、"无公害"等产品理解的更加透彻，认知能力强、接受水平高。所以品牌鸡蛋在进行消费者定位时，更加针对的是较高文化程度的消费者。

(3)"家中是否有老人"对品牌鸡蛋消费影响显著。模型结果显示，"家中是否有老人"变量的系数为 1.425，P 值等于 0.000，表明"家中是否有老人"变量在 1%的显著水平下对被解释变量"消费者是否愿意购买品牌鸡蛋"的影响最显著。并且，该变量与"消费者是否愿意购买品牌鸡蛋"是正相关的，这与我们的预期假设是相符的。究其原因，我国五千年的文化传承，心存善念、善待老人是我国的传统美德。作为子女孝敬老人，希望父母能有一个健康的身体是每一个孩子的心愿。品牌鸡蛋不仅营养价值高而且针对不同的人群需求有不同的产品，更具针对性。一般消费者会为其父母购买品牌鸡蛋。

(4)"鸡蛋购买数量"对品牌鸡蛋消费影响显著。模型结果显示，"鸡蛋购买数量"对消费者选择购买品牌鸡蛋有一定影响。"鸡蛋购买数量"的系数为 −0.258，P 值等于 0.012，表明"鸡蛋购买数量"与"消费者是否愿意购买品牌鸡蛋"存在负相关性。现在购买品牌鸡蛋的销售渠道广、购买方便，但鸡蛋保质期较短，而且根据营养学家的研究分析，每人每天宜吃一个鸡蛋，多吃鸡蛋并不能更多的吸收鸡蛋营养，反而会造成更多的身体疾病。因此，消费者在购买鸡蛋时愿意购买小规格的包装，这样既保证了鸡蛋的新鲜，也使得鸡蛋在保存时节省了空间。

(5)"家庭收入"对品牌鸡蛋消费影响显著。模型结果显示，"家庭收入"对消费者选择购买品牌鸡蛋有一定影响。"家庭收入"的系数为 0.894，P 值等于 0.044。收入水平决定消费水平和购买力。收入水平越高，愿意支付品牌鸡蛋的相对风险度越小。家庭收入越高，消费能力就越强，品牌鸡蛋较一般普通鸡蛋来说价格昂贵，不是一般普通收入者所能承担得起的。与其他普通鸡蛋相比，品牌鸡蛋的营养价值更高，质量安全更有保障。因此，品牌鸡蛋的价格也高于普通鸡蛋。收入较高的消费者，鸡蛋价格的支出仅占其收入水平的很小一部分，高收入家庭更加重视身体健康、食物营养是否丰富，他们有能力享受更高层次的消费。因此，家庭收入与品牌鸡蛋的购买成正相关性。

(6)"家中是否有小孩"对品牌鸡蛋影响不显著。模型结果显示，"家中是否有小孩"P 值等于 0.368，大于 0.05，即这一因素对消费者选择购买品牌鸡蛋影响不显著。究其原因，有小孩的家庭，其父母为了保证孩子的食品安全，在购买时会保持理智清醒的头脑，力求完全把握市场信息并规避风险，会更加关心品牌鸡蛋的质量安全。而现阶段，我国品牌鸡蛋的标准没有得到统一，市场上的产品良莠不齐，家长为了孩子的饮食安全，不会因为品牌鸡蛋价格高就为孩子购买。

四、结　论

本文以北京市消费者为研究对象，通过对北京市16个区县的调查，获得了消费者对于品牌鸡蛋购买行为、影响因素、认知度等第一手资料。在对数据进行仔细整理与描述的基础上，建立Logistic回归模型，对北京市品牌鸡蛋的消费影响因素进行分析。最后，根据研究结论提出相应的建议。

（一）主要结论

1. 消费者对品牌鸡蛋质量最为关注　鸡蛋可以为人们提供丰富的营养，近几年，鸡蛋几乎成为人们每天不可或缺的食物。本次调查发现，在众多因素中，质量安全的关注度最高。这是因为，现在人们的消费水平越来越高，人们对于食品安全问题的更加关注。鸡蛋这一为人们提供营养的重要来源，其质量安全更加受到人们的重视。

2. 消费者对价格关注度较高　价格一直是百姓较为关注的内容，鸡蛋的营养价值和独特性，使其成为不可被其他食品所能替代的食物，几乎人们每天都会食用，价格弹性较小。目前，我国食品价格稍有提高就会引起人们的关注。价格虽然不是消费者最为关注的因素，但随着品牌鸡蛋的发展，消费者可能会越来越关注各种鸡蛋的价格。

3. 品牌鸡蛋购买的影响因素　“性别”、“文化程度”、“家中老人数”、“家庭收入”对购买品牌鸡蛋有正相关性。“鸡蛋购买数量”与品牌鸡蛋的购买成负相关性。而“家中是否有小孩”并不影响品牌鸡蛋的购买。

（二）政策建议

1. 针对政府

（1）提高生产要求，制定统一标准。鸡蛋市场已经开始细分，消费者对鸡蛋的品牌越来越重视。衡量品牌的标准之一就是产品质量。就目前而言，我国鸡蛋产品标准和分类标准还不足以来满足市场的需求。由于认识上的不一致，市场上的鸡蛋价格差异很大，这样非常容易出现“劣币驱逐良币”的经济现象，此现象将非常不利于品牌鸡蛋市场未来的发展。我国现在的标准与世界农产品标准相比，明显滞后。为缩小与国际先进水平之间的差距，我国应提高生产要求，制定新的国家标准。因此，政府急需制定与规范新的标准。

（2）加强监管力度。近几年，食品安全屡出问题，这说明我国现有的监督力度不够，监管水平止步不前。国家必须加强监督力度，不能失信于民，使老百姓整天生活在食品安全问题的阴影之下。

2. 针对企业

（1）发展规模养殖，提高科技含量。大力促进品牌鸡蛋龙头企业发展，扩大养殖规模，把具有一定规模的养殖户组织起来，采取“龙头企业＋专业合作社”的模式，利用龙头企业的生产管理经验、技术、品牌优势、渠道优势，把现有资源进行整合，促进龙头企业的发展和农民的增收。厂家和科研部门联手，生产出适销对路的鸡蛋，广泛应用于其他行业。综合开发利用蛋清、蛋黄等提取出各种有益的成分，用于食品、医药和化工等行业。对鸡蛋进行深加工，满足现代人们的需求。

（2）手段创新，另辟蹊径。传统的促销手段主要是通过降价促销、有买有赠等方式。这些方式几乎都被厂家所使用过，没有差异化，无法对消费者产生强烈的吸引力。如何能另辟蹊径，使消费者记住并且愿意购买自己的品牌鸡蛋，是每一位生产经营者所要静下心来好好考虑的问题。

参考文献

[1] 朱宁，马骥．北京市城镇居民鸡蛋消费影响因素的实证分析［J］．中国食物与营养，2012，18（1）：45-48.

[2] 曾南燕．城市居民消费影响因素研究［J］．山东省青年管理干部学院学报，2010，148（6）：114-116.

[3] 左两军，李慧，齐文娥. 广州市品牌鸡蛋市场现状与消费者支付意愿分析［J］. 广东农业科学，2009，231（6）：267-270.

[4] 徐大飞．消费者选择品牌鸡蛋的影响因素研究——以南京市场为例［D］．南京：南京农业大学．2010.

[5] 李怡洁，林竞雨，马骥．北京市城镇居民品牌鸡蛋消费的影响因素分析［J］．中国食品与营养，2012，18（3）：43-45.

[6] 高晶晶，张娣杰. 北京市居民品牌鸡蛋消费行为影响因素研究［J］．现代商业，2011（32）：6-8.

[7] 王成新．品牌鸡蛋的成产与市场现状及发展趋势［J］．中国家禽，2007，12（3）：1-5.

[8] 有机鸡蛋［OL］，百度百科，http：//baike. baidu. com/view/4941478. htm，2013，05-30.

[9] 无公害鸡蛋［OL］，百度百科，http：//baike. baidu. com/view/3878556. htm ，2013，05-30.

[10] 袁璋．中国品牌鸡蛋的发展和展望［J］．中国农学通报，2008，24（12）：16-19.

[11] 曹献存．浅析品牌鸡蛋的终极营销［J］，江苏商论，2011，319（5）：107-109.

[12] 丁悦，林源，马骥．北京市城镇居民家庭鸡蛋消费的基本特征分析［J］．中国食品与营养，2011，17（12）：44-47.
[13] 林竞雨，李怡洁，马骥．北京市城镇居民品牌鸡蛋消费的特征分析［J］．中国食品与营养，2012，18（2）：46-49.
[14] 王飞，黄仁录，侯永刚．电子商务时代的品牌鸡蛋销售模式［J］．中国禽业导刊，2009，18（2）：50.
[15] 雷少东．小鸡蛋　大市场——咯咯哒蛋业品牌扩张之路［J］．成功营销，2009，109（12）：71.

北京沟域经济发展模式研究

——以文化创意先导模式为例

学　　生：刘诗颖
指导教师：陈　娆

摘　要：沟域经济是实现山区经济的循环快速发展的有效途径，是加快农民收入增长，实现城乡一体化的有效方法。本文的主要研究目的是从北京沟域经济的发展现状入手，对现阶段京郊的沟域经济发展模式中的文化创意先导模式的发展进行 SWOT 分析，从品牌、市场、产业链和制度等 6 个方面提出促进北京沟域经济发展的建议。

关键词：沟域经济　文化创意模式　休闲度假

前　言

截至 2012 年，北京已完成 7 个区县 25 条沟域的规划和建设，并形成了 15 条具有示范作用的沟域，61 条沟域正在进行规划，这些沟域占据了山区很大一部分，涉及 739 个行政村，17.3 万户、46 万农民，已建成 241 个旅游景点、319 个旅游度假村、639 个观光采摘园、267 个民俗旅游接待村和 8 668 个民俗旅游接待户。据统计，北京山区面积约 1 万千米^2，占全市面积的 62%。全市拥有 1 千米以上的沟域达 2 300 多条。目前，北京山区已有 17 条沟域形成了具有一定规模的沟域经济，并探索出文化创意先导、特色产业主导、龙头景区带动、自然风光旅游和民俗文化展示 5 种沟域经济发展模式，为山区农民增收开辟了新途径。

2011 年 4 月 8 日，北京市新农村建设领导小组综合办公室向社会发布了 7 个山区县公开征集沟域经济发展规划的信息，并按照每条沟域 400 万元的标准，由市财政对拟招标的沟域给予定额资金补助。被征集发展规划的 7 条沟域分别是房山区南窖沟域、门头沟区妙甸沟域、昌平区高口沟域、延庆县四季花海沟域、怀柔区天河川沟域、密云县雾灵香谷沟域和平谷区十八弯沟域。这 7 条沟域自然条件良好，有着丰富的景观资源和生态产业资源，总长度 346 千米、总面积 936 千米^2，共涉及 13 个山区乡镇的 121 个行政村，内有农户 2.75 万户、6.62 万人。

目前，已选拔出一批发展定位准确、创意新颖、发展理念先进、功能布局合理和节点设计科学的高水平规划方案，不久有望正式实施。本次启动的 7 条沟域，将以文化创意产业、农业创意产业等高端产业为主，紧盯休闲和度假。为此本文选取文化创意先导模式为研究对象，在其发展现状的基础上，用 SWOT 分析法对北京沟域经济中文化创意先导模式的发展方式进行了深入探讨，并从开发旅游产业、加大宣传力度和打开知名度等方面提出发展沟域的市场策略。本文的数据调查来源于 2 个发展沟域经济的地区和 3 个文化创意先导发展模式的地区，以 100 名当地农民为调查样本，进行了数据统计。

一、北京沟域经济文化创意先导模式现状

在沟域经济发展的整个过程中，北京对各区县每条沟域不同的自然环境、民俗历史、产业结构和发展趋势，总结出了 5 种适合不同沟域地区条件的主要发展模式：以“浪漫香花，山水长城”为定位，打造长城脚下最具时尚浪漫、国际型的香草庄园的密云县汤河“紫海香堤”为代表沟域的文化创意先导模式：通过创意思维与创意产业改变人们现有的消费方式和理念，依托自然、历史和文化资源开发文化创意产业，打造新的经济增长点；以平谷区大桃产业打造的桃花谷为代表沟域的特色产业主导模式：即利用已有特色产业资源，注入科技、绿色和健康内涵，延伸都市农业产业链，提升产业整体竞争力；以房山区“十渡山水文化休闲走廊”为代表沟域的龙头景区带动模式：即以知名景区为龙头，配以采摘、“农家乐”、宾馆饭店等配套服务设施，形成“众星捧月”的区域发展格局；以延庆县千家店镇“黑白河沿线百里山水画廊工程”为代表的自然风光旅游模式：即充分利用优美的自然环境，发展观光旅游业、休闲养生和农业体验，带动区域产业发展；以门头沟区斋堂镇明清古建筑群资源为代表的民俗文化展示模式：即依托传统民居、宗教寺庙和革命遗址等人文景观，发展民俗旅游、文化旅游和红色旅游，进而带动特色林果业、休闲农业和农业科技园区等现代都市型山区农业发展。

自北京 2004 年起大力发展都市型现代农业，经过多年不断地探索与实践，北京沟域经济发展模式的文化创意先导模式已形成了一定的规模，取得了一定的经济效益，对沟域经济的稳步发展、首都新农村的快速建设和提高城乡居民生活品质起到积极的推动作用。怀柔雁栖不夜谷、密云云蒙风情大道和门头沟的妙峰山玫瑰谷等沟域经济试点的成功，为北京山区沟域经济的发展带来了新的希望。根据调查显示，北京目前已有创意农产品 30 余种，年产值达 1 013 万元；100 多个规模化的创意农业园，每年接待了 505.6 万游客，获得 6.16 亿元的高额收入；多达 60 多个农业节庆活动，实现 16 亿元的综合收入。北京六大世界文化遗产有一半在山区，其中 115 个 A 级景区在山区，占全市的 75%，占全市十个远郊区

县的77%。怀柔雁栖不夜谷内共有10个民俗旅游接待村、485户农民近3 000人从事旅游服务业，沟域产业的繁荣，使全镇农民人均纯收入在2006年就超过了1万元。乡村旅游业的快速发展，成为山区农民增收致富的主要因素。

(一) 农业文化创意产业发展迅猛

创意产业与农业的结合，依托北京地区人才、资本和信息等优势要素，弥补了北京资源相对不足的劣势，创造出沟域经济发展的新模式，促进农村产业结构优化和结构升级，提高沟域经济发展水平和能力，提高农产品的市场竞争力，突出了农业和农村经济发展活力，促进沟域的经济建设。例如，总长达到124.8千米的怀柔区雁栖不夜谷、夜渤海、水长城、栗花沟、白河湾和百花谷等8条沟域经济发展带，共涉及37个行政村、56个自然村、6 600多户、16 000多人。建成后，新增民俗村25个、民俗户740户、新建观光采摘园62个，从事旅游行业4 000人，年接待能力高达360万人，年新增2 000万元收入。

(二) 农业文化创意产业形式新颖

农产品创意处于主导地位，在种类和数量方面约占创意总数的50%；但农业节庆创意却在效益和影响的方面占主导地位。调查数据显示，北京有113个创意型观光农业园，名声在外的农业节庆活动60多个，总收入16亿元，每年有500多万游客在创意农业产业进行了消费，高达6亿余元，市内创意农业年产值22亿元，北京将成为中国创意农业示范城市。北京山区各地迥异，沟域经济发展模式避免整齐划一，在各个区县的特色产业大多都是依托本地区的优势产业以及特有资源开展的。如平谷的桃花节就是依托大桃这一主导产业，延庆则依托当地多彩的自然风光开发的百里山水画廊等。北京山区沟域经营收入比例如图1所示。

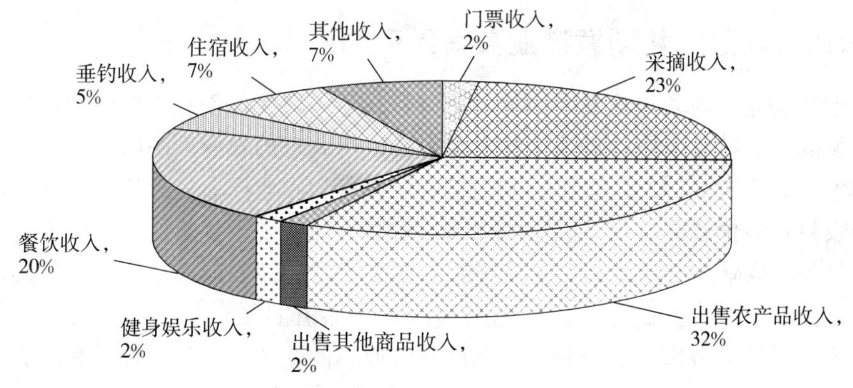

图1　北京山区沟域经营收入比例

数据来源：《北京2010年统计年鉴》。

（三）农业文化创意产业创造了许多个性鲜明的产品

创意是智能产业神奇组合的经济魔方，是创造性的系统工程，是投资未来、创造未来的过程。创新的农业产品不是一个产业的个案，而是具有多学科、多知识和多技术，相互交叉渗透，具有较强的融合性，呈现出个性、艺术和智能等产品特征。在实践过程中，发展战略以区域、规模、品牌和文化为导向，开辟出都市现代农业的新的发展道路，创造出一系列内容丰富，富含地域特色，有一定的品牌支持的创新产品。在连绵的山谷中门头沟区妙峰山镇开发出的香飘四海的玫瑰谷，独具特色的千亩玫瑰园不仅是玫瑰花的浪漫庄园，还成为玫瑰花深加工的生产基地；朝阳区金盏乡楼梓庄开发的蓝调庄园，以蓝莓、草莓为主栽品种，以薰衣草、紫纱为装扮，薰衣草田达300亩，是亚洲面积最大的香草观光主题景区，做到了真正的一望无际的紫色花海。浪漫、高端的产品成为农业创意产业的主打。

（四）农业文化创意产业发展促进了城乡的和谐发展

由于创意农业以自然资源与市场需求为出发点，将生产与消费相结合，客观上适应了城市居民对自然的渴望和对时尚的追求，从而吸引了大量消费者、生产者、经营者和投资者，使市民和农民达到利益双赢。平谷区大华山镇泉水峪的胜泉康汇农产品专业合作社，通过刻模、贴字等技术手段，成功开发出“贺寿”、“喜庆”、“十二生肖”等晒字、异型桃系列产品，仅需要10多天的着色期，成就了平谷大桃产业无限挖掘鲜桃文化内涵、生产工艺的黄金期，创意大桃得到了市场广泛好评和追捧，得到了显著的经济效益和社会效益。仅在2008年就生产寿星造型桃20万个、奥运主题等贴字桃210万个。经调查，应用该项新技术生产的“生日礼品桃”每斤销售价比普通价提高了2～3元，共增收300万元，当年被北京市政府命名为十大农产品创新之一。

（五）农业文化创意产业具有无穷的潜力

创意是北京沟域经济发展的不懈动力。北京沟域文化创意先导模式，仅仅处于发展的初级阶段。通过近几年探索和实践，使北京的农业产品的品牌数量得到了增加，北京农业的发展思路得到了拓宽，北京和农业产业的形象得以提高，农业和农村资源优势向北京郊区已成为新的发展方向实现了快速的发展，得到了全面的价值，农业产业从衰弱发展到强盛。事实上，创意农业已从人民对传统农业的基本的温饱要求提高至旅游娱乐和其他高附加值的复合需求，实现了农业增值，提高了产业效率。农业研究和发展在农业、制造业、营销、加工和配送以及各方面的管理，对不同消费者需求都具有巨大价值，它可以更快、更好地创造一个更创新、更具吸引力的创意产品，进而获得最大的经济效益。

二、北京沟域经济文化创意先导模式的SWOT分析

沟域是北京山区重要组成部分。沟域发展突破了生态“瓶颈”，在北京山区开发出了生态保护和经济的全面发展的有效途径，是北京山区发展的一大亮点。

（一）优势分析

1. 沟域分布广阔，自然环境优越　据调查，北京山区沟域分布众多，拥有天然林和果林800万亩，农村人均林地面积418米^2。多数沟域内植被茂密、空气清新、水环境良好、民俗文化悠久浓厚，具有丰富的旅游资源，可称之为“生态绿洲”。北京山区内有188处景点景区是由自然风光与人文景观构成的，占全市53.17%的自然风光101处、著名山峰35座，占全市46.13%的人文景观景点景区87处。北京山区内世界级、国家级和市级重点文物古迹保护单位有15处，国家级与市级各类自然保护区多达11处，西部有房山区的十渡风景区、门头沟区的北京第一高峰灵山风景保护区和百花山国家级自然保护区等。西北有延庆县的松山原始森林国家级自然保护区以及以妫水盆地为中心的玉渡山、龙庆峡、八达岭和莲花山构成的四大景区等。东北部有雾灵山国家级自然保护区等。沟域地形复杂，类型多样，西部山地多是石灰岩，土层较薄。北部山地多是花岗岩，风化层较深，有利于果、林、粮种植。优美的环境和丰富的旅游资源，为基于种植业的文化和创意旅游发展提供了良好的空间。北京山区沟域分布如图2所示。

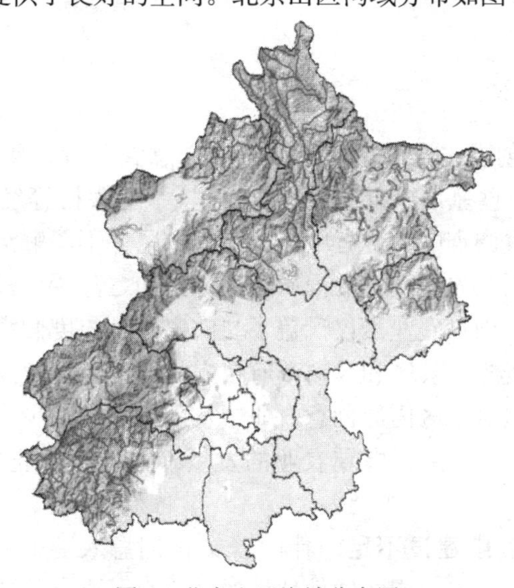

图2　北京山区沟域分布图

数据来源：《北京2010年统计年鉴》。

2. 山区特产丰富，农产品资源优越 山区物种丰富，昼夜温差大，利于生产品质高、口感好的干鲜果品和经济价值高、市场需求大的奇花异草。京白梨、大磨盘柿、金丝小枣、门头沟大核桃和妙峰山玫瑰花，这些北京山区特色产品资源的合理利用，可以为沟域经济的发展带来无限的商机。走访过程中，村民认为本地最具优势的资源第一位是山土特产，第二位是山水及民俗，第三位是乡村度假，足以见得山区特产的优势地位。如何将这些地区特产的推广与文化创意产业的发展进行合理的结合，则是文化创意产业发展的一个侧重点。因此，在文化创意农业建设过程中，无论是优质安全功能农作物、经济作物、水果和蔬菜、特种养殖产品，还是休闲、娱乐、度假和农业科技创新教育园区的提供，都能满足市场的需求。

3. 借助首都优势，地理位置优越 沟域是北京山区的主要组成部分，沟域经济发展借助了首都地理位置的有利条件。这一突出的优势表现在要素吸收和市场机会。第一，要素吸收。虽然处于北京偏远山区，山区仍然是北京吸引的现代化技术、信息、人才和资金等一个重要组成部分，也有其他中小城市的无可比拟的资本优势，可以很容易地获得资本资源。第二，市场机会。作为拥有1 800万市区人口的大都市，北京是一个庞大人口规模的消费城市，高日常消费的同时，市民对于休闲旅游的需求也不断增长。据统计，北京日消耗10万吨的生活必需品，随着人们生活水平的提高，居民对生活质量的要求也越来越高，要求新奇，要求品质。文化创意先导模式的发展围绕“北京都市圈”市场的消费需求，提供了高品质的农产品，旅游产品和其他特色产品，获得了巨大优势。

（二）劣势分析

1. 基层对文化创意先导模式缺乏认识 创意农业近几年在北京地区发展很快，尤其在京郊。一些基层干部熟悉“农家乐”、度假村等经营产业，却对“创意农业”陌生。本次调查的受访者中，60%的村民并不了解沟域经济的真实含义及内容，而对文化创意先导模式的沟域经济更是知之甚少，只停留在知道是开发政策的阶段。其实，创意农业不仅涵盖了“农家乐”与度假村，还包含着特色农业，是一个更高的概念。县区和乡镇政府在农村的创意农业发展方面做了不少指导和整合的工作，但对辖区内的创意农业中长期发展却缺少一个清晰的规划。从“创意农业”的视角来看待、指导农业的发展，才能牢牢把握现代农业的发展方向。

2. 创意农业的后续建设不足 伴随着文化创意农业如雨后春笋般的发展，新鲜过后，游客开始对农业园的硬件软件的品质有了更高的要求。虽然近两年基础设施建设力度很大，但是有些方面还需要加强，比如旅游区饮用水资源的卫生状况、园区内餐饮服务的品质与价格、道路景区指示牌是否明晰以及交通工具是否便捷等问题，这些配套设施都需要加紧建设。

3. 产业链尚未完善，龙头企业少　由于文化创意农业发展刚刚形成规模，农业产业链尚未建立起来，造成农产品从种植、加工和销售渠道不畅，不能减少中间环节，导致农产品价格不尽合理，让消费者望而却步。由于旅游接待的人越来越多，多数园区内接待用的粮油肉蛋等都是在城里的蔬菜市场购买的，因此对成本的计算就更加精细，餐品的特色也不是十分明显。缺少园区内自产的特色农产品作为食材制作的佳肴，且园区内的旅游纪念物千篇一律，欠缺创意。

（三）机会分析

1. 政府提供的各项政策和资金支持　“十五”以来，为改善山区农民落后面貌，北京实施了“221”行动计划、“十百千”农民致富工程和“涌泉行动”等扶持山区发展政策，为推动沟域经济的发展提供了政策支持和良好的外部环境。政府提供的支持主要是2个方面。

一是政策的支持，北京市已建设了数十条内容多样、产业融合、特色鲜明的沟域产业带，设立了山区专项发展资金，计划重点推动数条市级示范沟域的同时，打造一批发展迅猛和农民增收快速的示范沟域。

二是资金支持。北京市将建设一批内容多样、特色鲜明和产业融合的沟域产业，坚持贯彻“统一规划，政府扶持，集体搭台，农民主体和社会参与”的发展路线。各级政府为了提高资金使用效果，加快示范沟域的打造步伐，将建立“部门联动，政策集成，资金聚焦，以奖代补”的工作机制，把生态建设、产业发展和基础建设等工程向一些重点沟域集中。仅仅在2009年，北京已投入将近315亿元，用于沟域经济项目建设中，涉及生态建设、农业产业园、休闲娱乐和民俗户改造等100多个项目，北京沟域经济即将进入高速发展时期。

2. 城市居民对高品质的创意农业的市场需求不断提升　如表1所示，随着人们收入的不断提高，生活水平的也随之提高，已从传统的物质需求转为物质和精神的双重需求，趋于多元化。城市居民更加向往去郊区游山玩水、感受民俗文化、亲临果园采摘观光，或是选择周末去郊区农家乐度假休憩，或是亲自参加农活实践；青年人则更青睐于浪漫、个性的休闲度假场所，作为开发者应试图创造出更多更新的旅游市场机遇，满足市场多元化的需要。同时，市民对生活的水平和质量也提出了更高要求，越来越得到重视饮食结构是否健康，食品是否安全无公害，精品农业和绿色健康食品的市场需求不断扩大。北京山区沟域是生产绿色食品的天然基地，可以满足人们越来越高品质的物质和精神需求。

表1　城镇居民家庭基本情况

单位：元

项　目	人均可支配收入		人均消费支出		食　品	
	2008年	2009年	2008年	2009年	2008年	2009年
全　市	24 725	26 738	16 460	17 893	5 562	5 936

资料来源：《北京2010年统计年鉴》。

3. 农村劳动力转移的有效解决途径　沟域经济的发展，势必需要大量的农村人员参与建设，对于发展沟域经济当地的村民来说，使得村民在本村本镇就能得到收入较丰厚的工作，减少在城市就业的租房、交通等不便利和额外支出，增加了农村居民的幸福感。调查中，78%的农民受访者表示如果本地区发展了创意农业，他们愿意留在本地就业，一是可以顾家的同时能获得较高薪酬，二是可以学到一些先进知识，与城市接轨。

对于开发者来说，当地村民了解当地的风土人情和自然条件，有助于推进开发建设的脚步。文化创意农业提供的服务、产品和农作物维护等，需要大量的劳动力，村民的就业问题得到了解决，以“紫海香堤”艺术庄园为例，直接吸纳劳动力300人，带动了人口526人，人均增收500元。同时，对城市而言减少了农村劳动力向城市转移而给城市带来的就业压力，减少了人口密度过大导致的一系列问题。农业观光园情况如表2所示。

表2　农业观光园情况

项　目	农业观光园个数		从业人员（人）		接待人次（人次）		经营总收入（万元）	
	2008年	2009年	2008年	2009年	2008年	2009年	2008年	2009年
全市	1 332	1 294	49 366	49 504	14 982 287	15 974 427	135 808	152 434

资料来源：《北京2010年统计年鉴》。

（四）威胁分析

1. 同类型产业竞争强烈，创意开发出现局限　类似或相同的沟域的产品是具有同质的、相同或相似的特征，相互之间的替代性强。仅仅在北京，就有3家以上的植物迷宫为主题、4家薰衣草园区的文化创意产业。如果面对相同消费群体的需求，参与市场竞争，将在该地区形成一个强烈的市场威胁。市场威胁表现在2个方面，一是在北京内部的竞争。一些郊区沟域的自然资源和交通条件十分相似，大多从事山野特产销售、旅游度假服务等行业，产品类似，功能特点不突出，主要竞争手段是重复开发，降低价格，以吸引游客的事件，逐渐形成了一个恶性循环。二是京郊周边地区的竞争。例如，张北坝上草原等地旅游业，由于开发时间早、旅游设施完善和产品特色鲜明，在北京旅游客源市场上具有很强的竞争力，产品方面如河北迁西板栗与怀柔板栗的竞争。

2. 沟域系统内资源不合理的开发利用　北京山区的沟域并不完全独立的个体，一些自然资源则是沟域系统的共有资源，上下游及周边都有使用权，具有开放性、非排他性和竞争性。随着沟域经济的开发进程逐步推进，对于山区资源的开发和利用必将越来越深入。资源的共同开发，也会带来沟域之间的竞争加剧，一是沟域之间对于开发资源的争抢，对山区生态造成的破坏。二是共有资源带来共有特色雷同，加剧了沟域间的市场竞争。在调查中，有87%的村民认为在开发的过程中，确实有不少破坏资源的情况出现。开发中资源缺少合理规划与巧妙利用，是造成自然资源流失与被破坏的直接原因。

三、促进北京沟域经济文化先导模式发展的建议

（一）坚持创新发展，打造创意品牌沟域

发展创意农业要“人无我有，人有我新，人新我特”为目标，扬长避短，表现和突出自己的特色。创意是抢占市场的有力法宝，是产业维持长久生命力的有效支撑，只有在沟域的开发中突出当地的创意特色，才能获得长远的发展和高额的利润。北京农业的创意途径是提高创意农业4种附加值的途径，即进行科技创意，提高创意农业的科技附加值；进行文化创意，提高创意农业的文化附加值；进行服务创意，提高创意农业的服务附加值；进行生态创意，提高创意农业的生态附加值。创意是可以借鉴的，却不能照搬或者模仿，否则只能阻碍发展的脚步。

品牌是品牌经营者和消费者互相之间心灵的烙印。品牌的打造有助于沟域拓宽市场知名度，增加农民收入。沟域进行品牌打造，根据沟域的特点与主题、进行市场宣传；通过开展专业的市场销售和互联网宣传，打响知名度，拓宽销售渠道；提供高品质的旅游设施和星级服务，提高景区接待水平，进行星级划分，挂牌公示，使得名品牌与高品质的沟域文化创意产业逐渐深入人心。要注意发展创意农业与发展旅游业密切结合，以旅游业发展带动创意农业发展，以创意农业促进旅游业发展。

（二）关注市场动向，提高产品特色与品质

一方面，要满足消费者对于亲近自然、亲自务农的体验需求。这些体验活动要有别于日常生活中的体验，如亲自采摘或制作、植物迷宫、乡土农家菜，或者具有“紫海香堤”、百里山水画廊这类独特的亲近自然的休闲场所。在旅游过程中，消费者需要自主性的满足。所以，搭建一个自主体验的平台，引导消费者去玩，去释放自己，从达到经营者与消费者的互动，满足消费者亲近自然、寻求独特的旅游需求，经营者也能获得较高的利润收益。

另一方面，积极与企事业单位、学校开展合作。企事业单位为了加强组织内部的凝聚力，丰富企业文化，为员工提供精神福利，会在节假日组织员工出游或者进行培训活动；学校也会组织出游、素质拓展、军训等活动。北京的市场资源是庞大的，山区沟域毗邻城区市场，资源利用与开发更加广泛。北京山区可以充分开发企业员工培训基地、会议度假村、学生素质拓展营和科教基地等，与企事业单位、学校建立长期合作，同时对于团体消费提供一定的优惠条件，吸引招商合作。

（三）建立创意产业集群，扩大影响范围

沟域经济以第一产业为基础，大大带动了乡村民俗旅游、旅游接待服务等第三产业的发展，纵深发展产业链，由观赏向深加工转化，着力提高产品的科技含量和精深加工能力。第一产业和第二、第三产业的联动，带动了产业链的延长，产业的延伸，又增加了农业附加值，满足了游客购物需求，进而实现了农民增收、产业增效的目标。

产业链的延伸，可让游客在休闲度假的同时，从吃住行、用享购等方面，均享受到沟域中提供的特色产品或特别服务，有效地延长了游客在景区的停留时间。景区中一条龙的服务，都深深带有本沟域的特色，在游客自己享用，或是赠送友人的时候，都能为沟域的品牌做到宣传。同时，各种特色产品经过深加工后，可以走出沟域，输送到市区内的市场，获得更多的收益。打造一种以创意农业文化、总部经济为背景，产业集群、总部基地加创意农业旅游三位一体的商业模式。

（四）实行循环发展，保护沟域生态环境

山区一部分资源具有不可再生性，如果现阶段过度的开发和使用，容易造成一定时期后的资源匮乏，甚至没有可用资源。另一部分资源虽然具有可再生性，但再生的时间是缓慢的、长期的。因而，实行循环农业，坚持可持续发展战略，是山区沟域经济生态环境得以保护的方法。文化创意先导模式凭借自身的创意优势，可以开发出一系列的资源循环利用的设施或产业。山区水土的保持和沟域内资源的保护，是沟域得以可持续发展的关键。

（五）健全管理制度，推进沟域经济发展

对规划开发的沟域，可通过自建或招标方式引进社会力量实施生态修复与开发，也可转让给当地乡镇政府或村集体。对于村民，要坚持村民为参与主体，充分调动农民的积极性，分产到户，按绩效获得薪酬。对服务岗位的村民进行服务技能培训，提高景区内的服务质量，从而获得更高的好评度，吸引更多的游客。

对于种植工作的农民，通过技术指导，进行高科技作业。让农民在工作的同时，学到科技知识和现代理念，达到科技兴农。同时，要设立各种规章制度，避免农村一些亲缘关系，地方保护势力影响工作进程。设立奖惩措施，奖罚分明，提高农民的工作积极性。

对于开发商，可通过承包、租赁和合作等方式吸引资金对沟域进行生态修复或发展替代产业，并结合土地实际情况给予建设单位一定比例的产业用地，配套建设的地上物可以办理相关权属证明。依法对经营项目实行公开招标和有偿出让，构建招商引资平台，吸引大企业投资开发沟域资源，参与项目建设。不断推进和完善产业开发所有权、管理权和经营权的“三权分离”，创新管理机制。制定系列税收优惠政策，为产业发展创造宽松环境，落实对休闲开发、景区建设、生态修复等项目的照顾免税和减税政策。

四、结　　论

文化创意先导模式是沟域经济发展模式中的重要组成部分，是推进城沟域经济走向创新、特色发展的有效动力。沟域经济的发展是北京山区发展、农民增收致富的重要途径之一，如何促使沟域经济健康快速的发展，文化创意先导农业个性经营，呈现京郊“百花齐放”的精彩局面，是当前需要着重解决的问题。作为正处于刚刚起步、蓬勃发展的沟域经济产业，特别是文化创意先导模式的产业，如何抢占市场，张扬产业个性，促进农民增收和满足城市居民的市场需要，是需要深入探讨研究的问题。本文对北京沟域经济发展模式中的文化创意先导模式的发展现状进行了概述，对文化创意先导模式的优势、劣势、机会及威胁进行了深入的分析研究，有针对性地提出了其未来发展建议。

本文具有一定的理论性、可操作性，努力在北京沟域经济发展的各种政策和方法上有所突破和创新，为北京沟域经济的发展提供一些可借鉴的启示。但是，本文收集资料有所局限、覆盖范围较不全面，实地调查的深度还不够，同时受数据统计年限等因素影响，文中得出的结论还需要进一步探讨和完善，请各位老师批评指正。

主要参考文献

葛剑平，孙晓鹏，王天明，等．沟域经济与生态系统服务［C］．北京沟域经济理论与实践．北京：北京市农村工作委员会．

郭君平，沈文华，何忠伟．2010．关于乡村旅游与沟域经济发展的理论思考及政策建议［J］．江西农业学报，22（1）：166－168.

郝利，王苗苗，钟春艳．2009. 沟域经济的理论框架［C］．北京沟域经济发展论坛文集．北京：北京市农村工作委员会．

何忠伟，李昀，王有年．2010. 北京沟域经济发展的内涵与模式分析［J］．农业经济问题（9）．

胡艳霞，李红，周连第．2009. 北京沟域经济发展与问题［C］．北京沟域经济理论与实践．北京：北京市农村工作委员会．

刘晗，周玲强，李会玲．2008. 我国乡村旅游产业组织模式探讨［J］．商业时代（34）．

马秀蕊．2009. 山东省菏泽地区农村剩余劳动力转移问题研究［D］．西安：西安科技大学．

史亚军，唐衡，黄映辉，等．2009. 北京沟域经济特征与发展趋势研究［C］．北京沟域经济理论与实践．北京：北京市农村工作委员会．

吴春霞，刘瑞涵，何忠伟．2009. 北京沟域经济背景下山区生态旅游市场开发研究［J］．中国农学通报：84－94.

徐践，闫晓军，王玉洁．2009. 以沟域经济带动山区发展［N］北京日报，08－20.

张永翊，任连娣，王华，等．2010. 农业合作经济组织制度创新研究［J］．合作经济与科技（1）．

周连第，陈俊红，李红．2009. 北京沟域经济发展的理论与实践探询［C］．北京沟域经济理论与实践．北京：北京市农村工作委员会．

Brodt S，Feenstra G，Kozloff R，et al. 2006. Farmer community connections and the future of ecological agriculture in California［J］．Agriculture and Human Values，23（1）：75－88.

Ross iP，PecciA，Am ad io V，et al. 2008. Coupling indicators of ecological value and ecological sens itivity with indicators of demographc pressure in the demarcation of new areas to be protected：The case of the Oltrepo Pavese and the Ligurian Emailian Apennine area（Italy）．Landscape and UrbanPlanning，85（1）：12－26.

Veeck G，Che D，Veeck A. 2006. America's changing farmscape：A study of agricultural tourism in Michigan. Professional Geog rapher，58（3）：235－248.

基于SWOT分析的北京屋顶农业发展研究

学　　生：张　城
指导教师：陈　娆

摘　要：屋顶农业是集生产、生活、生态于一体的农业，它实现了第一、第二、第三产业完全融合，与打造低碳经济、构建生态城市、实现可持续发展和促进产业平衡的目标一致，符合城乡居民的多方面需求，具有广阔的市场发展空间，已成为休闲与观光为主的农业。本文运用SWOT分析法，对屋顶农业的优势、劣势、机会和威胁进行了全面分析，但由于目前屋顶农业存在规模总体尚小、宣传力度不够和缺乏具体的制度管理等问题，导致人们对屋顶农业认知不够深入。本文针对屋顶农业存在的劣势和所面临的威胁，从法律法规、技术支持和居民的认同感等方面提出了相关建议。

关键词：SWOT分析法　屋顶农业

前　　言

随着北京城市化进程的加速，耕地资源日益紧缺，建筑屋顶作为有巨大开发潜力的可利用空地，逐步走入人们的视线。《2011年北京市环境状况公报》表明，截至2011年，北京市在解决群众关心的环境问题等方面虽然取得了一定成绩，但是，北京市污染物排放总量大，同时受地理、气候等自然条件的限制，面临削减污染物“存量”和控制污染物“增量”的双重压力。

由于平面绿化越来越受到地域限制，屋顶绿化在各地逐步推广，简易屋顶绿化、复合屋顶绿化相关的理论、技术和材料不断更新，屋顶农业迅速发展起来，并走进业内外人士的视线。《屋顶造地农业利用可行性研究初报》等研究和实践表明，屋顶造地种植农作物是安全可行的，不仅可以保证农作物正常生长，带来经济收益，而且有利于房屋寿命延长。

同时，北京的城市化高速发展，随着居民收入提高，对体验传统农业，回归自然环境，购买优质绿色的农产品有较强需求。屋顶菜园不仅在遏制雾霾、降解大气飘尘方面具有明显成效，更具有经济、社会等多方面效益，符合北京市加强立体绿化的需要，也符合新时期农业发展的要求。作为与农业经济关系紧密的绿化形式，屋顶农业前景广阔。

在世界范围内，德国、日本对屋顶绿化及其相关技术有了较深入的研究，并形成了一整套完善的技术，是世界上屋顶种植技术水平发展较快的国家。因为资源和发展进程等差异，我国的屋顶农业还在探索阶段。然而，在浙江、北京和上海等省份，屋顶农业已经出现良好的发展势头。

一、北京市屋顶农业现状分析

北京市目前已经进入了全面建设现代化国际大都市的新阶段，各产业高速发展，第一产业的功能日渐丰富。2008 年，中央 1 号文件提出“农业不仅具有食品保障功能，而且具有原料供应、就业增收、生态保护、观光休闲、文化传承等功能，要开发农业多种功能，健全发展现代农业产业体系。”

北京市园林绿化局相关负责人介绍，自 1984 年首次建设屋顶绿化以来，首都已经陆续在中央机关、医院、学校和居住区推广屋顶绿化 150 万米^2。随着人均收入的提高、消费结构的改变，都市人对农耕文化的向往日渐凸显。屋顶农业正符合这种需要，通过屋顶造地，种植能适应当地生长的农作物、瓜果和蔬菜等，与社区管理相结合，既丰富了社区景观，也让远离乡村的人们重见田园风光。

现在，北京市已有多处成功的屋顶农业示范，如东城区史家胡同小学的“空中菜园”、被纪录片“舌尖上的中国”报道过的北京西草市街 80 号、周边前门地区老居民区的屋顶菜园以及西城区椿树街道民居。2012 年，东城区在 179 中学、广渠门中学、史家胡同小学和崇文门小学等学校实施屋顶绿化改造工作，新增屋顶绿化 2 万米^2；在朝阳区、昌平区、房山区等区县，也有屋顶农业的身影。城

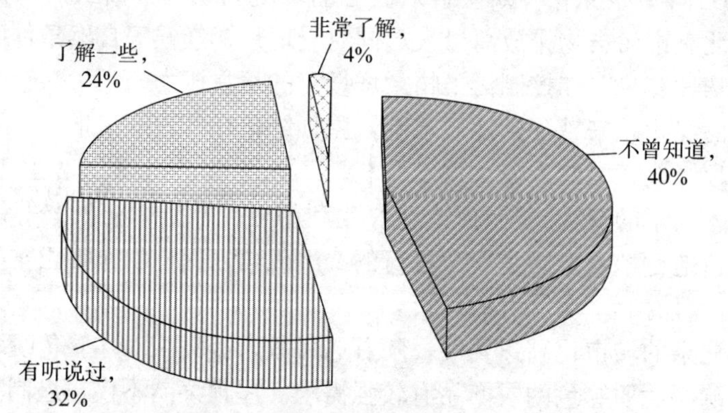

图 1　市民对屋顶农业的了解度

资料来源：调查问卷。

乡居民对屋顶农业也有了一定了解（图1）。

以东城区史家胡同小学的“空中菜园”为例：在2 000余米^{2}的教学楼顶种有40余个品种的花卉、农作物，是北京市农业技术推广站在北京市校园中建成的首个空中农业科普园。该园区种有玉米、小麦和谷子等生长在大田里的粮食作物，有向日葵、大豆、花生和芝麻等油料作物，还有辣椒、番茄和黄瓜等，还有三七、袖珍番茄以及从未进入市场的紫色柿子椒等“稀罕物”。学生可以在“空中菜园”进行植物认知、嫁接实验和绘画写生等多种课程与研究。这样的屋顶农业设施，可以增强孩子们对农业的认识，培养对农业的感情，塑造崇尚绿色生活的价值观。从景观效果的角度来说，这很好地诠释了人与自然和谐紧密联系在一起。

二、运用SWOT方法分析北京屋顶农业

（一）北京屋顶农业发展的优势

1. 成本较普通绿化更低　北京市正在逐年扩大城市绿化面积，然而目前的地面拆迁绿化成本高昂，约每平方米2万～6万元，屋顶绿化则可谓物美价廉、事半功倍。屋顶植草的成本为每平方米1 000元左右，而种植蔬菜则低廉许多。以前门大街旁的西草市街80号的张贵春家为例，2007年，他在自己屋顶上平整出60米^{2}的空地进行屋顶菜园建设，每平方米成本仅为200～300元。2012年，该菜园经过扩建面积达到100米^2，成本基本不变，加上设施更新，花费1万元。在前门地区，类似的屋顶菜园纷纷兴起。目前，除了北京的老城区外，房山区、朝阳区和昌平区等也已经有不少这样的屋顶菜园。

2. 节能效果显著　屋顶菜园对屋顶起到遮热、断热与冷却的作用。经测算，屋顶种菜后的屋顶温度比未种植作物的屋顶低1.3 ～ 4.0℃，冬季则高1.0～5.0℃ 。未经植被覆盖的裸露屋顶，表面的年温差最大可达58.2℃；而进行屋顶造地并进行耕种的屋面，表面年温差最大仅为29.2℃。经过对室内温度的调节作用明显，可以减少空调的使用，起到了很好的节能作用。还可以留住近一半的雨水，减轻了城市排水的压力。

2005年，东城区环保局对东四六条1万多米^{2}屋顶绿化的效果做了数据统计。与2004年未做绿化相比，东四地区好于全市平均值的天气由83天上升到144天；差于全市平均值的天气由113天减少到44天。同年，屋顶绿化纳入到“政府要办的实事之一”。

3. 为居民带来更多收益　据介绍，凡采用屋顶菜园自己种菜的居民，每年可减少一半以上的买菜费用，甚至可以把多余的菜出售。据测算，如果在屋顶种植粮食作物，平均可以满足3个人半年的粮食需求；如果种植蔬菜，平均可以满

足4～6个人全年的蔬菜需求。就耕作制度而言，如果采用一年三季或一年四季栽培，屋顶一年每亩可收获5 000～10 000千克的蔬菜。如果蔬菜价格以每千克1.5～2元保守计算，那么，每亩每年可增收1万～2万元。

以北京市椿树街道平房区的刘大妈家为例。2010年，在花盆里随意撒下几粒种子放在房顶上，让老人收获了20多斤小番茄，省去了一个冬季的购买费用。老人表示，会继续种植，改良品种，让来年大冬天里也能让孩子们吃上自产的番茄。目前，北京市6城区已有130个小区的9 000户居民当上了刘大妈这样的“菜农”。据北京市园林绿化局介绍，与5年前相比，普通市民对蔬菜种子的采购量增加了30%。

4. 保护耕地资源　土地资源是十分宝贵的，是人类赖以生存和发展的重要物质基础。目前，中国耕地面积仅约为18.26亿亩，比1997年的19.49亿亩减少1.23亿亩，中国人均耕地面积由10多年前的1.58亩减少到1.38亩，仅为世界平均水平的40%，18亿亩耕地红线岌岌可危，不利于粮食安全的保护。在建筑屋顶进行农业生产，既可以使闲置空地得到充分利用，也可以使建筑“只占空间不占地”的愿望成为现实，还可以用于保护粮食安全。

5. 丰富市民生活　对瓜果蔬菜，人都有一种亲近的本能。对于瓜果蔬菜，人们有一种自然地想去触摸的感觉。自己种菜，放心、环保，还能给家里增加情趣。屋顶农业可以收获产量可观的粮食、蔬菜等作物，当形成一定的规模可以缓解居民的食品安全问题以及买菜难、买菜贵的问题。北京作为大型城市，现代农业发展迅速，日趋成熟，屋顶菜园的生产形式可作为一种休闲农业，势必吸引居民参与，提高参与程度。这样既满足了居民生理和心理对农业生产的亲近，增加了愉悦感，同时会产生消费，丰富物质生活。对于都市中的人际关系而言，与家庭紧密连接的屋顶种植可以增加社区交往的机会，消除人际冷漠的氛围和交流较少的社交僵局，有利于人群沟通、增进感情，促进社区和谐。

6. 有效扩展就业领域　推广屋顶农业融入城市，屋顶农业的设计、建设和运营维护就可以形成一个新的产业链，为农学相关专业人才和农业劳动者提供新的工作领域，带来更加舒适的生产和生活条件。屋顶农业一旦成为产业，将会为城乡一体化的实现拓展空间。该产业的正规化将会把屋顶菜园、屋顶果园和屋顶花园等特色农业引入城市空间，催生新的工作岗位，造就培养一大批专职从事城市屋顶农业建设的新型产业工人，专职从事屋顶农业方向的种植，配套设施建设以及维护，有助于进一步满足城乡居民的就业需求，缓解就业压力，为城乡居民在创业、就业领域开辟一条新途径。

7. 明显改善空气质量和气候　目前，城市绿化所需要的空间日渐减少。建筑物的屋顶和屋面是承接阳光、降水并与大气接触的重要平台。而城市中屋面的用地占城市面积的30%左右。建筑屋顶的独特位置和条件决定了其在生态方面可以大有作为。屋顶菜园具备一般城市绿化所具有的吸收温室气体、吸收噪声、吸附粉尘和杀菌防病等功能。研究数据表明，采用房屋结构进行立体种植后，建筑的年平均滞尘量为12.3克/米，滞尘比率平均为31.13%，对于缓解北京的空气质量有益。

屋顶绿化在充分利用日照资源的同时，在控制建筑物内部温度、增加空气湿度、减少城市光污染以及改善小环境有显著效果。若干居民小区小气候的改善，其交叉作用可以改善城市整体的气候条件。针对大型城市居高不下的热岛效应，空中绿化是一条直接而有效的解决途径。这也是在世界范围内，绿化用地日趋紧张的情况下，提高绿化水平，改善城市热岛效应的发展方向之一。

8. 直接减少生活废弃物排放　种植土壤一般以腐熟垃圾、锯木屑、蒿秆、沼气池渣和菜籽饼等为主要原料，使这些生活垃圾变废为宝，得到充分利用，减少了环境污染。有机废弃物也可被当作饲料或肥料加以利用，实现了有机垃圾资源化利用。其中，较成熟的“生物链微循环自净系统”，可以达到长年不必换水、不滋生蚊虫的效果。

（二）北京屋顶农业发展的劣势

1. 对建筑的要求较高　屋顶种植需要稳固的建筑结构做支撑，在此之上需要构筑防水层、基质层，建设灌溉、排水设施，是一个系统工程。结合北京的气候特点与城市结构，更需要涉及栽培基质的采用、风灾预防、扬尘预防、中水及污水利用等。

以优势研究中的屋顶菜园为例，该案例属于最简单的开敞式种植，整体高度在6～250厘米，质量为60～200千克/米，这无疑增加了对防水功能和房屋承载力的要求，其中承载力是基础。由于房屋坚固，因此直接在屋顶增加20厘米厚的水泥层，而后又铺设防水层，使房屋有效避免了灌溉导致的渗漏。然而在推广中，应仔细考量建筑承载力，新建筑屋顶造地需由专业设计人员建筑与结构精心设计，老旧建筑必须经专业人员对何载验算和防漏处理，不可盲目屋顶造地，以免发生危险。目前，屋顶绿化在国内推行缓慢，特别是有很大数量的既有建筑受结构承载力的限制，推广难度较大。

2. 受到高度制约　北京市人口稠密，无论何种形式的屋顶农业，在建造和运营中应固定好设施和用具。对于传统民居，如老城区的平房、四合院，因其高度通常在4米左右，屋顶的活动对周围环境影响有限，可以种植一般作物，适当搭建支架，采用常规的方式灌溉。

随着北京的城市化推进，高层建筑林立，2000—2003年，高层住宅在住宅中比重占50%～53%。此外，北京的高层公共建筑近年建设量也比较大，仅2000—2003年，北京每年建成160万～200万$米^2$10层以上非住宅建筑。北京的气候特点是春季多风沙，冬季寒冷干燥，且受季风影响明显。因此，高层建筑的屋顶造地如果采用普通基质栽培，选用植株高大的作物和脆弱的设施，容易产生扬尘、坠物等人为灾害，同时破坏种植的植被，造成经济损失。

在对于3层以上的建筑，在进行屋顶农业建设时，应选择采用低养护、免灌溉等特点的作物品种，且植株高度不宜过高；应尽量避免搭建简易支架，一旦物品或设施从屋顶掉落，可能会造成人员伤害，财产受损，影响城市的正常秩序，甚至可能造成城市环境的污染和破坏；在肥料和农药的使用上，要使用无毒、绿色和清洁的产品，尽量避免使用生物肥料，防止影响建筑物周围人员的正常生活。

（三）北京屋顶农业发展遇到的机遇

1. 环境问题日益凸显 北京是资源输入型城市，近年来随着城市的快速发展，环境的压力越来越大。近10年来，北京市常住人口每年增加60万人左右，年人均水资源拥有量只有100多米^3，污染物排放量大大超过环境承载力。2012年开始，北京多次出现雾霾天气，以PM2.5为代表的空气质量问题受到广泛关注。据研究，北京市PM2.5约60%来源于燃煤、机动车燃油和工业使用燃料等燃烧过程，23%来源于扬尘，17%来源于溶剂使用及其他。

在PM2.5受到全社会广泛关注后，北京市新增了10万米^{2}的屋顶绿化，使全市的林木绿化率达到55.5%，目的是要通过植被抑制PM2.5，改善城市的空气质量。屋顶菜园兼有绿化功效。同时，用地节约，可以加速植被覆盖，其自然、社会效益丰富的特点，高度符合当前的环保理念。

目前，北京市已有130多万米^{2}屋顶绿化，主要分布在机关、医院和学校等公益性社会单位。鉴于各区县屋顶绿化的积极性都很高，2013年北京市将增添15万米^{2}的“空中花园”，主要集中在中心城区（图2）。

2. 北京都市农业发展迅速 都市农业是以满足城市多种需求为服务宗旨的多功能农业，在维护生态系统、建构人文环境、人与自然生态环境和谐等方面起着不可替代的作用。随着北京经济社会发展，人均GDP达到76 543.88元，约合11 307.17美元，在消费结构上有所变化。都市农业不仅符合城市建设需要要，也可以满足市民对绿色安全农产品的需要。在城郊，各种休闲、观光示范园区发展迅速，初具规模；在城市内部，农耕也在融入普通市民的生活，例如，在公园举办农耕节，市民广泛参与，阳台种植已成为比较普遍的消费。足不出户体验农耕的乐趣成为都市人的愿望。

屋顶农业是从传统的土培发到新型栽培方法的应用，包括了无土栽培、漂浮栽培、管道栽培和水栽培等，集合了精准农业、免耕农业和物理农业等理念，是一种高科技农业的模式集成，也是未来实现低碳经济、实现都市可持续发展的一

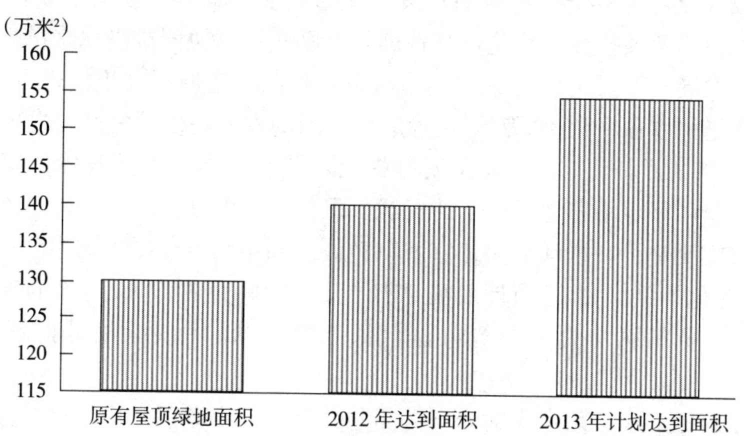

图 2　北京市屋顶绿地面积变化图

资料来源：北京市园林绿化局。

项重要工程。

目前，北京的都市农业已形成了以社会服务功能区、生态经济功能区和生态保障功能区为主的产业体系。由表 1 可以看出，农业龙头企业和农业科技园区大多分布于距离城市中心较近的范围内。这就意味着类似屋顶农业的技术含量高、理念新颖的生产方式在城市中心可以得到强有力的技术和资金方面的支撑。都市居民对休闲、观光农业的需求也决定了屋顶农业具备在“钢筋水泥森林”的市区内发展的潜力。

表 1　北京市都市农业发展的区位特征

据中心城区距离（千米）	农业龙头企业数量（个）	农业观光园数量（个）	民俗旅游村数量（个）	农业科技园区数量（个）
＜30	29	22	7	15
30～40	6	17	17	7
40～50	6	8	14	1
50～60	8	4	30	1
＞60	2	14	99	6
北京市	51	65	167	30

资料来源：《北京都市农业的空间分异探析》。

3. 相关政策的支持　2009 年年底开始，为鼓励市民进行屋顶绿化，北京市园林部门不仅免费提供技术支持，对于有计划实施屋顶绿化的单位，还可享受每平方米 50～100 元的政府补贴。2010 年，北京市园林绿化局编制完成了《北京市关于推进城市空间立体绿化建设工作的意见》。提出按照市或区不同权属，制定由市或区级财政给予绿化补助政策，并通过实施绿地率折算、防洪费减免优惠、义务植树考核折算、绿化资金补助等激励政策，协同推进北京市立体绿化工作的建设发展。2012 年，北京市出台政策，强制中心城区大规模进行立体绿化，全市全年增加屋顶绿化 10 万米^2，为屋顶菜园的发展提供了良好的发展环境。

2013 年 3 月，北京市市长王安顺提出，北京市将市民的身体健康置于优先考虑的地位，坚定不移地贯彻节约资源、保护环境的基本国策，坚持不懈地推进首都生态文明建设，推动美丽北京城市建设。同年，鼓励屋顶绿化已被正式写入《北京市绿化条例》。北京市计划在“十二五”期间完成 100 万米^2 的立体绿化任务，根据义务植树尽责率折算办法，每认建 1 米^2 屋顶绿化可折算 3 株植树任务。

对于在推广中必须考虑的安全性问题，有《北京屋顶绿化规范》等标准可参照。只要按照相关标准中的规定进行操作，采用新型材料，无论是在屋顶的防水上还是荷载上都可以保证安全。例如，在荷载上，按照新规定，屋顶可分为两种类型，即不可上人屋顶（可承重 150 千克/米^2）和可上人屋顶（可承重 300 千克/米^2）。我们严格按照这种科学分类，进行不同的类型、不同标准的绿化：前者只进行基本绿化，保证生态效益，种植简易的绿化植物，如景天类植物、佛手草等植物，甚至种植些蔬菜；后者可做“花园式”绿化，甚至可以布置农业设施，人们可以在屋顶上休憩、游览和运动。

4. 相关技术较成熟 在我国的大城市，服务屋顶农业的公司正在兴起，市场潜力巨大。屋顶菜园可由专业人员按照有机标准进行管理，技术上采用农作物无土栽培、物理防治病虫害和无害化肥料，做到绿色环保、科学管理、节约资源。

就相关设施而言，各环节均有较成熟的技术可以采用。新建建筑一般具有合格的承载力，防水技术很好地解决了渗漏问题。栽培容器可以采用组合式活动栽培容器，可以很方便地拆卸移动，保证与屋面完全隔离，并通过合理选择植物品种等辅助措施，防止植物根系对建筑防水层的渗透破坏，使空中菜园对建筑物外表面只产生保护作用，不会影响建筑物日后的维修保养工作。灌溉环节可采用带蓄供水系统的栽培技术，耗水量极低，炎热季节即使多日不浇水，植物仍旧青翠依然。还可安装滴灌装置，扳动开关即可轻松完成浇灌，提高管理效率。

就培育方式而言，屋顶农业有很多种方法，包括土培、轻基质栽培、水培、箱式栽培和雾培。其中，最适合居民推广的便是箱式栽培，铺设土壤或者基质，安装自动滴灌系统，每日用半小时灌溉一两次，蔬菜即可生长。土壤厚度达到 15 厘米左右，基本可以保证能在地面上种植的蔬菜在屋顶存活。也可以采用轻基质或者水培，一般的蔬菜都可以存活。

（四）北京屋顶农业发展存在的威胁

1. 资金和政策问题的制约　在推进屋顶农业的过程中，还受资金、政策和认识问题的制约。据行业内的专业人士指出，资金不足是首要问题。在北京市范围内仍存在着一些老旧建筑，在发展屋顶种植前，需要进行严格的防渗水处理和承重检测。这项工作需要资金上的大量投入。然而，政府目前并没有此项专款，商品房作为私有财产，产权大多归属于住宅的所有业主，屋顶的使用也需要得到广泛的认可。一个业主不同意，整个建筑就无法实施屋顶种植，这就引出了最重要的大多数居民的观念问题。不少业主在对新事物不够了解的情况下，存在着“多一事不如少一事”的想法。这就需要在行政层面，加强对屋顶农业的宣传引导工作，建立健全管理维护等配套制度，树立示范典型，消除业主的思想顾虑。在新建住宅或其他建筑的时候，要在政策层面予以支持或引导，从规划开始就将屋顶农业的理念融入其中，为屋顶农业的建设创造前期条件。这需要绿化、住宅和规划等诸多部门的共同协调。

2. 市场供给缺乏秩序　屋顶种植施工的要求和难度比地面种植高很多，虽然在北京等大型城市已经出台了相应的法规和技术规范，但是与此行业配套的良性市场秩序尚未形成。目前，国内关于屋顶绿化方面的研究较为广泛，专利很多，但是能真正应用于实践，能够成熟推广的却不多；市场上的屋顶绿化机构很多，选用的材料质量参差不齐，价格水平也差别很大；一些从事屋顶绿化的公司缺乏专业人才，也没有优秀的施工队伍；在市场监管方面，也缺乏屋顶农业施工的监督机制，存在现场监理不懂施工要领等问题。因此，屋顶农业的成熟还需经过一个长期的过程。

三、促进北京屋顶农业发展的建议

（一）进一步完善政策与法规

农业政策与法规在农业生产中起着引导和规范的作用。屋顶农业作为融入城市的农业生产方式，需要从充分发挥城市农业的生态、景观、文化、生活、休闲、教育和展示等多种功能的要求出发，根据北京城市人口密集、中高层建筑众多的空间特点，根据不同区域的空间结构，采取因地制宜的推广方式。因此，需要完善的政策法规对这一形式做出规范。面对城市中大量的屋顶闲置空间，要进行系统调查，做出科学具体的分析和论证，按不同规格进行适当的类型划分，进而在使用要求与类型上制定详细规范，使屋顶上建筑的菜园、花园和休闲农业园等场所的设计、建造、维护及运营在技术上有规章制度可遵循，作为实际推行工作的科学依据。

针对高层建筑众多，进行农业作业风险较大，北京市已经做出规定，公共机构所属建筑，在符合建筑规范、满足建筑安全要求的前提下，建筑层数少于12层、高度低于40米的非坡屋顶新建、改建建筑（含裙房）和竣工时间不超过20年、屋顶坡度小于15°的既有建筑，应当实施屋顶绿化。将屋顶绿化建筑层数定在12层、40米以下，主要出于北京气候条件的考虑，12层以下、低于40米的屋顶高度，在风速、温度等各方面相对适宜植物生长。公共建筑的新建或改建项目，符合条件但未将屋顶绿化纳入项目设计的，规划部门将不予审批。新政策对开展城市空间立体绿化建设还明确了鼓励措施。

（二）继续完善技术支撑体系

屋顶造地涉及灌溉、排水、防水和基质等内容，涉及育种、植保和设施等不同学科，许多企业已经看到了“屋顶农业”蕴含的商机。在2011年的北京科技周上，有关方面展出了多种屋顶农业的装置，包括梯架式、立柱式和南瓜式，多样的种菜装置既美观又节省空间。这些装置均采用无土栽培的种植方法，有一套营养液自动循环系统，不需要人工手动浇水、施肥。

通过市场调研、技术集成，构建城市农业科技支撑体系。开展当前城市农业模式和技术发展现状调研，通过技术筛选和集成，构建城市农业作物种类及品种、种植设施、植保、施肥、灌溉等设备和技术支撑体系。

（三）进一步提高居民的认同感

随着北京市人均收入的提高，居民消费习惯和消费结构也发生了变化，对于农业休闲的需求逐年提高。北京市政府已经提出，要进一步加快转变经济发展方式，坚持优化第一产业。政府应将增加城乡居民收入、大力发展休闲农业等措施、增强城乡居民消费能力为重点，优化消费环境，释放消费需求（图3）。

然而也应该看到，任何事物都不能得到所有人的认同，屋顶农业涉及居民小

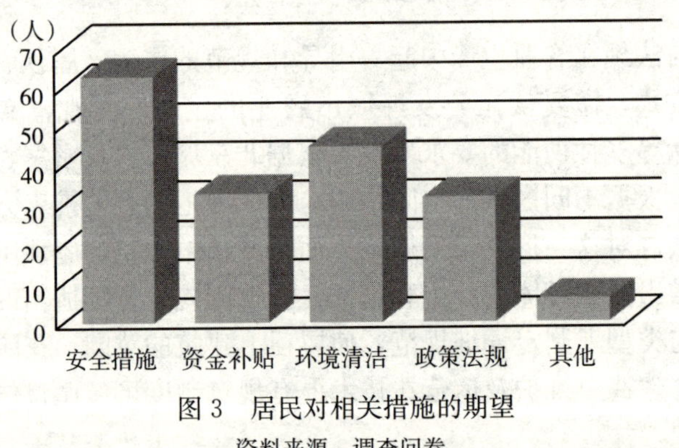

图3 居民对相关措施的期望

资料来源：调查问卷。

区的产权问题。因此，在推广时应按照居民和社会团体自愿参与的原则，积极引导屋顶农业蓬勃健康发展。根据屋面用地的投资主体及经济补偿情况，屋面用地所属权应得到相关部门的明确和保障。然而不论归属权与管理权归谁，最终应该建立起对屋顶农业化工作的有效管理模式，保护居民权益，并通过成功的管理，提高居民的认同感。

主要参考文献

韩非，蔡建明，刘军萍．2010. 经济学——北京都市农业的空间分异探析［J］. 农业系统科学与综合研究（3）.

李伯钧，等．2012. 屋顶造地农业利用可行性研究初报［J］. 浙江农业学报（3）.

罗艳红，李海燕．2011. 我国低层建筑中屋顶菜园的研究现状［M］//2011中国环境科学学会学术年会论文集．第四卷．

宋治权．1993."人造空中耕地"大有可为［J］. 今日种业（2）.

谭天鹰．2007. 关于北京屋顶绿化的探讨［J］. 北京园林（2）：7-11.

王卉，王文．2010. 基于SWOT理论的苏州市生态休闲农业旅游研究邓志强［J］. 广西农业科学（11）.

王建华，等．2007. 杭州市都市农业发展的调查报告［J］. 杭州农业科技（3）.

魏道江，叶建军，李恒威．2012. 屋顶绿化的SWOT分析及发展建议［J］. 湖南农业科学（14）.

吴德权．2001. 屋顶农业妙不可言［J］. 农业财务会计（1）：41.

许荷，瞿志．2006. 北京屋顶绿化构造［J］. 北京园林（2）：77-80.

翟峰．2005. 让"绿色屋顶"成为都市保健师［J］. 南方国土资源（6）.

张可桢．2004. 都市农业——屋顶简易栽培无公害蔬菜［J］. 当代蔬菜（12）.

张原．2012. 屋顶农业之阳台种菜研究［J］. 长江蔬菜（3）.

崔村镇南庄村老磨盘农庄的发展探析

学　　生：田思思
指导教师：田淑敏

摘要：随着生活水平的提高，人们对亲近自然、愉悦身心和释放压力的休闲需求日益增强。休闲农业迎合人们对绿色、对自然的渴望，是调整农业结构、改善农业环境、增加农民收入以及构建社会主义和谐社会的新途径。北京市昌平区是首都的生态涵养发展区并一直致力于建设一个天蓝、地绿、水清、城乡风貌秀美的魅力之区。崔村镇南庄村老磨盘农庄在此时期应运而生，其利用自身得天独厚的区位优势和丰富的自然资源蓬勃发展。与此同时，老磨盘农庄也展现出了一个处于发展初期的休闲农庄所存在的问题。解决好这些问题不仅是铸造老磨盘农庄金字品牌的重要措施，也是使老磨盘农庄成为崔村镇乃至昌平区休闲农业发展展的重要旗帜的必经之路。

关键词：老磨盘　农庄　休闲农业　旅游　发展

前　　言

休闲农业以促进农民就业和社会主义新农村建设为目标，使农村一、二、三产业紧密联结农业、农产品加工和农村服务业，是发展农村经济的强劲增长点。发展休闲农业已成为促进农民就业、增收、推进农村产业结构调整、推动现代化农业和社会主义新农村建设、推进城乡统筹发展、转变农村经济增长方式的重要途径。

国外学者对休闲农业的研究可以溯源于20世纪中期以后，不同学者对休闲农业的含义，有各自不同的解释。Busby等（2000）对休闲农业定义指出，在任何一个运营中的农场，能提供短暂的住宿或间接的游玩、休息设施，称为假日农场（holiday farm）。Acumenia（2002）对休闲农业的定义是任何营运中农场的观光或休息事业。Fleischer和Tchetchik（2004）则认为假日农场（holiday farm）、休闲农场（recreation farm）以及假期农场（vacation farms）等可以提供观光事业，对现有农业活动大有帮助的生产活动皆可释意为休闲农业的概念。Murphy（2004）提出休闲农业经营策略的关键成功因素在于体验行销，他指出体验行销可分成五个种类，就是感官、情感、思考、行动和关联。这五种策略性体验模块，可共同创造出有价值的品牌资产。Erol Duran（2008）认为旅游业的可持续发展是一种概念，人们应当意识到环境发展和社会发展的限制。因此，只有通过维护区域的自然、社会和文化价值，才能保障旅游资源的可持续发展。

国内学者对休闲农业的研究。宗立科（2013）指出，休闲农业是以农业模式和农村生活方式为要素的生产经营活动，是第一产业形态向第三产业形态的转型，是农业和服务相结合的一种新型产业，是传统农业走向现代农业和后现代农业的载体。初胜华（2012）认为休闲农庄作为休闲农业的主要经营形式，是农业与旅游业交叉的一种新型产业。而体验式休闲农庄则是对休闲农庄的进一步发展，其以农业生产和乡村生活为依托，以农耕文化为核心，以体验为切入点，利用田园景观为游客提供乡村生产、生活休闲体验、农耕文化熏陶以及住宿、餐饮、果蔬配送等基本服务。王爱玲和文化（2012）认为直到20世纪90年代末，农业的生态功能、生活功能才渐露端倪。当经济发展使生存需要得到满足之后，就开始重视自身健康、精神文化需求以及与自然的和谐以求持续发展。农业更具有生态、生活、就业、文化和城乡一体化、区域农业一体化、全球化的重要功能。史亚军（2011）认为休闲农业这种新兴业态目前在全国处在快速发展阶段，休闲农业发达地区已经到了提升阶段。有一些数据能够体现出全国休闲农业发展的迅猛势头。从实际情况发展来看，休闲农业在全国的发展并不是十分均衡。管理水平问题、人员素质问题等，这些长期存在的问题影响和制约着休闲农业的发展。株洲县农业局（2010）的一篇研究指出要解决好农业增效、农民增收和农村发展的问题，就必须立足创新，走出一条具有特色的规模农业、生态农业和效益农业发展之路。具有区位优势的地区，要充分发挥其优势，把发展休闲农业作为发展现代农业的重要举措、促进农民增收的重要渠道以及推进新农村建设的重要载体。李雅芳等（2010）指出休闲农业是北京郊区发展农业的核心产业之一，分析和解决其发展中存在的问题是对社会主义新农村建设的有力推动。郭焕成和任国柱（2004）表示，休闲农业是在充分利用农村自然资源还有人文资源的前提下，把农业当成介质，推动将农业生产、观光旅游、特色农产品以及旅游完美统一，为消费者提高产品的质量及服务，也是与第一、二产业结合的第三产业以及营造新农村的关键环节。

随着城市化进程的加快和城市人们生活压力的增加，有越来越多的人希望回归田园，体验乡村生活。休闲农业作为一个新兴产业，在蓬勃发展的同时也存在着一些不容忽视的问题。完成社会资本与农业资本相对接、加强经营主体和服务人员的培训、建立健全完善的基础设施、完善休闲农业政策、优化政策环境、吸纳高素质人才进入休闲农业队伍等措施，对北京休闲农业的发展有着重要的意义。近几年北京的休闲农业得到了快速健康的发展，为一向处于弱势的农业生产活动注入了新鲜血液，大大提高了农业的产出和收益。这种农业生产模式，既让农民摆脱了繁重的农业活动，又大大提高了农民的收入水平，改善了农民生活状态，提高了农民自身素质。发展休闲农业有利于实现农村和城市的共同发展，促进社会和谐稳定。昌平区崔村镇南庄村老磨盘农庄的建设与发展，对于当地的农村、农业和农民三大方面都有着不可忽视的影响。

一、老磨盘农庄的现状分析

近年来，全国休闲农业与乡村旅游事业的发展如火如荼。由我国休闲农业发展的资料可知，截至2011年年底，全国有8.5万个村开展休闲农业与乡村旅游活动，休闲农业与乡村旅游经营单位达170万家，其中农家乐超过150万家，规模以上园区超过3万家，年接待游客接近7.2亿人次，年营业收入超过2 600亿元。目前，北京市形成了城市近郊观赏农业公园区、中郊平原观光休闲农业区和远郊山区观光休闲生态农业区。

（一）老磨盘农庄的基本情况

北京老磨盘农庄隶属于北京老磨盘咨询服务有限公司，坐落于北京市昌平区汤泉古镇小汤山和世界草莓博览园以北、草莓产区崔村镇南庄村（图1）。老磨盘农庄北面有连接昌平与怀柔的昌怀路，南面有一条东西走向的将昌平、顺义、平谷紧密相连的市级公路——昌金路，与周边的多家鱼塘、各式采摘基地以及世界草莓博览园形成集聚，旅游吸附力极强。老磨盘农庄占地面积约160余亩，是一个集垂钓、餐饮、采摘、住宿、种植、淘老物件、养殖和休闲等项目于一体的度假型乡村酒店。

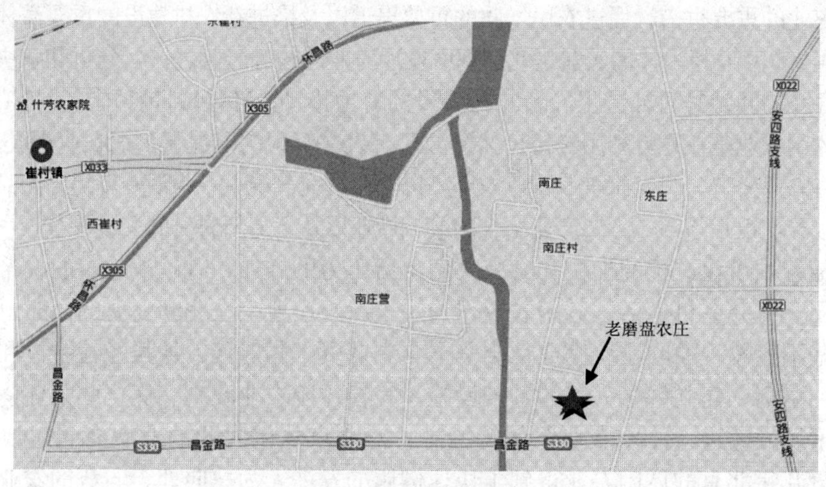

图1　老磨盘农庄位置图

1. 自然环境　昌平位于北京的上风、上水地区，40%为平原，60%为山区，山清水秀，旅游资源丰厚，在历史上有著名的明、清“燕平八景”。丰富的地貌特征和美不胜收的旅游资源，构成了千变万化的奇特景观，这些都是昌平最珍贵的天然财富。

昌平区崔村镇平原地区相对集中连片，为都市型现代农业提供了良好的发展空间。农业观光、采摘和休闲产业的发展势头越来越好。水资源相对丰富，京密引水渠从东西贯穿全镇，流经镇域内有8千米，有小型水库（南庄水库）一座，水域面积约14公顷。老磨盘农庄就是借助这样优越的自然条件而建立发展的。

2. 区位环境 位于崔村镇的老磨盘农庄毗邻城镇功能核心区南邵镇和百善镇，可直接接触中关村科技园区昌平园、研发与产业基地、国家工程技术创新和沙河高教园区的科技、人才、信息等辐射的优势。南临城市功能拓展区小汤山镇和北七家镇，可以通过这一功能区的都市型现代农业、商业物流和休闲旅游业的发展，带动老磨盘农庄的发展。东临与崔村镇同为生态休闲旅游发展区的兴寿镇，是昌平区生态建设、保持可持续发展的关键区域，近年来的兴寿镇草莓博览园的建设与草莓大会、农业嘉年华的举行，更加有利于两镇互联，可以共谋发展之路。

（二）老磨盘农庄的发展现状

为正确的、客观的了解老磨盘农庄发展现状，笔者于2013年4月29日至5月1日前往老磨盘农庄采取座谈法、访谈法与问卷调查法相结合的形式进行调查。本次调查问卷分为两部分：第一部分是针对消费者的调查问卷，共50份，收回有效问卷40份；第二部分是针对工作人员的调查问卷，共20份，收回有效问卷15份。所有调查结论均来源于这两部分、共55份有效调查问卷中的统计数据。

1. 年均收入 处于起步期的老磨盘农庄的营业能力并不亚于其他休闲农庄。据调查，2012年老磨盘休闲农庄年营业额高达200万元。由于地理位置优越、交通便利，大多数游客选择一日游，日人均消费集中在150～200元（表1）。其中，餐饮和垂钓部分的营业额占总营业额的70%。

表1 消费者逗留时间与人均消费表

人均消费	逗留时间		
	1天	1～2天	2天以上
100元及以下	9	0	0
101～150元	11	0	0
151～200元	13	1	0
200元及以上	0	6	0
总 计	33	7	0

资料来源：老磨盘农庄实地调查。

2. 工作人员基本情况　截至2013年5月，老磨盘农庄共有工作人员40余名，在以京外人员为主的同时，也吸纳了一些当地的农村劳动力，为转移当地农村劳动力以及扩大就业贡献力量。这些工作人员主要分布在以下工作岗位：鱼塘管理人员、餐厅服务人员、采摘管理人员、客房服务人员以及接待人员。其中，由于鱼塘管理人员工作内容强度大、工作环境相对艰苦并负责所有垂钓者的人身安全，因此本岗位以男性为主。餐厅服务人员则实现了男女性别比相同的现状，餐厅的工作不仅需要女性服务人员的细致与耐心，同时也需要有男性服务人员为大家有保障的提供由独具特色的器皿所容纳的特色农家菜，如石锅与铁锅。采摘管理人员则以中老年人为主，因为采摘园工作相对枯燥，这个年龄段的工作人员不仅有着吃苦耐劳的精神，更具备爱岗敬业的精神。需要细致工作的客房服务人员则以女性为主。

但是，在实际调查中也发现老磨盘农庄工作人员的受教育程度多集中在初中文化水平（图2）。今后，老磨盘农庄想要更好更快的发展就要不失时机地利用北京市关于休闲农业中提高劳动者素质的政策，必须保证劳动者素质与农庄同步发展。无论是节假日还是工作日，老磨盘的工作人员都以饱满的精神状态、朴实甜美的笑容、真挚热情的服务以及敬业奉献的精神，为前来老磨盘休闲度假的每一位游客提供最周到的服务。

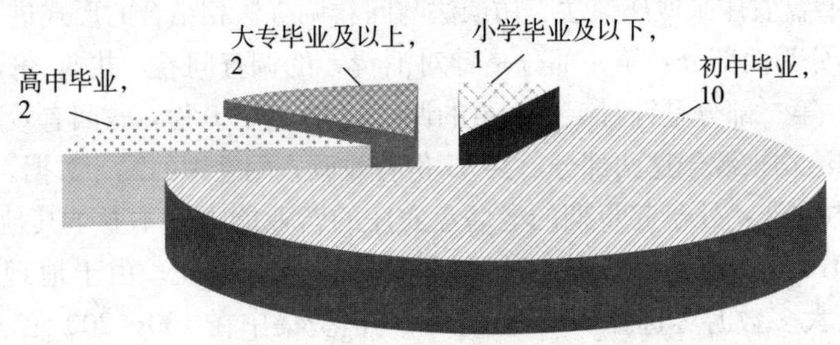

图2　老磨盘农庄工作人员学历

资料来源：老磨盘农庄实地调研。

3. 交通与客源　老磨盘农庄地处平原与山区过渡带，地势平坦，距市区34千米。目前虽没有直达老磨盘休闲农庄的公交车，距离老磨盘农庄最近的车站徒步到农庄也需要半小时，但是自驾车前往老磨盘农庄却是十分方便，车程仅1.5小时（图3）。

交通便利、地理位置优越的老磨盘农庄，便于依托北京市区的广大消费市场，具有极大发展潜力。因此，来老磨盘休闲农庄游玩度假的游客中有80%是来自北京城区的居民，也有部分北京郊区和京外的旅游人员（图4）。

生活在喧闹纷杂大城市的居民在周末和假期来到郊区，享受这里的田园风

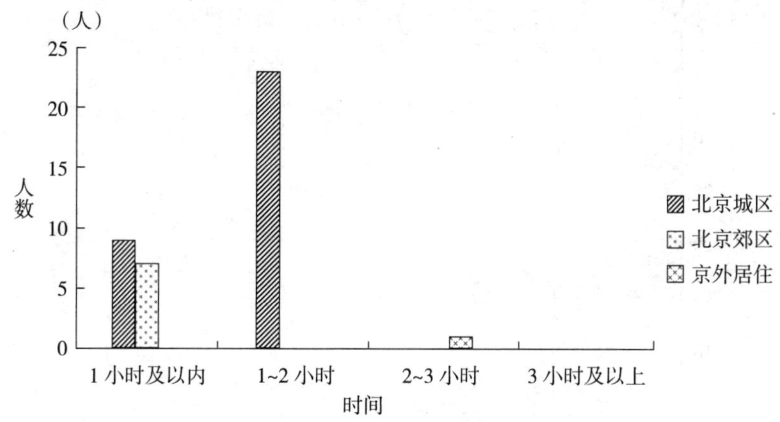

图 3　老磨盘农庄游客到达历时图

资料来源：老磨盘农庄实地调研。

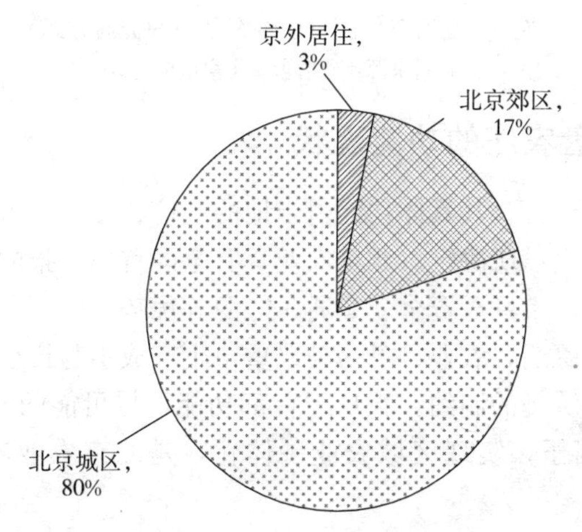

图 4　老磨盘农庄游客来源

资料来源：老磨盘农庄实地调研。

光、体验这里的风土民情、感受这里的安然静谧、品味这里的乡野美味，是众多游客到老磨盘农庄休闲旅游的最终目的。在众多游客中，形成了以散客为主、团客为辅的客源模式（图 5）。有的散客是老磨盘农庄的老主顾，在闲暇时期会到这里休闲度假；有些游客是经亲朋好友或上网查阅得知老磨盘农庄，还有一些散客是偶然间发现这家不错的休闲度假农庄的；团客到老磨盘农庄主要以采摘、餐饮、住宿、会议为主。无论是团客还是散客，游客们都对老磨盘农庄称赞有加。

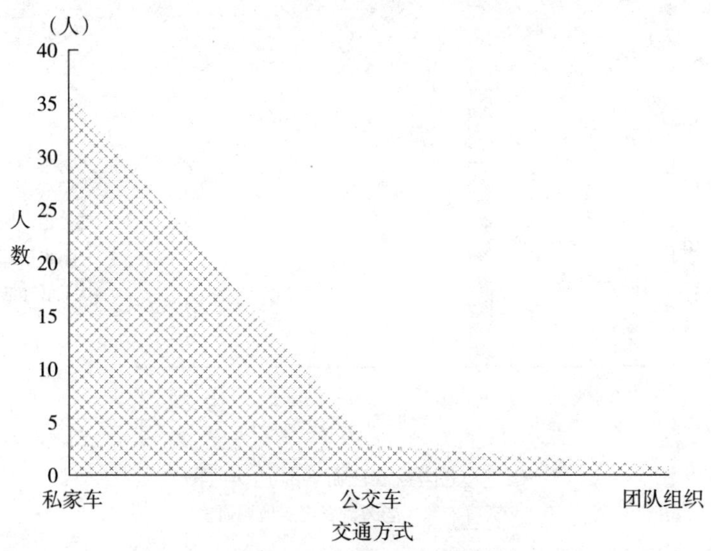

图 5　老磨盘休闲农庄游客采用的交通方式

资料来源：老磨盘农庄实地调研。

（三）老磨盘农庄的功能现状

就老磨盘农庄而言，其具体功能由当地的经济、社会、人文发展水平、战略地位以及自然资源禀赋所决定。北京农业具有全国首屈一指的科教、信息、文化优势和显著的区位、市场、资金、交通、能源等优势。然而，北京又受到水、耕地等自然资源严重匮乏，农业自身污染严重，生产成本与机会成本日益提高以及工作人员素质提高缓慢的制约。服从于首都功能，尽可能的充分发挥自身优势，回避或减弱制约因子，实现区域农业一体化，是北京农业功能定位的原则和依据。

目前，老磨盘农庄已经初步具备北京农业应有的生产、服务、生态和社会四大功能。老磨盘农庄传统的生产功能在不断弱化，与此同时，生产的产品正由量向质的飞跃。服务功能主要体现为其休闲娱乐，为满足人民物质与精神的需求而不断努力。生态功能主要体现在本地的生态屏障功能与景观功能两方面。社会功能则体现为其扩大所在农村就业、提高居民幸福指数的功能等方面。

（四）老磨盘农庄的主要经营项目

老磨盘农庄是一个集垂钓、餐饮、采摘、淘老物件、住宿、种植、养殖、会议和休闲等项目于一体的度假型乡村酒店。其中，垂钓、餐饮、采摘和住宿是近期重点发展的项目，并因为其独具一格的特点，受到了广大消费者的青睐，不少游客慕名而来（图6）。

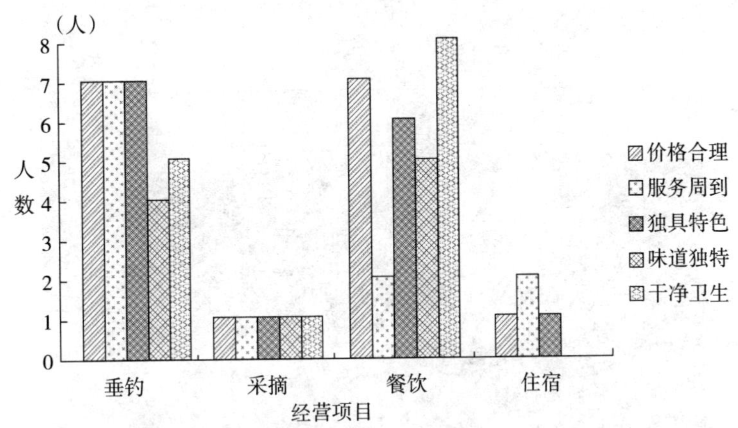

图6　老磨盘农庄重点经营项目受欢迎原因

资料来源：老磨盘农庄实地调研。

1. 垂钓　垂钓是老磨盘农庄最具特色、最受广大消费者欢迎的项目（图7）。由于老磨盘农庄较周边其他垂钓场具有绝对的优势——价格合理、服务周到、设施相对齐全、环境幽雅、干净卫生等多个特点，因此不论是寒冬腊月还是炎热的夏天，不论是节假日还是工作日，都能满足垂钓爱好者的需求。

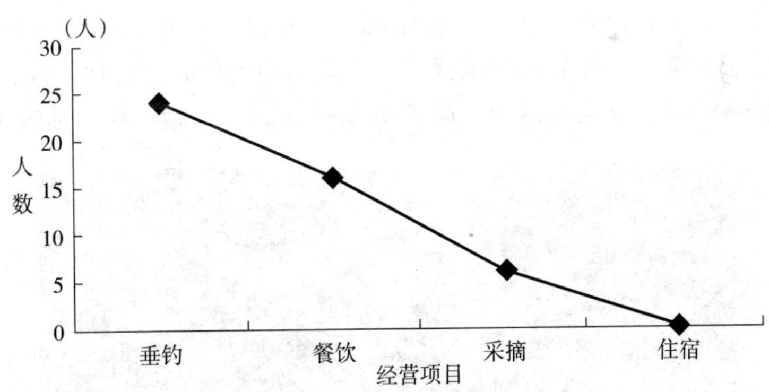

图7　老磨盘农庄重点项目欢迎度

资料来源：老磨盘农庄实地调研。

鱼塘占地35亩，有高钓鱼池2个、特种鱼池4个（鸭嘴鱼、鲟、狗鱼和黄河大鲤鱼）和温室垂钓馆1个。鱼的种类主要以淡水鱼、特种鱼为主。夏天的露天鱼塘，可以让垂钓者深入接触大自然，感受老磨盘农庄的淳朴民风，体验乡村民情（图8）。温室垂钓馆满足了垂钓者们在寒冬腊月垂钓的同时也为他们送去些许温暖。大面积的温室垂钓馆可同时容纳200余人，暂不存在使用面积紧张的情况。老磨盘农庄鱼塘不仅有寻常的青鱼、草鱼、鲢、鲫、武昌鱼，更有独具特色的鸭嘴鱼、备受欢迎的黄河大鲤鱼、鲟和狗鱼，繁多的种类可满足不同消费者多样需求。

图 8　老磨盘休闲农庄鱼塘

资料来源：老磨盘农庄实地调研。

2. 餐饮　餐饮是老磨盘农庄休闲娱乐项目的重要组成部分，受到了广大新老顾客的青睐。老磨盘农庄原生态民俗餐厅有 2 000 多米^2，可同时容纳1 200余人同时用餐（图 9）。餐厅中包含 20 余个富有民间特色的雅间，主要以崔村镇各村的名称命名，特色鲜明。老磨盘农庄餐厅的菜品以特色鱼类、民俗风味大碗菜、农家柴锅炖菜以及原始民间铁锅菜为主，其中大部分食材是产自农场采摘园自种的无公害的绿色蔬菜和养殖园自养的柴鸡、鸽子、猪、羊、林蛙及鱼类等。

图 9　老磨盘休闲农庄餐厅

资料来源：老磨盘农庄实地调研。

特色菜品讲究尝鲜——“现选、现杀、现做、现吃”；还有多种时令特色野菜，如柳芽、香椿、花椒芽、杨胡、杨叶、苦麻和河芹菜等供消费者挑选；农家主食有米饭、馒头等，其中以窝头、贴饼子、压饸烙和棒楂粥等为特色。另外，餐厅可用面积大，可提供特色民俗民风婚庆服务，婚宴讲究四平八稳：喜馍喜饼、八冷碟、四大件、八大碗等特色喜宴。

3. 采摘 观光采摘是老磨盘农庄的又一大特色，也吸引了大量的观光采摘爱好者（图 10）。北京市观光农业虽然发展速度较快，但层次仍较低、模式较单一、社会和经济效益不理想。老磨盘农庄根据北京郊区农业旅游资源和城市居民消费需求的特点，通过理念创新、准确定位、多种类型、多种模式的有序发展及合理布局，使观光采摘可持续发展和旅游相结合，构建具有鲜活生命力的观光采摘园。

采摘园的蔬菜、水果不仅供游客们观光采摘，也为老磨盘农庄餐厅提供大量的食材原料。采摘园占地 90 余亩，采用先进的塑料大棚，能透光、保温（或加温），用来栽培水果和蔬菜，使在不适宜植物生长的季节，能提供适宜的生育期和增加产量，保障消费者和餐厅在不同季节的需求量和使用量。

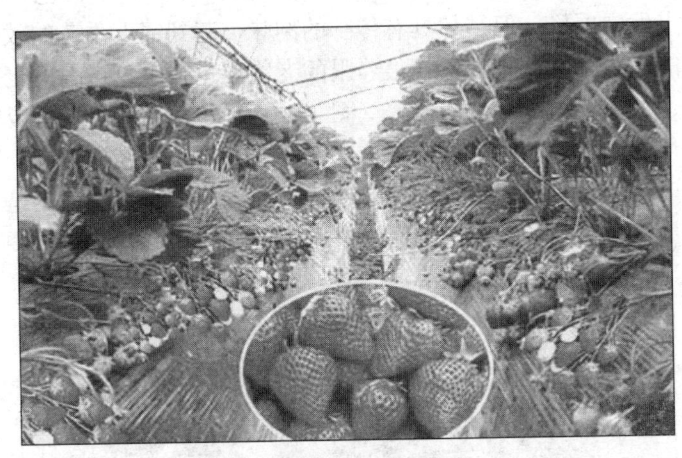

图 10 老磨盘休闲农庄采摘园

资料来源：老磨盘农庄实地调研。

4. 住宿 集吃、玩、住一条龙服务的老磨盘农庄一期客房共有 40 余套，有标准间、套间和独院，悠闲清净、干净卫生，可满足不同人消费群需求（图 11）。二期客房工程将于 2013—2014 年进行修建，届时将增加 500～1 000 米^2 的住房面积，不仅可以改善居住环境、提高服务管理水平，还可以满足消费者日趋多样化、多元化的消费需求。对于住宿的评价并不应该像图 7 所显示的数据那样，由于大多数前来老磨盘农庄休闲度假的游客是北京城区市民，鲜有人体验农庄的农家住宿，因此相对于其他项目，消费者对于住宿的青睐程度偏低。

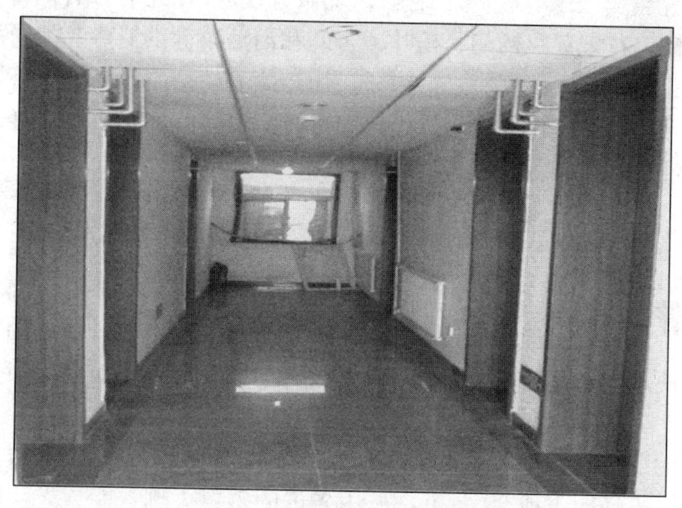

图 11　老磨盘休闲农庄客房

资料来源：老磨盘农庄实地调研。

5. 淘老物件　淘老物件是其他休闲农庄所不具有的一项特色，虽不是老磨盘农庄的重点发展项目，但是却具有传统的韵味，起到锦上添花的效果，也受到了不少游客的喜欢。这光是看看就很养眼的老物件包括古色古香的老家具、精美绝伦的木雕、中国年画以及老瓷器等（图 12）。游客们可以在茶余饭后，在餐厅的入口、拐角处以及茶水区可以看见这些老物件。只要游客觉得好，喜欢这些老物件，就可以以合理的价格得到这些心仪的东西。休闲农业避讳的是产业的趋同性与服务项目的类似性。因此，老磨盘农庄在规划和项目的选择上突出了优势与

图 12　老磨盘休闲农庄老物件

资料来源：老磨盘农庄实地调研。

特色，向着拾遗补缺、标新立异的方向，进行错位发展。

6. 会议　老磨盘休闲农庄共有大小会议室3个，其中包括一个多功能综合大厅，单个会议室可容纳200余人。另外，农庄内还设有棋牌室、KTV等服务项目。

二、老磨盘农庄发展存在的问题

老磨盘农庄建立于2011年，近两年在突飞猛进发展的同时，也显现出本身的一些问题。正确认识这些问题，可以为今后老磨盘农庄更好更快发展奠定坚实的基础。

（一）缺乏农庄创新之处

创新是以新思维、新发明和新描述为特征的一种概念化过程。创新是推动民族进步和社会发展的不竭动力。传统的观光采摘、餐饮住宿已经不能满足消费者们日新月异的消费需求。新项目的创新、产品创新、市场营销的创新、农庄文化的创新、企业管理的创新以及宣传方式的创新，使方式由单一转向多样化。较为传统的经营模式、主营项目的大众化以及经营理念的保守，都体现出了老磨盘农庄活力之中的“呆滞”。加大创新力度，老磨盘农庄势在必行。

（二）休闲配套设施陈旧

老磨盘农庄休闲配套设施总体呈现出一种“相对量齐全，绝对量不足”的现象。相对于周边的其他鱼塘、采摘园，老磨盘农庄环境幽雅、具有相对齐全的配套设施，但是从长远的发展来看，其自身在基础设施建设方面还存在一些不尽如人意的缺点。例如，渔场暂无方便使用的供电设施、渔场卫生间简陋以及农庄内缺乏针对特殊人群的设施等。

（三）宣传力度小、品牌效益低

首先，宣传是一种信息表现手法，具有激励、鼓舞、劝服和引导等多种功能。其基本功能是劝服，即通过多种内容和形式，阐明某种观点，使人们相信并跟着行动。其次，品牌是给拥有者带来溢价、产生增值的一种无形的资产，它的载体是用以和其他竞争者的产品或劳务相区分的名称、术语、象征、记号或者设计及其组合，增值的源泉来自于消费者心智中形成的关于其载体的印象。为何许多从“星光大道”走出来的“草根”人物能够一夜成名、家喻户晓？正是因为“星光大道”在成长的过程中成为一条强有力的宣传渠道，参加“星光大道”的节目无疑是一种自身的宣传。21世纪是信息时代，在众多宣传手段中，前来老磨盘农庄休闲度假的游客大多数是经过亲朋介绍而得知的，一少部分人是经过上网查阅和偶然发现才得知的（图 13）。由此可以看出，老磨盘农庄的宣传力度小，目前还没有形成一定的品牌效益。

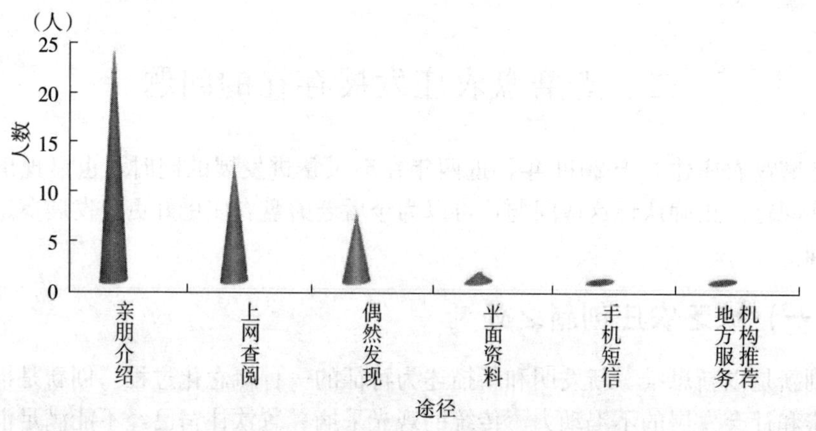

图 13　游客得知老磨盘的途径

资料来源：老磨盘农庄实地调研。

（四）从业人员文化素质、劳动技能偏低

文化素质指人们在文化方面所具有内在的、较为稳定的基本品质，表明人们在这些知识及与之相适应的能力行为、情感等综合发展的个性特点、质量和水平；劳动技能是指岗位在生产活动过程中对劳动者素质方面的要求，主要反映岗位对劳动者的智能要求程度。劳动技能本质上是人的劳动能力，这种劳动能力包括人的智力能力、心理能力以及体力能力。

目前，老磨盘农庄的服务人员虽然具有良好的服务态度，但文化素质还不高、缺少劳动技能培训，提高从业人员的科学文化素质及技能的问题亟待解决（表 2）。老磨盘农庄旅游服务人员大多不是正规职业学校的毕业生，学历集中在初中文化水平，没有受到过专业的休闲农业服务文化知识培训。这些工作人员大多是原来从事农业生产、加工、营销以及没有休闲农业工作经验的工作人员，对旅游业缺乏服务、经营和管理经验。一小部分虽然进行了短期的农业技能培训，但时间短、不够规范，从整体上来仍然体现出素质偏低的状况。一些外来打工人员的语言表达能力和普通话水平都成为提高服务质量的重要“瓶颈”。员工的道德品质更是一个企业的品质与形象的缩影，一些员工的教育水平低导致了受到的道德教育少，致使他们中的部分成员呈现出道德水平有待提高的现象。应急处理能力是现在每一家企业员工所应该重点普及的知识，如餐厅的防火防电、渔场的安全防护以及采摘园的防虫防害等，都应当普及到各岗位的负责人。

表2　不同学历消费者对劳动者的要求

对工作人员的要求	游客学历				总计
	初中毕业及以下	高中毕业	大专及大学本科	硕士及以上	
提高文化水平	0	2	6	2	10
提高职业技能	1	0	2	1	4
改善服务态度	0	0	5	3	8
提高道德品质	0	2	1	2	5
强化应急能力	0	0	2	0	2
普及标准语言	0	0	4	1	5
暂　无	0	3	10	0	14

资料来源：老磨盘农庄实地调查。

（五）农庄管理效率低下不具规模

管理不够规范，劳动效率有待提高。老磨盘农庄的相关规章制度和管理机制不健全，各相关部门在管理上还不够协调，暂没有形成统一的运营机制。农庄内的配套设施建设、管理服务用房等用地结构和布局还比较散乱，管理岗位人员身兼数职，没有统一的标准和要求。游客的餐饮、住宿、娱乐等安全卫生方面还不规范。

（六）缺乏独具特色的农业文化

文化是人类在社会历史又是在发展过程中所创造的物质财富和精神财富的总和。一定文化是一定社会的政治和经济的反映，是推动社会向前发展的动力。休闲农业同样也具备旅游业以文化为核心和灵魂的特点，人民对休闲农业产品的需求不仅仅局限在浅层次的观光和体验，更注重的是深层次的精神内涵、文化需求和审美体验。因此，老磨盘农庄现存的多项休闲资源开发力度明显不够，只注重于农产品等物质景观资源的开发，而对于乡土生活、传统艺术和乡村民俗等文化资源的开发力度远远不够。老磨盘农庄每个项目都建立自己的文化内涵，鱼种的内涵、蔬菜水果的营养搭配等都可以成为老磨盘农庄的文化支撑，开发老磨盘农庄的文化内涵亟待解决。

三、促进老磨盘农庄发展的建议措施

解决好老磨盘农庄在发展中存在的问题，是实现老磨盘农庄可持续发展的重中之重。针对老磨盘农庄的发展“瓶颈”，主要从以下六方面进行改进。

（一）加大创新投入

江泽民同志总结20世纪世界各国政党，特别是共产党兴衰成败的历史经验和教训得出的科学结论：创新是一个民族进步的灵魂，是一个国家兴旺发达的不竭动力，也是一个政党永葆生机的源泉。一个民族要想走在时代前列，就一刻也不能没有理论思维，一刻也不能停止理论创新。创新在经济等多个领域的研究中有着举足轻重的分量，老磨盘农庄在今后的发展过程中更应注重创新（图 14）。

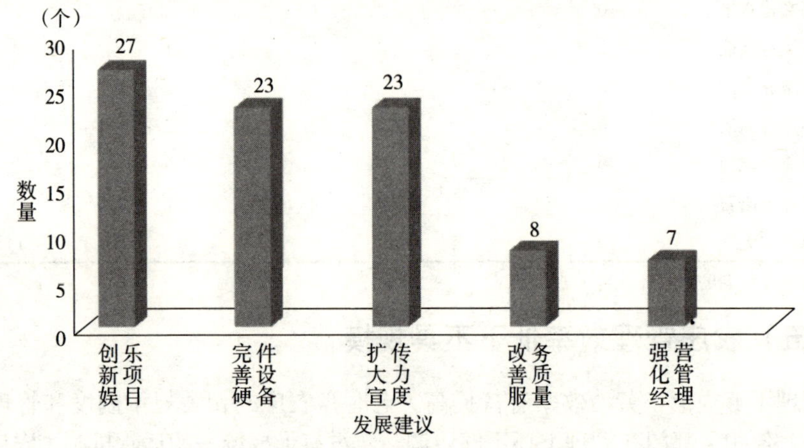

图 14　消费者对老磨盘农庄今后发展的建议

资料来源：老磨盘农庄实地调查。

老磨盘农庄创新是现代经济中创新的基本构成部分。一方面，老磨盘农庄由垂钓、餐饮、采摘、住宿和淘老物件等特色项目构成，因而其创新就涵盖了这些项目的创新。另一方面，老磨盘农庄的创新不仅仅包括原有项目的创新还应该有新项目的创新、产品创新、市场营销的创新、农庄文化的创新、企业管理的创新以及宣传方式的创新。第一，新型娱乐项目的增加。新型娱乐项目的增加不仅是老磨盘农庄更具娱乐代表性，扩大营业项目与消费者的选择范围，更有利于提高老磨盘农庄的经济效益。第二，产品创新。尽管老磨盘农庄的渔场拥有自己独具特色的鱼种，但是在采摘园、住宿等项目还需创新出更具代表性的产品。例如，增加采摘园的采摘品种，将品种扩大可满足不同人群的各种需求；增加住宿的可选择种类，提供小时房、温馨情侣房以及多人间，更多的消费水平满足不同需求。第三，市场营销创新，抓住团队旅游的庞大市场，拓宽目标市场范围。第四，文化是一个企业发展的灵魂，良好的文化可以成为企业强大竞争力的重要支撑之一。在经营的同时进行相关科普传播，增加农庄的文化内涵。第五，管理创新，采用科学的管理方式代替原有的和传统的管理方式。第六，宣传方式创新，采用媒体的快速传播方式，将平面传播、手机短信、微博以及广播电视相结合。

（二）完善配套设施、利用政策支持

在现代社会中，随着经济的高速发展，人们对基础设施的要求越来越高；完善的基础设施对加速社会经济活动，促进经济又好又快发展起着巨大的推动作用。良好的基础设施建设具有所谓“乘数效应”，即能带来几倍于投资额的总需求和收入。老磨盘农庄的基础设施是否完善，是其经济是否可以长期持续稳定发展的重要基础。拓宽投资渠道，完善基础设施。发展老磨盘休闲农庄应该采取多元化的投资方式。第一，要向政府申请加大投资力度，特别是基础设施应作为投资的重点。国家在《关于加快统筹城乡发展力度进一步夯实农业农村发展基础的若干意见》（中发［2010］1号）和《关于加快发展旅游业的意见》（国发［2009］41号）文件中提出，丰富和拓展休闲农业与乡村旅游功能和文化内涵，逐步形成政府引导、农民主体、社会参与的休闲农业与乡村发展的新格局。北京官方要求相关部门对符合一定条件的休闲农业园区的生产、基础设施、科技推广等项目择优扶持；并使用公共事件宣传推介平台，组织符合一定条件的休闲农业园区不定期宣传推介活动来扩大影响力。北京市还对符合一定条件的休闲农业园区为提高从业农户业务素质进行知识培训、专业技能培训和服务技能培育予以支持。第二，更要利用各银行和农村信用社对休闲农业低利率贷款的支持，也可以吸引国内合作公司的资金，以股份制或合资经营等方式进行开发。

完善基础设施，主要是搞好环境治理、安全保障等，并规范住宿设施、饮食设施、卫生设施和安全设施等建设标准要求，做到设施齐全、标准规范和健康发展。在今后的设施建设中，应注意民生方面的基础设施建设。例如，建立一个干净卫生的饮水房、建立起一个干净整洁的公共卫生间、在餐厅增加儿童椅以满足不同人群的需求。建立完善的基础设施往往需较长时间和巨额投资。对新建、扩建项目，特别是像老磨盘农庄这样的休闲农庄的基地建设，远离城区，无法借助城区的基础设施优势，更需优先发展基础设施，以便项目在今后顺利的发挥效益。

（三）加大宣传力度、创建品牌效益

广泛的宣传渠道是创建良好品牌的基础，强有竞争力的品牌效益会促进宣传的顺利进行。扩大宣传力度，拓宽信息流通渠道是加强社会影响力、提高农庄知名度和增强市场竞争力的重要途径。品牌是企业的无形资产。由于品牌拥有者可以凭借品牌的优势不断获取利益，可以利用品牌的市场开拓力和形象扩张力，资本内蓄力不断发展。品牌的价值并不能像物质资产那样用实物的形式表述，但它能使企业的无形资产迅速增大，并且可以作为商品在市场上进行交易。

加大宣传，促进营销，建立强有竞争力的品牌。为扩大游客市场，要增加营销投入。首先，需要注重利用各种宣传媒体，如广播、电视、报纸和平面宣传资料等进行宣传促销，拓宽宣传渠道。其次，采用与民俗民风相结合的方式，利用农村节庆假日，组织观光旅游，举办展览会和科普培训等活动进行宣传。再次，老磨盘农庄需加强与旅行社的合作，与周边景点、景区（如世界草莓博览园、开心采摘园等）相结合，扩大旅游市场，以吸引更多的游客。最后，利用政府引导和行业协会规范、监督、协调的职能，利用已经营造起来的品牌建设的良好氛围，利用搭建起来的旅游服务宣传推介渠道，打造知名品牌并提升品牌知名度和影响力。因此，在今后的发展中将老磨盘农庄打造成一个具有强大竞争力的品牌是工作的重中之重，使其内在项目都成为独具特色的旗下品牌，最终实现“百花齐放、百家争鸣”的良好势头。

（四）加强从业者素质培养和职业教育培训

从业者的素质和职业技能的提高是老磨盘农庄在发展中的灵魂。文化素质不只是学校教给你的科学技术方面的知识，更多的是指人们所接受的人文社科类的知识，包括哲学、历史、文学和社会学等方面的知识。这些知识通过你的语言或文字的表达体现出来、通过举手投足反映出来的综合气质或整体素质；劳动技能要能够对财富的创造起贡献作用，即成为财富形成的源泉。劳动者的劳动技能要对社会财富的创造做出贡献，就必须融入组织中去，通过把自己的劳动技能与组织的需要相结合，为组织目标的实现做出贡献。专门劳动技能是劳动者的独特能力，是创造财富的核心能力。

加强从业者素质培养和职业教育培训，提高服务水平。第一，要建立和完善领导体制，充分发挥垂钓、餐饮、采摘和住宿等方面的协调发展。第二，建立各种规章制度，从人员上岗、安全和卫生保障、经营管理、接待服务等各方面都按规章流程办事。第三，要定期对服务人员的劳动技能、职业道德、法律法规意识、农业农村政策以及转岗就业能力进行培训，提高服务人员的综合服务水平，提高管理人员的战略经营管理意识及营销业务能力（图 15）。第四，定期进行评

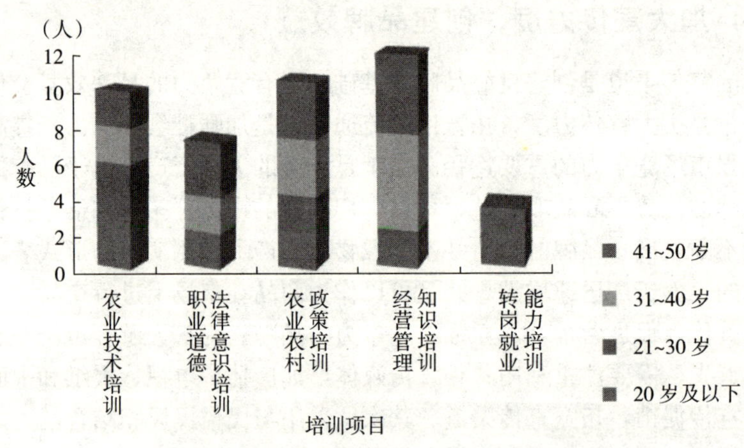

图 15　不同年龄段工作人员的培训需求

资料来源：老磨盘农庄实地调查。

估，实行优者奖励和支持制度。

（五）科学管理、精心设计

第一，科学管理就是以最大限度的产出取代有限的产出，每人都发挥最大的工作效率，获得最大的成功；就是用高效率的生产方式代替低成本的生产方式，以加强劳动力成本控制。对老磨盘农庄各部门科学管理、精心设计，使各部门充分发挥功能，提高劳动效率，实现效益最大化。

第二，将老磨盘休闲农庄规模化经营。休闲观光农业以游客休闲、游玩、娱乐为目标。为了提高老磨盘农庄知名度，吸引尽可能多的游客，就需要增加休闲旅游的增值服务内容，相邻地区不同景点的融合，使空间上的规模经营成为必然趋势。这种经营可充分发挥各自优势，充分利用现有交通、通信和餐饮服务设施。例如，房山区十渡自然风景区，与河北省野三坡的自然风景区的联合经营。

（六）加强农业文化建设

农业是记录延续农耕文明、传统文化的重要载体，承载着重要的历史文化信息。中华民族拥有着灿烂辉煌的文明史，源远流长的农业文化是其重要的基础和核心。中华民族虽经历危难曲折，但是中华文明绵延千年而不曾中断，成为世界文明史上的奇迹；从一定意义上说，农业承先启后的文化传承功能对此做出了重要贡献。发展农业文化对于我们展望未来，更好的推进农业现代化建设，实现中华民族伟大复兴具有重要意义。

文化建设不断为休闲农业提供强有力的智力支持，形成创造力。这是因为休闲农业能够培养都市型现代农业所需的各种人才，提高劳动者科学文化素质，开发人的智力资源，使蕴藏在人民群众中无穷无尽的创造力迸发出来。如果我们忽视文化建设，文盲、科盲充斥，就不可能有物质文明的高度发展和社会物质财富的巨大增长。大力发展教育和科学事业是发展休闲农业的重要内容之一。

四、结　　论

尽管老磨盘农庄起步比较晚，目前仍然属于发展的初级阶段，但由于地处农业资源丰富的昌平区崔村镇，并且处于经济社会快速发展、建设社会主义新农村的历史背景下，老磨盘农庄拥有着巨大的发展空间和发展潜力。

立足于北京休闲农业整体发展现状，参照各地优秀农庄发展经验，未来老磨盘农庄应朝着以下四方面进行规划发展：第一，向生态化方向发展。老磨盘农庄的开发应在维护生态环境、保持生态平衡的基础之上，从而实现农业资源的循环利用和可持续发展的农业。第二，向特色化、品牌化方向发展。包括农庄的自然风景特色、产品特色、地域特色以及文化特色在内，只有突出老磨盘农庄的独有之处、特有魅力才能增强旅游的吸引力、提高品牌的竞争力和扩大市场的占有率。第三，向多样化方向发展。旅游者对农业旅游休闲品种的多样性、内容的丰富性和体验的差异性的要求会越来越高，多样化可实现可持续发展的休闲农业路线。第四，向现代产业化方向发展。未来的老磨盘农庄，绝不能只围绕着现有的农业项目进行，要开阔眼界，防止故步自封。应当构建起一个包括餐饮、住宿、交通、销售、医疗和保险等各相关行业的产业集群，向产业化、规模化的方向发展。只有这样才能实现老磨盘农庄自身的深层次发展，充分发挥其对农村地区经济社会发展的总和带动作用。

主要参考文献

昌平区人民政府．2013. 昌平区 2012 年国民经济和社会发展统计公报［OL］. http：//www. bjchp. gov. cn/tabid/159/Default. aspx. 05.

程宇宁．2011. 品牌策划与管理［M］. 北京：中国人民大学出版社．

初胜华．2012. 秦皇岛市体验式休闲农庄旅游项目开发可行性研究［J］. 考试周刊（46）：32-33.

代彬．2012. 鄂州市梁子湖休闲农业调研报告［D］. 武汉：华中师范大学．

郭焕成，任国柱．2004. 我国休闲农业发展现状与对策研究［J］. 北京第二外国语学院学报，66-71.

何忠伟，刘芳．2011. 都市型现代农业之实践探索［M］. 北京：中国农业科学技术出版社．

何忠伟，刘芳．2011. 北京都市型现代农业发展与创新［M］. 北京：中国农业科学技术出版社．

胡宝贵，邓蓉．2008. 北京农村产业发展理论与实践［M］. 北京：中国农业出版社．

胡小友．2009. 北京休闲农业尚需统筹发展科学升级——访北京农学院都市农业研究所所长史亚军［J］，数据（7）：11-13.

黄映辉，史亚军．2007. 都市农业发展动因及功能的国际比较［N］. 北京农学院学报，22（1）：54-58.

李雅芳，郭立新，陈阜．2010. 北京郊区休闲农业发展现状及对策思考［J］. 中国农业通报，26（21）：446-448.

林立群．2011. 三明市休闲农业发展研究［D］. 福州：福建农林大学．

刘奇．2012. 中国三农问策——多功能农业［M］. 合肥：安徽人民出版社．

刘雪．2012. 基于旅游业视角的廊坊休闲农业发展研究［C］. 王建平．第十四届中国科协会年会科技创新与环首都现代农业园区建设专题调研座谈会论文．北京．中国经济出版社．

马菲菲．2012. 湘西地区休闲农业与旅游业耦合发展研究［D］. 吉首：吉首大学．

农业部软科学委员会办公室．2010. 现代农业与新农村建设［M］. 北京：中国财政经济出版社．

农业部乡镇企业局 . 2012. 农业部《全国休闲农业发展“十二五”规划》[EB/OL] . http：//www. moa. gov. cn/zwllm/ghjh/201108/t20110823 _ 2181550. 12.

史亚军 . 2011. 观光农业概论 [M] . 北京：中央广播电视大学出版社 .

王有年，华玉武 . 2010. 北京都市型现代农业文化研究 [M] . 北京：中国农业出版社 .

王爱玲，文化 . 2012. 北京农业新功能的发展战略 [J] . 安徽农业科学，40 (2)：1063 -1065.

文化，王爱玲，陈俊红 . 2005. 聚焦都市农业——农业在首都经济发展中的地位与作用[M] . 北京：中国经济出版社 .

曾克丽 . 2012. 我国支持休闲农业发展的政策现状 [J] . 中国乡镇企业 (11)：44 - 45.

张敏，苗润莲，胥艳玲，等 . 2013. 京津冀都市圈生态休闲农业的功能定位及关键问题探析 [J] . 安徽农业科学，41 (1)：174 - 176.

赵毅 . 2012. 休闲农业发展的国际经验及其现实操作 [OL] . http：//jjzd. gygov. gov. cn/gygov/1442575838561435648/20110927/310746. html. 09 - 25.

周嘉玲 . 2007. 台湾省休闲农业现状及发展策略之研究——以台北县休闲农业为例 [D] . 北京：中国农业大学 .

邹冰洋 . 2012. 休闲农业为新农村建设注入绿色新生机——访北京农学院都市型农业研究所所长、中国农业会都市与休闲农业分会副会长史亚军 [J] . 中国乡镇企业 (3)：16 - 17.

宗立科 . 2013. 关于发展休闲农业的思考 [J] . 中国乡镇企业 (2)：40 - 41.

株洲县农业局 . 2010. 特色农业产业发展的问题与对策 [J] . 中国乡村发展，26 (21)：446 -448.

Acumenia. 2002. Farm Tourism Supply：Farm & Rural Tourism Development Plan 2002—2007，Project Founded under English Rural Development Programme by DEGGF [J] . South West Tourism.

Busby，Charan，Rendle. 2000. The transition from tourism on farm tourism [J] . Tourism Management (21)：635 - 642.

Erol Duran. 2008. Protecting Social and Cultural Identity in Sustainable Tourism：The Case of Gökçeada，Turkey Advances in culturep [J] . Tourism and Hospitality Research，(6) .

Fleischer，A. ，A. Tchetchik. 2004. Does rural tourism benefit from agriculture? [J] . Tourism Management (4) .

Murphy，J. F. 2004. Recreation and leisure service [M] . LA：Wm. C. Brown.

北京农业休闲观光园消费者意愿研究

——以北京市大兴区留民营农业园为例

学　　生： 胡　佳

指导教师： 唐　衡

摘　要： 随着我国经济社会的快速发展以及人们生活水平的提高，越来越多的人向往回归大自然，进行观光采摘等农业休闲活动。北京休闲农业与乡村旅游的发展已有 20 多年的历史，农业休闲观光园的发展也方兴未艾。截至 2011 年年底，全市农业休闲观光园已达到 1 300 个，年接待游客 1 842 万人，经营总收入 21.7 亿元。本文通过对北京市大兴区留民营休闲观光农业园的实地调研，研究休闲农业中消费者的意愿与需求。研究结果显示，消费者对农业园区的服务、相关设施、旅游项目和信息宣传方面提出不同的意见与建议，消费者认为农业园在饮食卫生方面应加强管理，在旅游景点的项目涉及和设施改善方面有待开发等。应该在原有的资源基础上，本着以不破坏自然环境的原则，不断开发新的旅游项目，使景区的项目更丰富多彩；信息宣传方面，应多加强网络的应用，从整体宣传出发，突出特色，加强宣传。

关键词： 休闲农业　消费者　留民营　农业园

前　　言

（一）研究背景

乡村旅游与休闲农业在我国已经有 20 多年的发展历史。休闲农业利用农村景观、农业活动、农村民俗文化，通过科学规划和开发，为人们提供兼有观光、休闲、娱乐、教育和生产等多种功能为一体的农业旅游活动，是一种生态旅游新类型。休闲观光农业的多元发展，将农业园参观、农耕体验、休闲旅游、观光采摘和民俗文化等活动有机结合起来，既满足了居住在城市里的人们向往自然、回归自然和享受自然的需要，又促进了乡村旅游业的快速发展。

休闲农业旅游发展的各种障碍因素在很大程度上仍制约着旅游的发展。发展休闲农业是实现农业现代化和促进农民持续增收的首要任务。据统计，2011 年，北京市休闲农业与乡村旅游总收入 30.4 亿元，同比增长 20.8%，接待游客 351 108万人次，同比增长 5.5%。农业观光园 1 300 个，从事民俗旅游实际经营接待户 8 396 个，休闲农业从业人数 6.4 万人。北京都市休闲农业发展已成为推动北京经济发展不可或缺的力量。其中的体验型休闲农业园发展模式在推动北京经济发展、农业发展、促进村民就业和市场繁荣等方面起到了一定的作用。但随着社会的发展、消费市场的不断变化以及发展环境的不断变化，体验型休闲农业园在持续发展中产生了一些问题。根据对消费者的调查找到这些问题，并解决问题，倡导并实践“发展生态农业、支持健康消费、促进城乡互助”的行动理念，推动食品安全、生态文明与城乡良性互动，促进北京城乡统筹和可持续发展以及北京都市型现代农业发展。许多农业园休闲农业项目没有从消费者的需求与意愿出发，存在着雷同和效仿等问题。本文通过对大兴区留民营旅游的消费者进行调查，旨在为郊区农业休闲旅游业发展战略与规划制定提供决策基础，通过做好功能定位，确定目标人群，提升发展相关产业，经营模式多样化，产品开发特色化，景区建设高品位化，形象提升走品牌化等，从而促进休闲农业的经济效应和市场影响力。

（二）国内外研究现状

1. 国外研究现状　近几十年来，国外由于非常先进的技术，农业生产方式不断地改进和改变，农业的劳动力需求不是很多，剩余农产品也在不停的积累，导致国外的政府采取一些方法和措施来阻止农产品大量的累积，从而使从事农业相关方面的工作人员减少。由于国外采取的这些措施，最后导致了农村的萧条和社会的没落，不仅如此就连老龄化人口的数量也不断增加。休闲农业的发展可以带动一些乡村的发展，因此又被国外重视起来，不断地调整农业的结构，也在加强很多城市与乡村的交流。

很多国外的国家如欧美国家，他们对休闲农业的发展有一定的经验，体现在很多方面，如政府的宏观调控。政府的宏观调控对于一个国家或者是乡镇农村休闲观光农业的发展有很多的帮助，如可以对一个国家的农业经济有引导作用、监督作用以及促进作用等。就全面发展而言，国外的经济一体化程度很高，尤其是欧洲国家的经济。政府的政策也较为统一完善。因此，欧洲地区农业开发的一致性很强。不仅如此，欧美国家还实行了很多有效的措施和方法，把农业的开发和发展都很好的联结在一起，更好的促进了休闲观光农业的发展。当然有很多国家和社会也是很有爱心的，把扶贫救助等公益活动与国家经济联系在一起发展。乡村旅游发展的管制都有所变化。现在都是由地区内外的相关机构合作引导，而以前都是由政府来强行的管制。1953 年成立的法国农会常设委员会就在 1998 年设立了农业及旅游接待服务处，并且还建立了“欢迎莅临农场”的行业组织网络，使法国的农业旅游在各国中凸显出来。2001 年，英国成立事务部，制定出了一些新而有效的管理方案和计划，以促进英国乡村的农业旅游、爱护动植物和改善村民生活为主要目的方案。芬兰也成立过委员会，主要目的还是想让国家的农业资源充分利用而不被浪费掉。美国也制定了很多方案来促进休闲农业旅游的发展。日本休闲农业与乡村旅游也有自己的独特特点：城市与农村距离近，一日游类型的观光农业居多。这是由于日本居住的面积基本都很小，所以与农村之间距离很近，日本的观光休闲农业与欧洲的完全滞留型有所不同，大多数都是以一日游为主。大部分的休闲旅游农业都是由政府和集体组织开发经营的。

2. 国内研究现状

(1) 休闲农业的研究。柯立（2008）指出，观光休闲农业策划的指导思想是：以满足观光休闲农业的功能为出发点，按照以人为本的原则，体现人与自然和谐相处，生态、经济、社会协调发展，突出特色，培育亮点，形成规模，做出品牌，持续发展。要做到依托田园和生态景观，重视休憩和生态体验，挖掘农耕和民俗文化，突出特色和主题规划这四点。

许岱民（2009）指出，休闲农业的发展，不仅是中国特色农业的发展、建设新农村的需要，也是促进农村改革、农业转型和农民增收的一条最优的捷径。他提出了发展休闲农业的六方案：科学规划合理布局，因地制宜突出特色，制定标准规范服务，尊重民意量力而行，加强营销宣传，坚定不移的促进可持续发展。

陈文强（2009）提到，政府推动、合理规划、法规健全和模式多样是我国台湾成功发展休闲农业的经验。

郭焕成等（2008）从发展条件、现状、特点、布局和旅游线路组织等几个方面，对北京市休闲农业与乡村旅游的发展进行了全面系统的研究和总结，并在此基础上提出了北京市休闲农业与乡村旅游发展的对策与建议：合理布局、科学管理、加大投入、强化培训和加强法律保障。

由于休闲农业集休闲、观光、旅游、度假和采摘于一体，为人们提供了更美、更健康和更宽敞的活动氛围和空间，不仅促进了农村经济的发展也使更多的农村面貌得到很大的改善，使原来破旧的房屋变得整齐如一，甚至有的农村因农业园的发展已经住进了复式小楼。除此之外，更多是人们的生活变得更充实更有意义，并且也促进了人们的身心健康。

(2) 消费者行为研究。叶艳霞（2007）提出，研究旅游者消费过程得到的效用满足也是以个体来衡量的。对旅游消费者行为的了解，对于推出新的旅游线路及产品乃至旅游规划都有非常重要的作用。旅游者会因环境感知的不同而导致个体行为的差异。感知的内容与形式，取决于对距离本身的感知。行为地理学认为存在着环境意象，且与实际行为之间存在着密切的联系，对旅游点的吸引力真正起削弱作用的是感知距离而不是客观距离。对于旅游者而言，感知是行为的基础，行为又丰富了感知，直接或间接的信息都会增强旅游者的感知。

林明太等（2009）的研究，以福建莆田市九龙谷、快乐农庄休闲农业景区为研究区域，运用问卷调查和实地访谈方法，在分析样本游客人口学特征的基础上，从旅游动机、旅游信息获取渠道、对旅游目的地的决策、旅游消费水平、旅游方式、最喜欢旅游活动和出游频率等方面探讨总结中小城市休闲农业旅游的游客旅游决策行为特征，并提出了改善和提升中小城市休闲农业旅游发展的对策。

杨丽华（2009）在对长沙市休闲农业消费群体的人口统计特征进行调研的基础上，借鉴李克特满意度量表及国内外学者研究成果，从旅游服务质量的五个基本维度“购物、娱乐、交通、食宿、服务态度”，对长沙市休闲农业的消费者满意度进行了调查与分析，以期探求制约休闲农业发展的需求因素，并在此基础上提出了相应的对策建议。

一、留民营农业园的发展现状

（一）研究区概况

留民营生态旅游景区位于北京市大兴区长子营镇境内，距市区25千米。这个美丽的绿色村庄是被联合国环境规划署授予的全国环保“五百佳”之一的“中国生态农业第一村”。全村占地146公顷，现有农户260户，共有市级民俗旅游接待户26户。该村地理位置较低缓，所以水源比较充足，土壤和有机物质含量很丰富，气候适宜，光照充足，适合多种农作物生长并且也很适合游客在这里修身养性。

留民营在1982年开始实施生态农业建设，开发利用生物能、太阳能；美化环境，调整结构；通过几十年的生态农业建设，不但形成了以“沼气”为中心，串联农、林、牧、副、渔的生态体系，而且形成了种植、养殖、加工和生产供销一条龙的生产系统，成为京郊乃至全国循环经济、低碳生活和保护环境的典范。

留民营凭借优美的生态环境，独特的生态模式和民俗风情文化底蕴，获得了“北京最美丽的乡村”、“中国生态农业第一村”等荣誉称号，开展生态农业观光已有20多年的历史，吸引了世界138个国家和地区的游客。特别是近几年来，随着景区建设的不断完善，各种宣传力度也不断加强，旅游景点的环境也在不断的优化，经营的方式在逐步完善，因此留民营农业园更是受到广大游客的喜欢。

（二）留民营休闲观光农业的发展

留民营开发生态农业、观光已有20多年的历史，其旅游资源的开发较为成熟。新建的留民营生态庄园、农业公园、农业观光采摘园、垂钓、娱乐、餐饮和会议等设施也为留民营聚集了人气。结合这些设施，留民营组织了生态农业观光游，让游客在参观沼气、太阳能的同时充分了解和感受节约能源、保护环境的重要性，认识到通过实施有机生态农业取得的良好的社会效益、环境效益、经济效益和品牌效益。

为了充分发挥留民营的生态农业优势，打造生态旅游产业链，村内进一步规范、调整区域产业结构，形成了“四区、两园、一中心”的生态农业观光格局。高科技农业示范区、无公害畜牧养殖区、民俗旅游观光区、沼气太阳能综合利用区和科普公园区等，是集生态农业观光、旅游、度假、采摘、会议和餐饮为一体的、具有浓郁乡村田园气息的生态旅游示范区。村党支部本着生态立村、产业强村、文化兴村等原则，进一步开创留民营各项事业发展的新局面。

（三）留民营休闲观光农业的模式

1. 观光采摘模式 主要的旅游景区有生态农场观光采摘园、生态科普公园、有机蔬菜观光园和农业博物馆等。留民营农业园利用现有的本土设施和地理优势，规划和设计农业园，使农业园的观光休闲和采摘的优势多元化的发挥出来。例如，多利农庄有机蔬菜种植基地，在这里游客能看到蔬菜从生产到加工再到销售的全过程，包括生产区、采摘区、加工区、物流区和办公区等。游客到生态观光采摘园可以进行观光、休闲和采摘等活动。可以从中体验农业生活、欣赏美丽的留民营农业园风光，既愉悦心情又可以尽情地享受留民营农业园的乡土情趣。

2. 休闲旅游模式 主要旅游设施有无公害蔬菜高科技示范区、民俗旅游观光区和农业文化园等。这些园区主要是针对上班族游客的。现在上班的白领们，少有休闲放松的时间，来到留民营农业园，既可以在这里旅游、观光采摘和品农家饭等方式放松心情，还可以到文化园区感受一下大自然的绿色风光，来舒缓一周的工作压力。不论去留民营哪个文化园区都可以感受到愉快的气氛，从而来放松自己。

3. 教育功能模式 主要的旅游景区有农业教育亲子体验园、北京青少年绿色文明教育基地和农村文化园等。留民营农业园不仅实施生态建设，也是绿色文明教育基地，使孩子们自然体验农耕，做大自然的主人。田园驿站内容非常丰富，有动手活动、农耕体验、健身锻炼、灶台野炊、社会实践和亲子互动等。例如，父母可以跟孩子们一起体验农耕，留民营体验园就是一个文明教育基地的代表。既可以让孩子们体验到农耕的快乐，又可以让他们了解到农耕是一件很辛苦的事情，除此之外还可以让他们获得更多的农业知识。小朋友和家长一起来留民营亲自体验活动，在这里可以采摘、挖花生和红薯、体验磨豆浆、扎染、彩绘、做卡通皂、喂养小动物，还可以在这里品尝纯正的农家饭。

4. 民俗文化模式 留民营充分利用本土特有的民俗、传统工艺和节庆等文化促进旅游，以旅游促进发展，已成为留民营广大干部群众新的理念。一年一度的留民营“千人饺子宴”已有30多年的历史，其欢乐祥和与壮观的场面无不被世人称赞，成为留民营最富有特色的民俗旅游活动。除此之外，留民营民俗旅游观光区还组织游客品农家饭，观赏村内晚会、小车会和秧歌会等。这些留民营村里组织的活动，游客均可以体验和享受到本土的民俗风情，既增添了旅游乐趣又丰富了群众的文化生活。

5. 科考功能模式　主要的旅游景点有生态农业科普公园、国际生态学术研究交流培训中心和沼气太阳能综合利用示范区等。留民营生态农业科普公园是在“中国生态农业第一村”——留民营原有农业体验园基础上，为进一步整合留民营村的生态资源，传播生态文化，进行改造而形成的集展示、教育、娱乐、互动体验与观光、旅游于一体的可持续发展的生态农业科普公园。公园将充分体现社会主义新农村的建设成果，是实现教育、培训、实践“三位一体”的综合科普基地。除此之外，留民营还形成了沼气为中心，实行循环生态体系，其科考价值吸引大批国内外人士。

6. 综合功能模式　主要旅游设施包括有机畜禽养殖区、蛋品加工基地、农业有机废物生物处理区和能源转换区等。从观光旅游的角度来看，留民营农业园是集旅游、观光、休闲和采摘为一体的休闲农业园。从综合全面的角度来看，不仅能观光旅游，更是集农业、畜牧业和工业为一体的多元综合高科技生态旅游休闲园。

二、留民营农业园调查方法及样本构成

（一）调查方法

1. 随机抽样问卷调查　调查地点是北京市大兴区长子营镇留民营村农业园，针对留民营休闲农业园的消费者，以随机抽样问卷调查的形式，随机发放的样本数量有54份，有效回收50份。通过这种方法可以掌握真实有效的第一手资料，对留民营休闲农业园现状进行分析。

2. 图表分析法　根据问卷调查的结果，总结第一手资料，绘成图表可以很直观的看出留民营休闲农业园消费者的特征和意见。进而对现实问题更为客观的归纳总结，继而进行精确的分析。

（二）样本构成

本次消费者的调查采用现场发放调查问卷的形式开展，共得到有效问卷50张。在调查期间，笔者发现调查对象中大部分是以拖家带口的形式而来，故一张调查问卷基本可以代表留民营农业园的一个消费者家庭的特征。问卷不存在重复调查，即一个家庭调查两个或两个以上人员的情况。

从表1可以看出，参与调查的消费者男女比例相对平衡，分别为46%和54%；年龄主要集中在30～50岁，占总统计量的56%，而30岁以下和50岁以上分别各占22%。根据职业来说，从事个体工商的人数占总人数的比例最大，为30%，接下来是在事业单位工作和公司职员占的比例都是20%，退休人员占16%，学生占12%其他人员占2%。从家庭月收入来看，8 000～10 000元所占的比例最大，为56%，接下来是10 000元以上的占26%，4 000～6 000元和6 000～8 000元占的比例较小，分别为2%和16%。

表1　留民营农业园调查样本构成

项目	分类	频数	频率（%）
性别	男	23	46
	女	27	54
年龄	30岁以下	11	22
	30～40岁	14	28
	40～50岁	14	28
	50岁以上	11	22
职业	学生	6	12
	事业单位	10	20
	公司职员	10	20
	个体工商	15	30
	退休人员	8	16
	其他	1	2
家庭月收入	4 000～6 000元	1	2
	6 000～8 000元	8	16
	8 000～10 000元	28	56
	10 000元以上	13	26

通过表1反映的留民营农业园消费者个人特征来看，消费者以中年人为主，从事的职业主要以个体工商、事业单位和公司职员为主，家庭月收入普遍集中在8 000～10 000元。大体上可以看出，这些消费者的生活都是比较富足的，通过实地观察，多数家庭都带上自己的儿女。从这些特征来看，参加留民营农业园的消费者都是比较普通的消费者，不存在差距很大的群体。

三、留民营农业园消费者意愿调查

（一）留民营农业园消费者观念特征描述

从表2可以看出，有64%的消费者知道绿色食品的定义，不知道的占36%。有58%的消费者认为留民营农业园的农产品为绿色食品，有38%的消费者对留民营农业园的农产品是否为绿色食品不知道，有4%的消费者认为不是绿色食品。由于是在农场中进行的调查，消费者们对留民营农业园的农产品都很放心，完全放心的有42%，基本放心的有52%，不清楚的有6%。当问到今后是否会继续参加留民营农业园的活动时，有68%的消费者回答将继续参加，有30%的消费者认为得需要看情况而定，有2%的消费者不会再参加。不会参加的原因主要是因为其年岁太大，不能频繁参加这种劳动采摘活动。

表2　留民营农业园消费者观念特征

项目	分类	频数	频率（%）
是否知道绿色食品	知道	32	64
	不知道	18	36
是否认为留民营农业园的产品为绿色产品	是	29	58
	否	2	4
	不知道	19	38
是否对留民营农业园的产品质量安全放心	完全放心	21	42
	基本放心	26	52
	不放心	0	0
	不清楚	3	6
今后是否会继续参加留民营农业园的休闲观光采摘活动	会	34	68
	不会	1	2
	不清楚看情况	15	30

通过对表2反映出的留民营农业园消费者观念特征来看，绝大多数消费者对留民营农业园的观光采摘等活动是支持的，绿色食品等概念也有一定的了解，并且消费者基本都是很信任留民营农业园所生产出来的农产品。他们希望自己吃到健康、绿色的食品，渴望从令人不安的食品安全状况中解脱出来，并对留民营农业园可以改善他们的食品状况深信不疑。并且，大多数人会继续参加留民营农业园的活动，将有机生态之旅进行到底。

（二）留民营农业园消费者意愿行为特征描述

此次问卷中有很多问题都能体现出留民营农业园消费者的意愿行为，通过这些题的统计分析，可以清楚的反映消费者对留民营农业园的态度。

1. 每年参加留民营休闲农业园的次数　从图1可以看出，消费者每年参加留民营农业园的次数在1～2次有35人，2～4次有12人，而4～6次、6～8次和8次以上分别只有1人。从这个现象可以看出，消费者每年来留民营农业园的次数是很有限的，而且大多数是集中在1～2次。调查中也有问到原因，一大部分消费者是因为学习工作太忙，没有时间频繁参加；还有一小部分是因为年龄过大的原因，所以不能经常来这里观光采摘。

2. 消费者希望在留民营农业园中获得的产品　从图2可以看出，分别有45

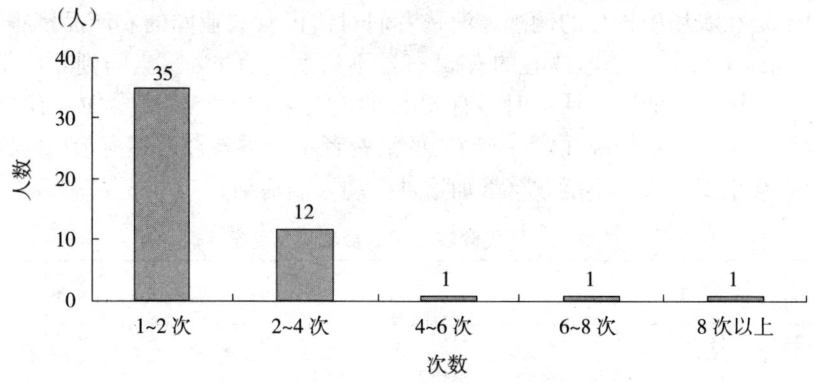

图 1　每年参加留民营农业园的次数

资料来源：调查所得。

人和 42 人选择了新鲜果蔬与健康有机食品，这符合当下消费者参与留民营农业园的心理，即获得食品上的安全与吃出来的健康；只有 7 个人想在留民营农业园获得特色手工艺品。其实不难想到，每个消费者来农业园的主要目的都是采摘新鲜果蔬与健康有机食品，不只是来留民营农业园，参加其他类似的农业园最主要的目的也是这两个。所以，为了使留民营农业园更深入人心和有更好的发展，必须在特色手工艺品上多下些工夫。

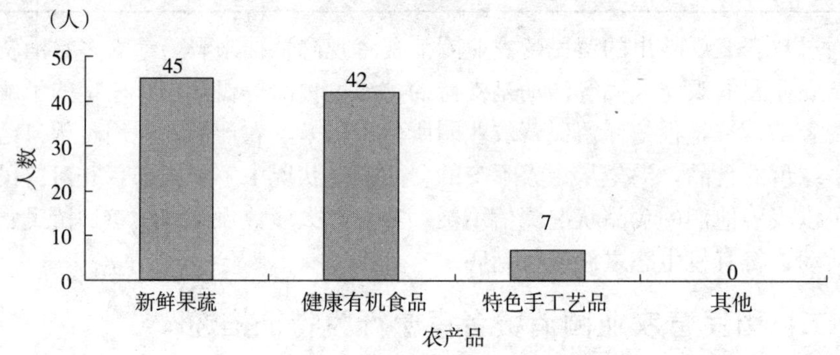

图 2　消费者希望在留民营农业园获得的产品

资料来源：调查所得。

3. 消费者参加留民营农业园的目的　7 个选项分别是：A. 接近大自然，放松身心；B. 体验乡村生活；C. 增进与朋友和家人的感情；D. 打发时间；E. 购买乡村特产；F. 新鲜好奇；G. 其他。从图 3 中可以看出，有 41 人选择“放松身心”这一项，消费者在平时日常工作压力大，在旅游时可以到处走走看走，呼吸新鲜空气，放松身心。接下来选择最多的是选项是“新鲜好奇”，有 40 人。在走访调查时，多数消费者是从其他区县或城里来到此地旅游，目的是为了体验该景点与众不同的地方，比如特色的美食或者特色的景观。从这些可以看出，消费者的基本目的是使身心达到放松的目的，这样为提高郊区休闲旅游业的建设提供了很好的基础。

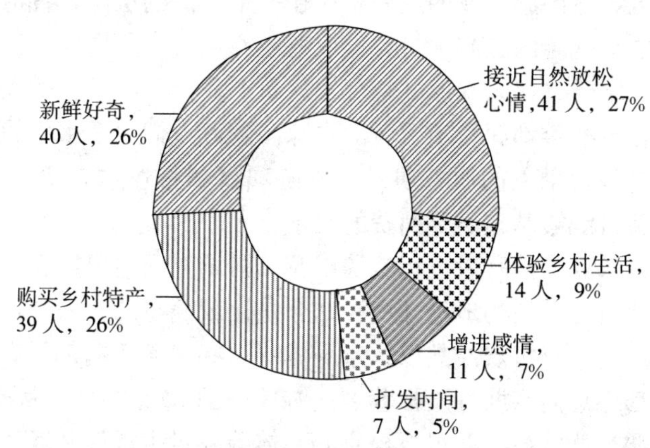

图 3　消费者参加留民营农业园的目的

资料来源：调查所得。

4. 消费者在留民营农业园的主要活动　从图 4 可以看出，消费者参加留民营农业园的主要活动选择观光采摘有 43 人，占总调查人数的 41%；接下来有 29 人选择来农业园购买农副产品，占 28%；品农家饭和参观聊天休息各占 11%和 19%；其他活动占 1%。

从图 4 可以看出，大多数人来留民营农业园的主要活动是观光采摘。通过采访消费者得知，他们中的大多数人来自城镇，很少亲身体验农产品的种植采摘等活动，他们觉得新鲜好奇，所以想回归大自然亲自体验一下。

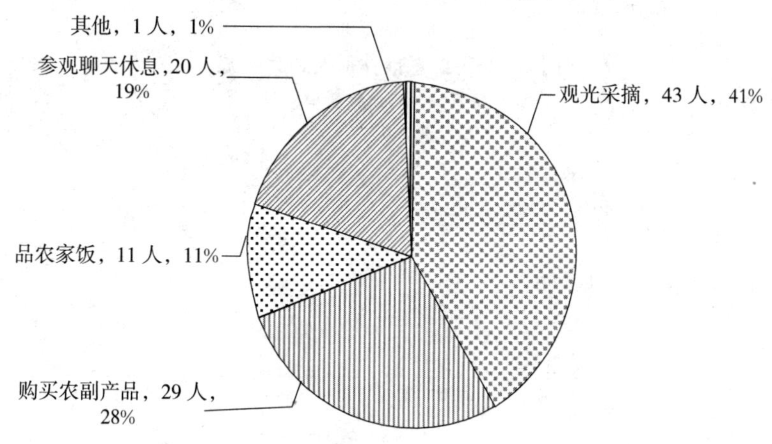

图 4　消费者在留民营农业园的主要活动内容

资料来源：调查所得。

（三）消费者对留民营农业园发展的满意度

北京市郊区县休闲旅游业的发展整体在一个较高的层次，各地区依据当地优势资源发展与之相配合的旅游项目，形成特色产业。众所周知，怀柔区雁栖湖周边的虹鳟产业，密云县密云水库的特色水库鱼产业以及平谷区的大桃产业形成的采摘项目等，在近些年都深受消费者的青睐。随着人们生活水平的提高以及消费观念的改变，对旅游景点的服务质量、旅游项目和特色饮食等要求也不断的提高。这些产业项目能够基本满足消费的要求。

通过对旅游景点的消费者进行走访以及填写调查问卷可以看出，多数消费者认为农业园的项目与当地的地理环境相结合是比较满意的。另外，对品尝当地特色农家饭、购买健康有机农产品以及亲身体验一些采摘活动都很满意，并且基本上每个消费者都愿意向亲朋好友推荐到此游玩（图 5）。并且，从问卷可以看出，消费者对能够通过休闲旅游获得放松身心、体验乡村生活以及通过旅游增进与家人朋友的感情是持支持态度，说明消费者对留民营农业园目前休闲旅游的意义方面是肯定的。在调查“您是怎样看留民营农业园未来发展”时，对 50 名消费者进行了调查，其中 21 人认为是非常乐观，17 人认为有潜力，12 人认为一般，没有消费者认为留民营农业园会被淘汰（图 6）。

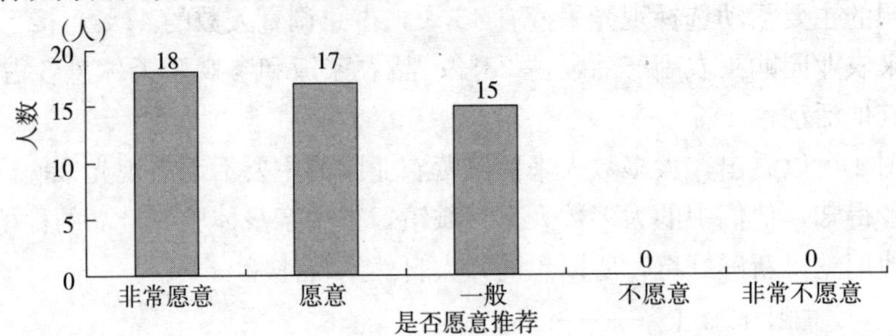

图 5　是否愿意推荐别人到此一游

资料来源：调查所得。

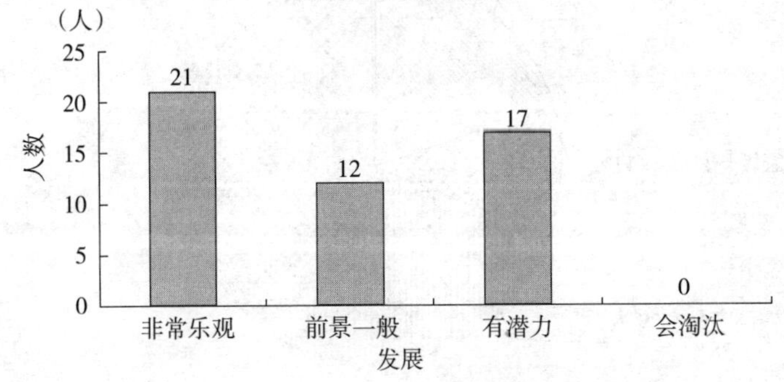

图 6　留民营农业园的未来发展

资料来源：调查所得。

（四）留民营农业园发展的不足之处

从图7可以看出，有31%的消费者认为留民营农业园应该突出自己特色的农产品，因为现在存在雷同仿效的农业园越来越多，只有突出自己农业园的特色才能使留民营农业园有更好的发展。同时，也有不少消费者对一些旅游区的设施建设、人员素质和服务质量提出意见。其中，提高服务人员和景区管理人员的素质是消费者关注的重点问题，有26%的消费者反映这个问题。因此，景区人员的素质直接影响消费者的感受以及带来的口碑。另外，很多地区不能够提高旅游项目的多样性，地区景点单一、缺少设施以及旅游环境都会影响本地区的发展。所以，丰富农业园的旅游项目也是一个很重要的改善方面。

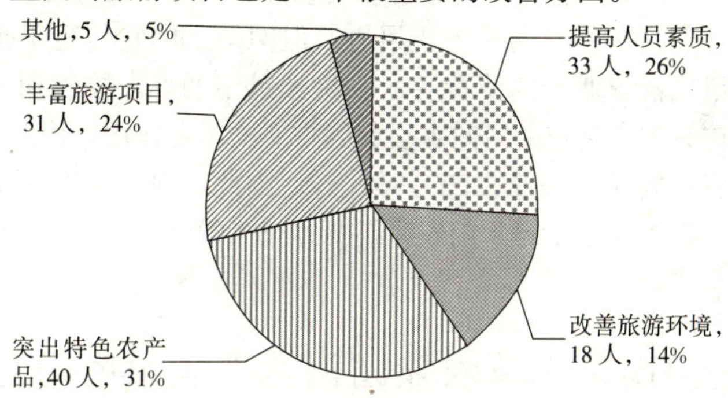

图7　留民营农业园需要改善的方面

资料来源：调查所得。

四、消费者对留民营农业园的评价形成差异的原因

（一）农业园景区服务不到位

在调查过程中，消费者对农业园的服务评价普遍存在问题。第一，工作人员服务，在留民营农业园中大多数的工作人员都是本地村民以及一些外地来京务工人员，整体素质偏低，没有“顾客至上”的服务理念。在对待一些突发事件，需要开展协调工作的情况下，没有恰当的处理好与顾客的关系。第二，餐饮服务质量、农家饭的餐具和餐厅的卫生情况。大多数消费者都是上班的人员，来到留民营农业园的目的是希望接近大自然、放松心情并且也想品味一下在城镇里吃不到的美味农家饭。但是听消费者的评价，对这里农家饭的环境和卫生情况不是很满意，不像想象中的那么服务到位和卫生。

（二）农业园交通条件差

交通条件分为行程状况和停车状况，留民营农业园在一个村里，绝大多数消费者是自驾车而来，交通比较便利。但如果响应国家政策，采取低碳环保乘公交方式，交通却不太便利。因为此处只有两路公交车经过，并且在离留民营农业园最近的车站下车，还要走上800多米的路程才能到达园区，路程不是很近，所以来留民营农业园的消费者，出行选择乘公交方式的并不是很多。停车状况更令人担忧，留民营农业园走的是有机农业道路，农产品应该保证质量，但在调查当天，许多车辆由于没有停车位，都停到了农场里，占用了农场的土地。而这些土地就是用来供消费者耕作的土地，没有停车场导致土地被侵占，显然得不偿失。

（三）市场信息不灵通

在调查消费者是如何获得来此旅游的信息时，大部分消费者认为网络以及朋友推荐是他们获取旅游信息的最重要渠道。但网络上的宣传也不是很全面很具体，所以来到留民营农业园的消费者大都是经过亲朋好友推荐而来的。除此之外，报刊的宣传只有在特定的时间才会起到重要的参考作用，比如春天的时候来农业园观光，五一假期来采摘农产品等宣传。因此，报刊会有一个特定的时间性。总体来说，作为一个生态休闲农业园要想长久的生存下去，加强市场信息和宣传力度是很重要的。

五、提高留民营农业园消费者满意度的对策

（一）加强景区特色项目建设

不少景区对休闲农业认识不到位，政府缺乏对当地农业景区旅游开发的引导和扶持力度，大多数投资者对农业景区的发展规划都是随意和盲目的，加强景区特色项目建设普遍意识不强。当今社会发展速度快，娱乐方式有很多，其竞争关系是广泛的。除了特殊风景和人文风貌外，资源类型大同小异，很多农业园都存在雷同仿效无特点等问题，没有形成自己的品牌，因此替代性较强。要想让留民营农业园从所有农业园中凸显出来，就必须加强景区特色项目建设，只有存在独有的特色项目，才不会让其他类似的农业园区把潜在的消费者吸引走，只有这样才能使留民营农业园有更好的发展。

另外，景区可以考虑组织一些以家庭竞赛、学生拓展和夏令营等集体形式的野外生存活动，而不是仅限于观光采摘、品农家饭等。开展这种活动的优势在于可以和一些学校、公司和企事业单位等建立长期的合作，不仅有利于增加来此地旅游的消费者人数，而且还能提高知名度。

（二）提高景区服务质量

在调查过程中，很多被访问者表示，会考虑景区的各项服务是否到位以及周

围人对此地区的评价。因此，提高景区各项服务质量也是必不可少的。

1. 提高服务人员的服务质量　农业园景区的服务人员是与消费者最直接接触的人，他们的一举一动直接影响着消费者的感受。

（1）景区服务人员的衣着问题。干净整洁的衣着首先会给消费者一种专业的感觉。随着人们生活水平的提高，消费观念也在相应的提高。虽然是郊区旅游，但是消费者需要的不再是简单的旅游观光和品尝农家菜，现代消费者对京郊旅游持有的一种观念是“城里的服务，郊区的特色”。

（2）农业园从业人员的服务质量。农业园的工作人员要给消费者的第一印象是干净整洁、态度亲和，这样会给消费者宾至如归的感觉。除此之外，大多数消费者来此地的目的是为了休闲、放松，舒适的环境和优质的服务将会提高农业园的整体水平，得到良好的口碑，无形中起到了品牌宣传作用。

2. 提高餐饮的服务质量　特色农家饭的饮食也是吸引消费者的重要原因之一，比如密云水库的水库鱼、怀柔雁栖湖的虹鳟、延庆柳沟的豆腐宴以及各种野山菌、野菜等特色美食，都是城里人为之神往的。留民营农业园当然也有自己的特色农家饭，不应该让不和谐的服务和环境来破坏。

（1）干净卫生的餐具和餐厅。很多消费者为了品尝平日城里吃不到的口味，才来此旅游消费。让消费者在品尝特色美食的同时又能享受周到的服务，对于提高消费者满意度，会达到事半功倍的效果。

（2）良好的服务态度。在走访留民营农业园的过程中，就遇到了消费者与服务人员发生争执的事情，引得当时一片混乱，影响了其他消费者的心情。由此带来的更严重的后果是，给商家以及品牌带来一系列负面影响。

（三）加大景区宣传力度

对留民营农业园消费者的调查结果可知，多数消费者获得信息的来源是比较局限的，大部分消费者都是由朋友推荐而来的。小部分人是从网络上看到的，而且网络信息的容量和真实度都是不充分的。因此，留民营休闲旅游农业园做好宣传是非常重要的。加大宣传力度可以从以下几点出发。

1. 把握整体宣传　北京京郊旅游的特点是各个区县有各自的特色，不同的区域有不同的旅游项目，留民营农业园当地的相关负责部门应该注重整体宣传，以突出留民营农业园的特色为重点来吸引游客，要从整体特点出发来宣传。商家可以联起手来相互协作，把留民营的休闲旅游产业形成规模化，形成统一的管理、统一的配套设施，这样有利于提高整个地区或是农业园的服务水平，从整体上提高了知名度，自然无形中给各个商家起到了宣传效果。例如，可以利用留民营农业园的沼气功能来吸引顾客。如今的留民营生态农场已经形成了以沼气为中心的农、林、牧、副、渔的生态系统，推动了以沼气为中心的“绿甜旅游”的发展速度。

2. 加强网络媒体的宣传 以往消费者获得信息往往是平面或口头的宣传，比如报刊或者海报，最多也就是大兴电视台的宣传，其他的宣传方式就寥寥无几了。但是，随着网络的普及，网络媒体宣传已是不可或缺的部分了，并且越来越成为人们生活中不能缺少的“必需品”。有数据调查显示，中国网民人数已达到2.53亿，北京作为现代化的都市，每天上网人数可想而知。因此，加强网络媒体的宣传力度，将会对留民营景区的宣传起到帮助。

六、结　论

总之，本文通过对留民营农业园消费者进行调查，不少消费者对农业园旅游区的服务、相关设施、旅游项目和信息宣传方面提出不同的意见与建议。例如，消费者认为景区的工作人员应该提高管理水平、自身的素质和服务质量；在饮食方面应多加强卫生方面的管理；旅游景点的项目和设施方面同样有待开发，应该在原有的资源基础上，本着以不破坏自然环境的原则，不断开发新的旅游项目，使景区的项目更丰富多彩；信息宣传方面，应多加强网络的应用，另外，各个地区应联合起来，从整体宣传出发，突出特色，加强宣传。希望本文的研究结论能够对北京市留民营农业园的旅游发展起到相应的作用，贡献力量。

主要参考文献

钟平．2009. 休闲农业发展之欧美借鉴［J］．农学工作通讯（9）．

藤田武弘，杨丹妮．2009. 休闲农业发展之日本借鉴［J］．农学工作通讯（17）．

柯立．2008. 观光休闲农业策划的思路和方法研究［J］．安徽农业科学（27）．

许岱民．2009. 我国休闲农业发展问题研究［J］．农业经济（1）．

陈文强．2009. 台湾发展休闲农业的成功经验及启示［J］．农业发展（9）．

郭焕成，孙艺惠，任国柱，等．2008. 北京休闲农业与乡村旅游发展研究［J］．地球信息科学（4）．

叶艳霞．2007. 旅游消费者感知行为分析——以湛江—北海为例［J］．云南地理环境研究（19）．

林明太，朱玲锦，王凡贞．2009. 中小城市休闲农业的游客旅游决策行为特征及其对策——以福建莆田市九龙谷、快乐农庄休闲农业景区为例［J］．中国农学通报（25）．

杨丽华．2009. 休闲农业消费者满意度调查报告——湖南省长沙市的实证分析［J］．农村经济（2）．

刘春香．2006. 发展观光休闲农业，实现农业可持续发展［J］．生态经济（2）．

朱米娟，孙俊华．2006. 都市农业可持续发展模式及其体系构建［J］．生态经济（2）．

刘长运．2006. 国外都市农业发展经验对我国的启示［J］．世界地理研究（2）．

孙飒．2006. 论体验经济时代乡村旅游的发展［J］．安徽农业科学，34（2）．

□ 附录

附录1　关于创意方便面的市场调查问卷

您好，非常感谢您在百忙之中填写此份调查问卷，我们正在进行暑期实践调研活动，旨在研究创意方便面的相关发展情况。希望您能抽出宝贵的时间，帮助我们如实填写以下内容，在您合适的选项上画“√”，在横线上填写数字或文字信息。我们保证，所有调查数据资料仅用于学术性研究，并在任何时候都不会公开您所提供的信息，我们承诺，调查所取得的数据绝不会用于任何其他商业用途。

1. 您的性别：

   A. 男　　B. 女

2. 您的年龄：

   A. 18岁以下　　B. 19～25岁　　C. 26～35岁　　D. 36～45岁　　E. 45岁以上

3. 您每月食用方便面的次数为：

   A. 1～5次　　B. 6～10次　　C. 11～15次　　D. 16次及以上　　E. 从未食用过（若选F请跳至第11题）

4. 您食用方便面的原因是（多选）：

   A. 错过吃饭时间　　B. 省钱　　C. 方便　　D. 好吃　　E. 换换口味　　F. 其他

5. 您一般购买的方便面的价位是：

   A. 3元以下　　B. 3～5元（含3元）　　C. 5～8元（含5元）　　D. 8元及以上

6. 您一般选择的方便面品牌是（可多选）：

   A. 康师傅　　B. 统一　　C. 五谷道场　　D. 白象　　E. 今麦郎　　F. 日清　　G. 其他

7. 您通常购买方便面的场所是：

   A. 大型超市　　B. 便利店　　C. 批发市场　　D. 网络购买

8. 影响您购买方便面的主要因素：________________（按重要性选择三个排序）

   A. 口味　　B. 营养　　C. 品牌　　D. 价格　　E. 卫生　　F. 食用方便程度　　G. ____________

9. 您知晓方便面的主要渠道是（多选）：

A. 媒体广告　　B. 超市看到　　C. 他人推荐　　D. 其他

10. 您认为方便面还存在哪些不足：________（按重要性选择三个排序）

A. 价格太贵　　B. 分量不够　　C. 不够好吃　　D. 产品单一

E. 营养不好　　F. ______

11. 您认为方便面存在不利于身体健康的因素吗？

A. 存在　　B. 不存在　　C. 存在但影响不大

12. 如果市场上出现营养价值更高更健康的创意方便面您是否愿意转而购买？

A. 是　　B. 否

如果其价格高于普通方便面呢？

A. 愿意购买　　B. 视价格而定　　C. 不购买

13. 您能接受的这类方便面的价格是：

A. 3 元以下　　B. 3～5 元（含 3 元）

C. 5～8 元（含 5 元）　　D. 8 元及以上

14. 您理想中的方便面是：________（按重要性选择三个排序）

A. 营养丰富　　B. 口味更好　　C. 种类更多　　D. 价格更低

E. 分量更足　　F. 热量更低　　G. ______

15. 您针对创意方便面的其他建议：

____

____

调查问卷到此结束，再次感谢您的支持！祝您身体健康，工作顺利，生活幸福！

附录 2　蓝调薰衣草庄园游客调查问卷

调查者基本信息：

1. 您的性别：

   A. 女　　B. 男

2. 您属于以下哪个年龄段：

   A. 18 岁以下　　B. 18～25 岁　　C. 25～40 岁　　D. 40 岁以上

3. 您目前的职业：

   A. 公务员　　B. 企事业单位　　C. 私人企业　　D. 自由职业

   E. 学生　　F. 退休　　G. 其他____

4. 您目前的月收入：

   A. 3 000 元以下　　B. 3 000～5 000 元

   C. 5 000～10 000 元　　D. 10 000～20 000 元

5. 您是否了解蓝调薰衣草庄园：

   A. 不了解　B. 有一定了解　C. 非常了解

6. 您以前有过游览蓝调薰衣草庄园的经历吗？

   A. 没有　B. 去过一两次　C. 去过几次　D. 定期

7. 您去蓝调薰衣草庄园的目的是：

   A. 休闲度假　B. 旅游观光　C. 增长知识　D. 锻炼身体　E. 其他

8. 您通过哪种方式获得蓝调薰衣草庄园的信息：

   A. 报纸杂志　B. 网络媒体　C. 电视新闻　D. 宣传栏　E. 朋友推荐

   F. 其他

9. 您一般会选择什么时间去蓝调薰衣草庄园：

   A. 双休日　B. 法定假日　C. 带薪休假　D. 寒假或暑假　E. 工作日

   F. 无所谓

10. 您一般选择什么交通工具去蓝调薰衣草庄园：

    A. 团体包车　B. 私家车　C. 客车　D. 地铁

11. 您比较喜欢蓝调薰衣草庄园的哪些体验活动：

    A. 果酒、蛋糕、精油的制作　B. 温泉 spa/游乐　C. 垂钓　D. 露营　E. 篝火自助烧烤　F. 节庆（婚礼、求婚等）　G. 商务活动（庆典、户外会议、企业聚会）　H. 特色餐饮　I. 水果采摘

12. 您比较注重蓝调薰衣草庄园的哪方面：

A. 服务质量　B. 新鲜感　C. 绿色餐饮　D. 交通便利度　E. 价格　F. 采摘消费　G. 娱乐项目丰富程度

13. 您大概每次的消费金额（人/次）在以下哪个阶段：

A. 100～200 元　B. 200～300 元　C. 300～400 元　D. 400 元以上

14. 您对休闲农业发展的意见和建议：＿＿＿＿＿＿＿＿＿＿＿＿＿＿＿＿

附录 3　庞各庄镇西瓜产业调查问卷

您好！我们是大学生调研小组，现针对庞各庄的西瓜产业进行调查，您所提供的数据对我们很重要，且您提供的信息只供研究使用。再次感谢您的配合！

一、基本信息

1. 您的性别是：

A. 男　　B. 女

2. 您的年龄是：

A. 20～30 岁　　B. 30～40 岁　　C. 40～50 岁　　D. 50 岁以上

3. 您家的总人口有：

A. 3 人　　B. 4 人　　C. 5 人　　D. 5 人以上

4. 您家的务农人口有：

A. 2 人　　B. 3 人　　C. 3 人以上

5. 您的家庭年收入是：

A. 1 万～3 万元　　B. 3 万～5 万元　　C. 5 万～7 万元　　D. 7 万元以上

6. 您种植西瓜的年收入占家庭总收入的比重是：

A. 10%以下　　B. 10%～20%　　C. 20%～30%　　D. 30%～40%

E. 40%～50%　　F. 50%以上

二、西瓜种植现状

1. 您的西瓜种植面积是：

A. 2 亩　　B. 4 亩　　C. 6 亩　　D. 其他________

2. 您的西瓜年产量是：

A. 1 000 斤　　B. 1 500 斤　　C. 2 000 斤　　D. 其他________

3. 您的西瓜平均亩产量是：

A. 1 000 斤　　B. 2 000 斤　　C. 3 000 斤　　D. 其他________

4. 您家的西瓜种植方式是：

A. 大棚　　B. 大田　　C. 其他________

5. 您家的西瓜销售渠道是（多选）：

A. 采摘（转第 6 题）　　B. 本地销售（转第 7 题）

C. 外地销售（转第 8 题）　　D. 卖给协会或合作社（转第 9 题）

E. 其他________

6. （1）采摘的比例是：

A. 10%以下　B. 10%～20%　C. 20%～30%　D. 30%～40%
E. 40%～50%　F. 50%以上　G. 其他________

(2) 采摘的价格是：

A. 1元/斤以下　B. 1元/斤～2元/斤
C. 2元/斤～3元/斤　D. 3元/斤以上
E. 其他________

7. (1) 本地销售的比例是：

A. 10%以下　B. 10%～20%　C. 20%～30%　D. 30%～40%
E. 40%～50%　F. 50%以上　G. 其他________

(2) 本地销售的价格是：

A. 1元/斤以下　B. 1元/斤～2元/斤
C. 2元/斤～3元/斤　D. 3元/斤以上
E. 其他________

8. (1) 外地销售的比例是：

A. 10%以下　B. 10%～20%　C. 20%～30%　D. 30%～40%
E. 40%～50%　F. 50%以上　G. 其他________

(2) 外地销售的价格是：

A. 1元/斤以下　B. 1元/斤～2元/斤
C. 2元/斤～3元/斤　D. 3元/斤以上
E. 其他________

9. (1) 卖给合作社或协会的比例是：

A. 10%以下　B. 10%～20%　C. 20%～30%　D. 30%～40%
E. 40%～50%　F. 50%以上　G. 其他________

(2) 卖给合作社或协会的价格是：

A. 1元/斤以下　B. 1元/斤～2元/斤
C. 2元/斤～3元/斤　D. 3元/斤以上
E. 其他________

10. 近3年来，您家的西瓜获利情况是：

A. 盈利（转第12题）　B. 亏本　C. 保本（转第12题）

11. 您觉得你亏本的原因是：

A. 自然灾害的破坏　B. 市场需求小
C. 不了解西瓜市场动态，盲目扩大生产　D. 其他________

12. 您对政府的西瓜补贴政策了解程度为：

A. 非常了解　B. 了解一些　C. 一般　D. 不了解

13. 您通过什么途径了解西瓜的市场动态（可多选）：

A. 电视　B. 互联网　C. 报纸　D. 广播
E. 亲朋好友介绍　F. 政府文件　G. 其他________

三、西瓜种植的问题

1. 您觉得影响西瓜种植的因素有（按顺序排列）：
A. 自然因素（如温度、湿度等）　B. 技术
C. 资金　D. 市场　E. 政府的支持　F. 其他________

2. 您在西瓜种植方面遇到了哪些问题：
A. 病虫害防治问题　B. 西瓜种植的技术应用
C. 不会上网了解西瓜的市场行情　D. 销售渠道不通畅
E. 其他________

3. 您是如何解决上述问题的：
A. 找西瓜种植专家帮忙　B. 上网咨询
C. 寻求政府帮助　D. 亲朋好友帮忙
E. 其他________

四、西瓜市场的预期

1. 您明年还会继续种植西瓜吗？
A. 是（转第 3 题）　B. 否

2. 您不种植西瓜的原因是：
A. 收益低　B. 缺乏资金
C. 缺乏技术支持　D. 缺乏政府支持
E. 其他________

3. 您对庞各庄西瓜产业有何预期：
A. 政府加大财政补贴　B. 政府加大技术支持
C. 市场信息更加通畅　D. 引进技术人才
E. 农户提高自身能力　F. 其他________

附录 4　休闲农庄调查问卷

您好！我们是北京农学院经济管理学院的学生。我们正在做一份关于休闲农庄的调查报告，为了解京郊休闲农庄的现状，我们制定了本调查问卷，希望能得到您的配合。本调查不计名，并对您的回答高度保密，请您在回答本问卷时尽量认真、坦诚。下列问题根据您的实际情况可选一项。我们对您的支持表示衷心的感谢！

一、基本信息

1. 您的性别：

A. 男性　　B. 女性

2. 您的年龄：

A. 18 岁以下　　B. 18～30 岁　　C. 31～45 岁　　D. 46～60 岁

E. 60 岁以上

3. 您的职业：

A. 农民　　B. 教师　　C. 学生　　D. 公务员

E. 企业员工　　F. 个体经营户　　G. 离退休人员　　H. 其他

4. 您平均每年外出旅游的次数：

A. 0～2　　B. 3～5　　C. 6～9　　D. 10 次以上

5. 您一般会选择什么时间外出旅游（多选）：

A. 周末　　B. 法定节假日　　C. 工作日　　D. 寒暑假

E. 其他

二、休闲农庄信息

1. 您是否了解休闲农庄？

A. 了解　　B. 知道一点　　C. 不了解　　D. 从来没听说过

2. 您了解休闲农庄是通过什么渠道（多选）：

A. 电视广播　　B. 网络　　C. 报纸杂志　　D. 亲友介绍

E. 其他

3. 您觉得到生态农庄的交通方便吗？

A. 方便　　B. 不方便　　C. 一般

4. 您希望休闲农庄距市区距离：

A. 半小时车程　　B. 1 小时车程

C. 2 小时车程　　D. 多于 2 小时车程

5. 去休闲农庄，您会选择什么样的交通方式（多选）：

A. 私家车　B. 公交车　C. 出租车　D. 和朋友拼车

6. 您来农庄一般选择什么时间（多选）：

A. 周六日　B. 法定节假日　C. 休年假　D. 寒暑假

E. 没有特定时间

7. 您倾向于与谁一起出游（多选）：

A. 朋友　B. 同事　C. 家人　D. 独自一人

8. 您一般进行休闲农庄旅游的目的是（多选）：

A. 放松心情，缓解压力　B. 体验农事活动，享受农家生活

C. 嬉水娱乐，回忆童年　D. 购买土特产

E. 商务应酬　F. 公司组织，集体出游

G. 其他

9. 您在您的农庄里都设有哪些娱乐项目（多选）：

A. 种植花草树木　B. 采摘　C. 农家餐饮

D. 休闲垂钓中心　E. 农事体验　F. 烧烤

G. 茶趣园　H. 特色民俗活动　I. 其他

10. 您认为休闲农庄哪个环节更加重要（多选）：

A. 租赁价格　B. 餐饮条件　C. 娱乐设施　D. 购物环境

E. 住宿条件　F. 交通条件　G. 停车场

11. 您认为生态农庄的旅游发展的现状怎么样？

A. 优秀　B. 良好　C. 中等　D. 较差

E. 不知道

12. 您觉得生态农庄给您留下最深刻印象的是什么？

A. 独特的风土人情　B. 原生态的美食

C. 亲近自然的感觉　D. 其他

再次感谢您的配合！

附录5　北京沟域经济发展模式研究调查问卷

您好！我是北京农学院经济管理学院的学生。这次调查的目的在于对沟域经济中的文化创意先导模式发展的问题进行研究。本次调查不署名，请按照您的真实情况填写。我们会严格保密。谢谢您在百忙之中可以抽出时间，为我们填写这份问卷！

1. 您的文化水平：

A. 小学　B. 初中　C. 高中　D. 大专及以上

2. 您家有____个主要劳动力；主要从事________

3. 您家人均年收入：

A. 1万元以下　B. 1万～1.5万元　C. 1.5万～2万元

D. 2万～2.5万元　E. 2.5万元以上

4. 您家人均年收入增加的额度：

A. 1 000元以下　B. 1 000～5 000元　C. 5 000～10 000元

D. 1万～2万元　E. 2万～3万元　F. 3万元以上

5. 您家人均收入增加的渠道：

A. 农家乐　B. 服务人员　C. 提供住宿　D. 特色品销售

E. 产品加工　F. 在家务工　G. 外出务工　H. 其他________

6. 您是否了解沟域经济：

A. 不知道　B. 知道一些　C. 较熟悉　D. 很了解

7. 您所在地区是否完成沟域发展规划

A. 没有　B. 有

8. 沟域经济的发展对您的收入有影响吗？

A. 没有　B. 有

9. 您家在沟域经济发展后增收明显吗？

A. 明显　B. 不明显

10. 您认为目前政府制定的政策对于沟域经济的发展是否起到推动作用：

A. 是　B. 否

11. 目前，政府发展沟域经济主要采取的举措：

A. 整体规划　B. 基础设施的完善　C. 项目资金补贴

D. 技术指导　E. 组织培训　F. 组织宣传

G. 其他________

12. 您认为发展沟域经济成功的原因是：

A. 国家政策的支持　B. 本地领导的重视　C. 科技和资金的引进

D. 群众的积极参与　E. 社会团体的支持

F. 完善的制度和运行机制建立

13. 您认为沟域的发展模式有哪些？

A. 文化创意先导模式　B. 特色产业主导模式　C. 龙头景区带动模式

D. 自然风光旅游模式　E. 民俗文化展示模式

14. 您了解什么是沟域经济发展的文化创意先导模式吗？

A. 不知道　B. 知道一些　C. 较熟悉　D. 很了解

15. 您家与沟域经济文化创意先导模式相关的主要收入来源：

A. 休闲旅游　B. 观光采摘　C. 特色种植　D. 山水风景

16. 您认为您所在的沟域适合发展文化创意先导产业有哪些？

____

17. 您认为当地可发展的文化创意先导农业范围有：

A. 乡土特产　B. 新奇旅游　C. 自然景区　D. 创意文化

18. 如果本地开展了文化创意先导农业，您会选择本地就业吗？

A. 会　B. 考虑　C. 不会

19. 您所在村镇进行过上岗培训吗？

A. 很多　B. 几乎很少　C. 从来没有

20. 下面是有关环境、资源因素的描述，请您根据实际，对以下实际情况做出选择。

（选择 1，非常好；选择 2，好；选择 3，一般；选择 4，差；选择 5，非常差。请在相应的□内打“√”）

沟域经济文化创意产业发展过程中，以下因素的影响程度如何？

1. 地方资源拥有率　1 2 3 4 5
2. 产业创意和品牌　1 2 3 4 5
3. 地方的奇山异水　1 2 3 4 5
4. 产业服务质量　1 2 3 4 5
5. 科学技术含量　1 2 3 4 5
6. 环境保护情况　1 2 3 4 5
7. 村民自身素质　1 2 3 4 5
8. 资金投入情况　1 2 3 4 5
9. 政府政策支持　1 2 3 4 5
10. 市场的推广与宣传　1 2 3 4 5

21. 您认为发展沟域文化创意先导模式应加强哪些方面的建设：

A. 服务品质　　B. 高新技术　　C. 环保产业　　D. 旅游度假
E. 休闲养生　　F. 产业创意　　G. 科技含量

22. 您认为未来应如何发展沟域经济________________